本书出版得到中国清洁发展机制基金赠款项目资助

COMPREHENSIVE POLICIES AND COORDINATION FOR RENEWABLE EENRGY TO PROMOTE ECOLOGICAL CIVILIZATION

促进生态文明建设的可再生能源综合政策与协调机制

王仲颖　赵勇强◎著

中国经济出版社
CHINA ECONOMIC PUBLISHING HOUSE
·北 京·

图书在版编目（CIP）数据

促进生态文明建设的可再生能源综合政策与协调机制 / 王仲颖，赵勇强著.
—北京：中国经济出版社，2018. 10
ISBN 978-7-5136-5352-7

Ⅰ. ①促… Ⅱ. ①王… ②赵… Ⅲ. ①再生能源—能源政策—研究—中国 Ⅳ. ①F426. 2

中国版本图书馆 CIP 数据核字（2018）第 208537 号

责任编辑　姜　静　赵立颖
责任印制　马小宾
封面设计　任燕飞装帧设计工作室

出版发行　中国经济出版社
印 刷 者　北京富泰印刷有限责任公司
经 销 者　各地新华书店
开　　本　710mm×1000mm　1/16
印　　张　18. 25
字　　数　274 千字
版　　次　2018 年 10 月第 1 版
印　　次　2018 年 10 月第 1 次
定　　价　69. 00 元
广告经营许可证　京西工商广字第 8179 号

中国经济出版社 **网址** www. economyph. com **社址** 北京市西城区百万庄北街 3 号 **邮编** 100037

本版图书如存在印装质量问题，请与本社发行中心联系调换（联系电话：010-68330607）

序

从全球范围来看，绿色低碳转型是世界趋势，全球绿色发展的机制框架正在形成。许多经济体都在朝着绿色和低碳化的方向发展，都在追求低消耗、低排放，追求生产更多更高附加值的产品。绿色发展又兼顾民生，注重解决人与自然的和谐，推动解决人类所面临的严重的生态环境问题。许多经济体不断地调整能源战略和能源政策，推动能源绿色低碳发展，实际上就是推动能源转型，以减少对传统能源和化石能源的依赖，同时促进清洁能源和低碳能源的开发利用。随着能源技术革命的发展，风电、光伏等清洁能源的成本迅速降低，能源系统对光伏、风电等不稳定和间歇式能源的消纳能力也在持续提升，清洁低碳、经济高效和安全可靠这三方面已经有可能从矛盾的对立面逐渐转化为矛盾的统一体，能源发展的协调性、平衡性将持续增强。

中国是世界最大的发展中国家，自改革开放以来经济建设取得了一系列历史性成就和历史性变革，社会主要矛盾已经转化为人民日益增长的美好生活需要和不平衡不充分的发展之间的矛盾。为此，十九大报告提出，我国将统筹推进五位一体战略，决胜全面建成小康社会，开启全面建设社会主义现代化国家新征程。到 2035 年，基本实现社会主义现代化，各方面制度更加完善，生态环境根本好转，美丽中国目标基本实现。到本世纪中叶，建成富强民主文明和谐美丽的社会主义现代化强国，物质文明、政治文明、精神文明、社会文明、生态文明将全面提升。

破解能源经济环境的矛盾是生态文明建设的重大任务。2017 年习近平主席在致第八届清洁能源部长级会议和第二届创新使命部长级会议的贺信中指出，发展清洁能源是改善能源结构、保障能源安全、推进生态文明建设的重要任务。中国将坚持节约资源和保护环境的基本国策，贯彻创新、协调、绿色、开放、共享的发展理念，积极发展清洁能源，提高能源效率，推动形成绿色发展的生活方式，努力建设天蓝、地绿、水清的美丽中国，实现人与自然和谐共处，推动全球走绿色、低碳、循环、可持续发展之路。十九大报告提出，要推进生态文明体制改革，推进绿色发展，壮大节能环保、清洁生产、清洁能源产业，推进能源生产和消费革命，构建清洁低碳、安全高效的现代能源体系。2018 年中央财经委第一次会议要求，要打好污染防治攻坚战，坚持源头防治，调整“四个结构”，做到“四减四增”，特别是要调整产业结构，减少过剩和落后产业，增加新的增长动能；要调整能源结构，减少煤炭消费，增加清洁能源使用。可再生能源能源作为新兴产业和清洁能源，将在减少煤炭消费、推进能源革命、构建现代能源体系、打好污染防治攻坚战中发挥日益重要作用。

根据国家发展和改革委员会能源研究所、国家可再生能源中心的研究结果，到 2050 年，我国的煤炭使用量要降低到 10 亿吨以内，才能留住碧水蓝天，成就“美丽中国”；其次是通过技术创新，提高效率，对不可替代的煤炭实现更高水平的清洁化利用。能源供给侧结构性变革的核心是供给侧的绿色电力革命，绿色电力革命的核心是电力系统向低碳绿色电力转型，以带动和推动消费侧的电力化水平和低碳化水平提升。低碳绿色电力的主力军就是风电和太阳能发电。加快向低碳绿色电力转型将为能源供给侧结构性变革解决后顾之忧，大规模、高比例的风电、太阳能发电将为能源供给侧变革带来长时间的持久推动力。

但是，目前还存在着一系列体制和机制方面的障碍。一方面，我国能源管理与监管体制改革长期滞后于行业发展，在传统发展模式下形成了分别围绕煤炭、石油、天然气、可再生能源等部门的相对封闭的产业链条和管理体系，管理分散、多头管理、管理越位、监管缺位等现象依然存在。各类电源之间、电源与电网之间仍然有许多需要统筹协调的问题，不仅导致系统整体效率偏低、污染排放普遍偏高，还成为能源结构调整的重要障碍。另一方面，可再生能源比重的不断提升，对供给侧和需求侧转型提出了新的挑战，特别是绿色电力革命正成为能源供给侧结构性改革的关键挑战。

今后，中国能源管理体制改革的重要任务是适应市场化改革的要求，创新能源管理模式，建立健全能源法治体系，解决政出多门、管理缺位、越位等问题。在加快建立市场化价格形成机制引导企业投资和能源电力系统运行的同时，减少政府部门对具体能源电力的项目投资、价格和运行的直接管理，转向更加注重制定战略规划、政策法规、市场规则、标准规范等事中事后监管，加强中央与地方协同的宏观综合管理和微观专业监管，建立统筹能源系统转型的综合管理体系和维护市场开放公平竞争秩序的现代专业监管体系，实现“权力与责任同步下放、调控与监管同步强化”，创造统一、公平、公正、公开的竞争性市场环境，强化具有行政垄断和自然垄断性质的企业治理改革与垄断监管，释放能源企业、用户和广大居民等市场主体在投资建设、生产消费绿色清洁可再生能源的巨大潜力。

国家发展和改革委员会能源研究所原所长、研究员

目 录

第三章　可再生能源促进生态文明建设的机遇、愿景和路径

第四章 生态文明建设中的可再生能源开发利用目标考核机制

第五章　全面市场化改革背景下的可再生能源市场机制与扶持政策

第六章　促进生态文明和市场化改革的能源治理与协调机制

第七章 生态环境友好的新能源产业发展和开发建设

第一章

生态文明建设的内涵和要求

COMPREHENSIVE POLICIES AND COORDINATION FOR RENEWABLE ENERGY TO PROMOTE ECOLOGICAL CIVILIZATION

一、生态文明的内涵和生态文明建设的重大意义

生态文明是指人与自然和谐的社会形态。生态文明是人类社会与自然界和谐共处、良性互动、持续发展的一种文明形态，是工业文明发展到一定阶段的产物，其实质是建设以资源环境承载能力为基础、以自然规律为准则、以可持续发展为目标的资源节约型和环境友好型社会，形成人与自然和谐发展的现代化建设新格局。一方面，生态文明是继原始文明、农业文明、工业文明之后的更高级文明形态，源于人类对工业革命以来出现的生态危机和资源问题的深刻反思，是实践不断发展、认识持续升华的产物，是人类社会发展的必然方向。另一方面，生态文明是以人与自然和谐发展为特征的文明，既要坚持以人为本，又要坚持以自然为基，核心问题是正确处理人与自然的关系，本质要求是尊重自然、顺应自然和保护自然。

（一）生态文明是对工业文明的反思和升华

人与自然的关系自人类诞生就客观地存在，但人类提出“生态文明”的概念，则是人们处理与自然界关系的实践不断发展、认识不断升华的产物。人类本身是自然界的产物，其一经产生便与自然发生关系，并在人类社会生产力发展的不同阶段呈现出不同特点。在原始社会，人类进入石器时代，劳动工具简陋，只能被动地依赖自然、顺从自然，从自然界获取很少的资源，维持着自身极低水平的生存和繁衍，人口规模和平均寿命都很低。这一阶段，人类主要生产方式就是捕猎和采摘，对自然的利用能力极为低下，其破坏作用也很小，没有也不可能产生生态危机，人与自然维持着以人对自然的完全被动服从为特征的天人混沌一体的共存关系。

在农业社会，大约距今八九千年，人类进入新石器时代，随着劳动工

具的改进，生产力水平有了进步；约距今5000年，人类进入青铜器时代，人类主动利用自然、开发资源的能力增强，相应地对自然有所破坏，局部地区甚至还较严重；同时，随着人口规模不断扩大，在当时的生产力水平下，局部地区出现过人口增长超过资源承载能力的状况，乃至引发争夺资源的战争。但从总体上看，人类开发利用自然的能力仍然低下，对自然的破坏也很有限；相对于人口规模和消费水平，资源环境还有较大容量，没有出现全面性的生态危机。这一阶段，人与自然维持着以局部性、阶段性不和谐但整体相对平衡为特征的融洽关系。

到了工业社会，距今300年左右，人类进入机器时代，科技进步加快，大工业生产迅猛发展，人类利用自然、改造自然的能力空前增强，创造了前所未有的巨大物质财富，人口数量大幅增加、人均寿命大幅提升、人们的生活水平大幅改善，工业化的这些成果都是历史的进步；但同时传统工业化道路也使得人与自然的矛盾越来越尖锐，自然资源日趋匮乏，环境污染日渐严重，生态系统恶化加剧，人类生存和发展面临生态危机的重大威胁，人与自然的关系全面紧张，变得很不和谐。

20世纪六七十年代以来，随着西方工业化国家环境公害事件频发，以及两次世界石油危机，引起了人类对传统工业化道路弊端的警醒。民间环保组织纷纷涌现，环保运动此起彼伏。有识之士不断呼吁，1962年出版的《寂静的春天》和1972年发表的《增长的极限》就是其重要代表。1992年联合国环境与发展大会发表《里约宣言》和《21世纪议程》，提出要走可持续发展道路，保护地球生态系统。与此同时，一些中外学者陆续提出并使用了“生态文明”的概念。

可见，“生态文明”的理念是工业社会发展到一定阶段、人与资源环境矛盾日益尖锐的产物，是人们对人与自然的关系特别是传统工业化增长模式导致越来越严重的生态危机进行深刻反思的结果。

（二）生态文明要求树立尊重自然、生态优先的发展理念

生态文明的核心问题是正确处理人与自然的关系。人与自然的关系是

人类社会最基本的关系。一方面，人类与其他生物一样源于自然，依赖于自然而存在和发展，自然界是人类社会产生、存在和发展的基础和前提，因此人类绝不是可以任意支配自然的“主宰”；另一方面，人类与其他生物相比又有不同，人类可以通过社会实践活动有目的地利用自然、改造自然，不断改进人类的生存和发展方式，并创造着人类自身的文明，因此人类也绝不是只能被动适应自然的“奴仆”。大自然本身是极其富有和慷慨的，但同时又是脆弱和需要平衡的；人口数量的增长和人类生活质量的提高不可阻挡，相应地人类对自然界的影响也不断扩大，但人类归根结底也是自然的一部分，人类活动不能超过自然界容许的限度，即不能使大自然不可逆转地丧失自我修复的能力，否则必将危及人类自身的生存和发展。生态文明所强调的就是要处理好人与自然的关系，获取有度，既要利用又要保护，促进经济发展、人口、资源、环境的动态平衡，不断提升人与自然和谐相处的文明程度。

生态文明的本质要求是尊重自然、顺应自然和保护自然。尊重自然，就是要从内心深处老老实实地承认人是自然之子而非自然之主宰，对自然怀有敬畏之心、感恩之情、报恩之意，绝不能有凌驾于自然之上的狂妄错觉。顺应自然，就是要使人类的活动符合而不是违背自然界的客观规律。当然，顺应自然不是任由自然驱使，停止发展甚至重返原始状态，而是在按客观规律办事的前提下，充分发挥人的能动性和创造性，科学合理地开发利用自然。保护自然，就是要求人类在向自然界获取生存和发展之需的同时，要呵护自然、回报自然，把人类活动控制在自然能够承载的限度之内，给自然留下恢复元气、休养生息、资源再生的空间，实现人类对自然获取和给予的平衡，多还旧账，不欠新账，防止出现生态赤字和人为造成的不可逆的生态灾难。

（三）生态文明的方向是经济、资源、环境协调发展的绿色发展道路

潘家华①等指出，生态文明建设涉及价值理念、目标导向、生产和消费方式等方面，是全方位的发展转型。工业文明的价值基础是功利主义，评判的尺度是效用，通行的法则是竞争，崇尚物竞天择；中国生态文明建设的伦理基础源于古代道法自然的哲学思想，寻求生态公正，注重人与自然、人与人、人与社会的和谐。工业文明追求利润、财富积累和效用最大化，导致 GDP 崇拜；而生态文明建设寻求人与自然和谐、环境可持续和社会繁荣。工业文明依赖化石能源，而生态文明建设强调可持续的能源支撑。工业文明下实行"原料—生产过程—产品加废料"的线性生产模式，生态文明下实行"原料—生产过程—产品加原料"的循环经济模式。工业文明下盛行占有型、奢侈型的高消费，而生态文明倡导低碳、品质、健康的理性消费。

我们所追求的生态文明就是要按照科学发展观的要求，走一条低投入、低消耗、少排放、高产出、能循环、可持续的新型工业化道路，形成节约资源和保护环境的空间格局、产业结构、生产方式和生活方式。它是人类社会与自然界和谐共处、良性互动、持续发展的一种高级形态的文明境界，其实质是要"建设以资源环境承载力为基础、以自然规律为准则、以可持续发展为目标的资源节约型、环境友好型社会"。这种高级形态的生态文明，树立了一切为了人（包括当代和后代）的全面发展的观念，自觉地按照客观规律弥补市场经济的不足，从而使高级形态的生态文明不但成为发展的必需，而且成为经过努力可以实现的选择。

① 潘家华. 以生态文明建设推动发展转型［N］. 人民日报，2015-08-26.

二、中国生态文明建设的任务

（一）中国生态文明思想的形成过程

我国在传统历史文化上具有人与自然和谐发展的理念，但改革开放以来，随着工业化、现代化、城市化进程的加快，大气污染、水质污染、固体废弃物污染等发达国家上百年工业化进程中分阶段出现的各种环境问题在我国集中显现，人民对于良好生态环境的愿望越发迫切，“生态文明”思想由此孕育形成，成为我国高度重视生态环境问题的创举。

20 世纪 80 年代是我国环境保护理念的萌芽期和环境保护制度的发展期。1978 年颁布的《中华人民共和国宪法》对环境保护作出明确的规定，“国家保护环境和自然资源，防治污染和其他公害”。1979 年颁布的《中华人民共和国环境保护法（试行）》使环境保护工作步入法制轨道。1983 年召开的第二次全国环境保护工作会议，正式把环境保护确定为我国的一项基本国策，制定了“经济建设、城乡建设和环境建设要同步规划、同步实施、同步发展，做到经济效益、社会效益、环境效益相统一”的指导方针，明确了“预防为主、防治结合”“谁污染、谁治理”和“强化环境管理”的环境保护三大政策。

20 世纪 90 年代，生态环境保护与经济社会发展的理念开始融合。1994 年中国政府首次提出把可持续发展战略纳入经济社会发展长远规划。八届全国人大四次会议《中华人民共和国国民经济和社会发展“九五”计划和 2010 年远景目标纲要》，把实施可持续发展作为现代化建设的一项重大战略，使可持续发展战略在我国经济建设和社会发展过程中得以实施。国务院发布《关于环境保护若干问题的决定》，实施《污染物排放总量控制计划》和《跨世纪绿色工程规划》，大力推进“一控双达标”（控制主要污染物排放总量，工业污染源达标和重点城市的环境质量按功能区达标）工作，全面展开“三河”（淮河、海河、辽河）、“三湖”（太湖、滇池、巢湖）水污染防治，“两控区”（酸雨污染控制区和二氧化硫污染控制区）大气污染防治，“一市”（北京市）、“一海”（渤海）的污染防治（以下简称“33211”工程），环境污染防治取得初步、阶段性进展。

进入21世纪，随着党中央“树立科学发展观”和“构建和谐社会”重大战略思想的提出，环境保护成为落实科学发展观的一项重要举措。2002年党的十六大提出“走新型工业化道路”，推动整个社会走上生产发展、生活富裕、生态良好的文明发展道路。2003年党的十六届三中全会提出科学发展观，强调“统筹人与自然的和谐发展”。国家颁布了一系列的环境保护法律、自然资源法律、环境保护行政法规、环境保护部门规章及规范性文件、地方性环境法规和地方政府规章等。2002年，我国第一部循环经济立法——《清洁生产促进法》出台，标志着我国污染治理模式由末端治理开始向全过程控制转变。

“十一五”以来，党中央从我国的基本国情和所处发展阶段出发，将“生态文明”作为执政理念上升为国家战略在全社会加以推行，认为建设生态文明是缓解工业化和城市化进程中资源环境约束、增强可持续发展能力的重要途径，是关系人民福祉、关乎民族未来的长远大计。2007年党的十七大把“建设生态文明”作为实现全面建设小康社会的五大目标之一，并首次将人与自然和谐，建设资源节约型、环境友好型社会写入党章。

2012年，党的十八大则把“生态文明建设”纳入中国特色社会主义事业“五位一体”总体布局，系统阐述了加强生态文明建设的总体要求、重点任务和正确路径。2013年党的十八届三中全会进一步丰富了生态文明制度建设的内涵。2015年，中共中央、国务院发布《关于加快推进生态文明建设的意见》，对生态文明建设的重大意义、总体要求和重大举措做了部署。《关于加快推进生态文明建设的意见》明确指出，我国生态文明建设水平仍滞后于经济社会发展，资源约束趋紧，环境污染严重，生态系统退化，发展与人口资源环境之间的矛盾日益突出，已成为经济社会可持续发展的重大瓶颈制约。生态文明建设是中国特色社会主义事业的重要内容，关系人民福祉，关乎民族未来，事关“两个一百年”奋斗目标和中华民族伟大复兴中国梦的实现；加快推进生态文明建设是加快转变经济发展方式、提高发展质量和效益的内在要求，是坚持以人为本、促进社会和谐的必然选择，是全面建成小康社会、实现中华民族伟大复兴中国梦的时代抉择，是积极应对气候变化、维护全球生态安全的重大举措。

党的十八大以来，生态文明理念在全国范围内得到推广和认同，但一些地方政府也存在生态文明建设是否会对经济发展产生阻力的疑问。对此，习近平同志多次强调，“要正确处理好经济发展同生态环境保护的关系，牢固树立保护生态环境就是保护生产力、改善生态环境就是发展生产力的理念”。这揭示了一个朴素而又深刻的道理——生态环境也是生产力。我们只有更加重视生态环境这一生产力的要素，更加尊重自然生态的发展规律，保护和利用好生态环境，下大决心、花大气力改变不合理的产业结构、资源利用方式、能源结构、生活方式，大力发展绿色经济、循环经济和低碳技术，才能更好地发展生产力，在更高层次上实现人与自然的和谐。进一步理解经济发展与生态环境保护的关系，应切实把生态环境保护摆在更加突出的位置。习近平同志强调，“经济发展不应是对资源和生态环境的竭泽而渔，生态环境保护也不应是舍弃经济发展的缘木求鱼”，以及“决不以牺牲环境为代价去换取一时的经济增长”。我们必须坚持以最小的环境代价实现最大的经济社会效益，进一步优化产业结构、优化建设布局、优化人居环境，实现由“环境换取增长”向“环境优化增长”的转变；坚持经济建设与生态文明建设一起抓、产业竞争力与环境竞争力一起提升、经济效益与环境效益一起考核、物质文明与生态文明一起发展。

（二）生态文明建设的思路、目标、路径

《关于加快推进生态文明建设的意见》要求把生态文明建设放在突出的战略位置，融入经济建设、政治建设、文化建设、社会建设各方面和全过程，协同推进新型工业化、信息化、城镇化、农业现代化和绿色化。坚持把节约优先、保护优先、自然恢复为主作为基本方针。在资源开发与节

约中，把节约放在优先位置，以最少的资源消耗支撑经济社会持续发展；在环境保护与发展中，把保护放在优先位置，在发展中保护、在保护中发展；在生态建设与修复中，以自然恢复为主，与人工修复相结合。坚持把绿色发展、循环发展、低碳发展作为基本途径。经济社会发展必须建立在资源得到高效循环利用、生态环境受到严格保护的基础上，与生态文明建设相协调，形成节约资源和保护环境的空间格局、产业结构、生产方式。坚持把深化改革和创新驱动作为基本动力，充分发挥市场配置资源的决定性作用并更好地发挥政府作用，不断深化制度改革和科技创新，建立系统完整的生态文明制度体系，为生态文明建设注入强大动力。

《关于加快推进生态文明建设的意见》提出了近期生态文明建设的目标。到 2020 年，资源节约型和环境友好型社会建设取得重大进展，主体功能区布局基本形成，国土空间开发格局进一步优化；经济发展质量和效益显著提高，生态文明建设水平与全面建成小康社会目标相适应。资源利用更加高效，单位国内生产总值二氧化碳（CO_2）排放强度比 2005 年下降 40%~45%，能源消耗强度持续下降，资源产出率大幅提高，用水总量力争控制在 6700 亿立方米以内，非化石能源占一次能源消费比重达到 15% 左右。生态环境质量总体改善，主要污染物排放总量继续减少，大气环境质量、重点流域和近岸海域水环境质量得到改善，土壤环境质量总体保持稳定，环境风险得到有效控制。通过森林、草原、湿地保护和沙化土地治理使全国生态系统稳定性明显增强。生态文明重大制度基本确立，基本形成源头预防、过程控制、损害赔偿、责任追究的生态文明制度体系，自然资源资产产权和用途管制、生态保护红线、生态保护补偿、生态环境保护管理体制等关键制度建设取得决定性成果。从远期看，我国应加快建成美丽中国，全面形成生态文明制度。

（三）生态文明建设的重大举措

党的十八大以来，我国把生态文明建设纳入“五位一体”的战略布局。《关于加快推进生态文明建设的意见》提出了生态文明建设的重大举措，主要内容包括以下几方面：

强化主体功能定位，优化国土空间开发格局。全面落实主体功能区规划，健全产业、环境等配套政策和各有侧重的绩效考核评价体系。推动经济社会发展、城乡、土地利用、生态环境保护等规划“多规合一”。对不同主体功能区的产业项目实行差别化市场准入政策，明确禁止开发区域、限制开发区域准入事项，明确优化开发区域、重点开发区域禁止和限制发展的产业。大力推进绿色城镇化，大力发展绿色建筑和低碳、便捷的交通体系，提高城镇供热、供气、环境等基础设施建设水平。加强农村基础设施建设，所有县城和重点镇都要具备污水、垃圾处理能力。

构建科技含量高、资源消耗低、环境污染少的产业结构，加快推动生产方式绿色化。开展能源节约、资源循环利用、新能源开发等领域关键技术攻关，充分发挥市场对绿色产业发展方向和技术路线选择的决定性作用，加快成熟适用技术的示范和推广。调整能源结构，推动传统能源安全绿色开发和清洁低碳利用，发展清洁能源、可再生能源，不断提高非化石能源在能源消费结构中的比重。发展绿色产业，加快风电、太阳能光伏发电等新材料、新装备的研发和推广，推进生物质发电、生物质能源、沼气、地热、浅层地温能、海洋能等应用，发展分布式能源，建设智能电网，完善运行管理体系。大力发展节能与新能源汽车，加强配套基础设施建设，加大推广普及力度。

全面促进资源节约循环高效使用，推动利用方式根本转变。深入推进全社会节能减排，在生产、流通、消费各环节大力发展循环经济，实现各类资源节约高效利用。全面推动重点领域节能减排，开展重点用能单位节能低碳行动，严格执行建筑节能标准，从标准、设计、建设等方面大力推广可再生能源在建筑上的应用。发展循环经济，推进秸秆等农林废弃物以及餐厨废弃物资源化利用。加强用水需求管理，以水定需、量水而行，抑制不合理用水需求，促进人口、经济等与水资源相均衡，建设节水型社会。

加大自然生态系统和环境保护力度，切实改善生态环境质量。加快生态安全屏障建设，加强森林保护，加强自然保护区建设与管理。全面推进污染防治，健全跨区域污染防治协调机制，加快解决大气、水、土壤污染等突出环境问题。继续落实大气污染防治行动计划，切实改善大气环境质量。实施水污染防治行动计划，制定实施土壤污染防治行动计划。积极应对气候变化，坚持当前长远相互兼顾、减缓适应全面推进，通过节约能源和提高能效、优化能源结构、增加碳汇等手段有效控制二氧化碳等温室气体排放。扎实推进低碳省区、城市、城镇、产业园区、社区试点。

健全法律法规，全面清理现行法律法规中与加快推进生态文明建设不相适应的内容，加强法律法规间的衔接。修订大气污染防治法、水污染防治法、节约能源法、循环经济促进法等。完善标准体系，加快制定修订一批能耗、水耗、地耗、污染物排放、环境质量等方面的标准。环境容量较小、生态环境脆弱、环境风险高的地区要执行污染物特别排放限值，鼓励各地区依法制定更加严格的地方标准。建立严格监管所有污染物排放的环境保护管理制度。实行企事业单位污染物排放总量控制制度，适时调整主要污染物指标种类，纳入约束性指标。

严守资源环境生态红线，设定并严守资源消耗上限、环境质量底线、生态保护红线，将各类开发活动限制在资源环境承载能力之内。合理设定资源消耗“天花板”，加强能源、水、土地等战略性资源管控，强化能源消耗强度控制，做好能源消费总量管理。严守环境质量底线，相应确定污染物排放总量限值和环境风险防控措施。在重点生态功能区、生态环境敏感区和脆弱区等区域划定生态红线；科学划定森林、草原、湿地、海洋等领域生态红线，严格自然生态空间征（占）用管理。对资源消耗和环境容量接近或超过承载能力的地区，及时采取区域限批等限制性措施。严格节能评估审查、水资源论证和取水许可制度。坚持并完善最严格的耕地保护和节约用地制度，强化土地利用总体规划和年度计划管控，加强土地用途转用许可管理。

完善经济政策。深化自然资源及其产品价格改革，凡是能由市场形成价格的都交给市场，政府定价要体现生态环境损害成本和修复效益。加大财政资金投入，统筹有关资金，对资源节约和循环利用、新能源和可再生能源开发利用、环境基础设施建设、生态修复与建设、先进适用技术研发示范等给予支持。将高耗能、高污染产品纳入消费税征收范围。推动环境保护费改税。加快资源税从价计征改革，逐步将资源税征收范围扩展到占用各种自然生态空间。完善节能环保、新能源、生态建设的税收优惠政策。推广绿色信贷，支持符合条件的项目通过资本市场融资。

推行市场化机制。加快推行合同能源管理、节能低碳产品和有机产品认证、能效标识管理等机制。推进节能发电调度，优先调度可再生能源发电资源。建立节能量、碳排放权交易制度，建立全国碳排放权交易市场。健全生态保护补偿机制，加大对重点生态功能区的转移支付力度，建立地区间横向生态保护补偿机制。

健全政绩考核制度。建立体现生态文明要求的目标体系、考核办法、奖惩机制。把资源消耗、环境损害、生态效益等指标纳入经济社会发展综合评价体系，大幅增加考核权重，强化指标约束。完善政绩考核办法，根据区域主体功能定位，实行差别化的考核制度。对重点生态功能区实行生态保护优先的绩效评价。完善节能减排目标责任考核及问责制度。

加强生态文明建设统计监测和执法监督。建立生态文明综合评价指标体系。加快推进对能源、矿产资源、水、大气、森林、草原、湿地、海洋和水土流失、沙化土地、温室气体等的统计监测核算能力建设，提升信息化水平，实现信息共享。加快重点用能单位能源消耗在线监测体系建设。利用卫星遥感等技术手段，对自然资源和生态环境保护状况开展全天候监测，健全覆盖所有资源环境要素的监测网络体系。

综上所述，生态文明的重大举措涵盖国土布局规划、产业结构调整和升级、发展绿色可再生能源、资源节约和环境保护、市场机制、法律法规和监管考核等不同又相关的领域。

（四）生态文明体制改革：生态优先的制度建设和创新

2015 年 9 月，中共中央、国务院印发了《生态文明体制改革总体方案》，要求加快建立系统完整的生态文明制度体系，增强生态文明体制改革的系统性、整体性、协同性。总体方案明确了生态文明体制改革的原则：健全市场机制，更好发挥政府的主导和监管作用，合理划分中央地方事权和监管职责。坚持激励和约束并举，既要形成支持绿色发展、循环发展、低碳发展的利益导向机制，又要坚持源头严防、过程严管、损害严惩、责任追究，形成对各类市场主体的有效约束，逐步实现市场化、法治化、制度化。坚持鼓励试点先行和整体协调推进相结合，支持各地区根据本方案确定的基本方向，因地制宜，大胆探索，大胆试验。

该方案提出了生态文明体制改革的目标。到2020年，构建起由自然资源资产产权制度、国土空间开发保护制度、空间规划体系、资源总量管理和全面节约制度、资源有偿使用和生态补偿制度、环境治理体系、环境治理和生态保护市场体系、生态文明绩效评价考核和责任追究制度等八项制度构成的产权清晰、多元参与、激励约束并重、系统完整的生态文明制度体系，推进生态文明领域国家治理体系和治理能力现代化。

专栏1-1 生态文明体制改革的主要任务

构建归属清晰、权责明确、监管有效的自然资源资产产权制度，着力解决自然资源所有者不到位、所有权边界模糊等问题。

构建以空间规划为基础、以用途管制为主要手段的国土空间开发保护制度，着力解决因无序开发、过度开发、分散开发导致的优质耕地和生态空间占用过多、生态破坏、环境污染等问题。

构建以空间治理和空间结构优化为主要内容、全国统一、相互衔接、分级管理的空间规划体系，着力解决空间性规划重叠冲突、部门职责交叉重复、地方规划朝令夕改等问题。

构建覆盖全面、科学规范、管理严格的资源总量管理和全面节约制度，着力解决资源使用浪费严重、利用效率不高等问题。

构建反映市场供求和资源稀缺程度、体现自然价值和代际补偿的资源有偿使用和生态补偿制度，着力解决自然资源及其产品价格偏低、生产开发成本低于社会成本、保护生态得不到合理回报等问题。

构建以改善环境质量为导向，监管统一、执法严明、多方参与的环境治理体系，着力解决污染防治能力弱、监管职能交叉、权责不一致、违法成本过低等问题。

构建更多运用经济杠杆进行环境治理和生态保护市场体系，着力解决市场主体和市场体系发育滞后、社会参与度不高等问题。

构建充分反映资源消耗、环境损害和生态效益的生态文明绩效评价考核和责任追究制度，着力解决发展绩效评价不全面、责任落实不到位、损害责任追究缺失等问题。

第二章

大力持续开发可再生能源是生态文明建设的重要任务

COMPREHENSIVE POLICIES AND COORDINATION FOR
RENEWABLE ENERGY TO PROMOTE
ECOLOGICAL CIVILIZATION

一、破解能源经济环境的矛盾是生态文明建设的重大挑战

能源经济环境矛盾是人类发展与自然生态的重要矛盾关系。中国当前的核心问题仍是发展问题，绝大部分的不平衡、不协调和不可持续问题都可以归结为利益平衡问题，而一切利益平衡问题又都可以在发展过程中得以解决。当前制约发展的最大问题是生态环境问题，中国高度依赖煤炭的粗放低效的能源发展方式，不仅导致了资源大量浪费，而且造成了极为严重的环境污染，也致使生态不断恶化，可谓当前及今后一段时期生态文明建设的瓶颈所在。

生态环境改善的前提是解决能源发展路径问题，归根结底还是我们要走一条什么样的发展之路。改革开放 36 年来，我们的“经济发展”已经与“能源支撑”出现了不可调和的矛盾，我国经济转型与发展之路的核心就是要把生态文明放在最优先的位置，其关键是要解决好能源转型问题。

（一）前三次基于化石能源的能源变革背离生态文明

迄今为止，已经证明的、可以称为能源变革的能源开发和利用方式上的技术革命有三次①。第一次能源变革是火的发现与应用，人类首次主动使用能源，生产和消费的方式随之改变。火的使用开辟了人类更加丰富的食物来源，加速了人类进化，也开启了人类利用自然、改造自然的进程，使得人类告别茹毛饮血的原始文明，向农业文明迈进。

第二次能源变革以煤炭、石油等化石能源的使用为特征，伴随着蒸汽机和内燃机的发明应用，生产方式由手工劳动向动力机器转变，运输方式也产生了革命性的变化，加速了木材、煤炭、石油等大宗能源品种的商品化

① 李俊峰，杨秀，张敏思．第四次能源变革与生态文明建设［J］．中国能源，2013（7）．

进程，推动了第一次工业革命和第二次工业革命的产生，使得人类社会由农业文明向工业文明转变，人类进一步征服自然，加剧了对自然资源的索取。

第三次能源变革是电力的广泛应用。它使得能源传输技术发生了重大的革命，推动能源生产和消费进入网络化时代，奠定了工业现代化的基础，并催生了自动化、信息化和互联网等技术与产品的出现与发展，带来了生产、消费、运输、通信方式的一系列重大发展与变革，改变了人类社会的组织形式，使得人类进入工业文明新阶段。新的技术也推动人类的需求不断增长，导致了对自然的更大破坏。

总的来看，前三次能源革命都是主要基于化石能源（见图 2-1），推动了能源消费产生了几何级数的增长，几乎要耗尽地球上赋存的化石能源。据 BP 公司统计，1965—2012 年全球一次能源消费量从 37.55 亿吨标准油增加到 124.77 亿吨标准油，增长了 2 倍多。BP 公司预计，2011—2030 年全球能源消费总量还将增加 36%。能源消费加速的同时也带来了一系列的负面影响，在加剧能源供应安全问题的同时，还产生了巨大的环境问题，如造成大气污染、水污染和土壤污染，加剧了气候变化和臭氧层破坏等。

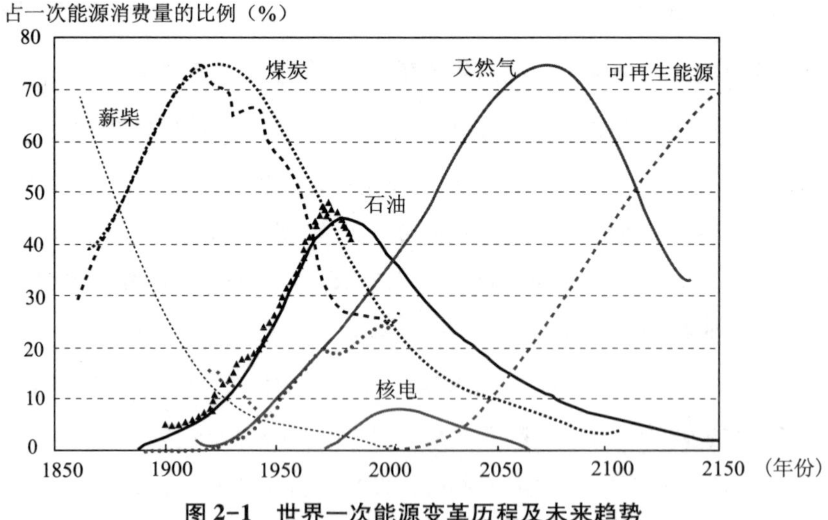

图 2-1 世界一次能源变革历程及未来趋势

资料来源：罗伯特 A. 海夫纳 III. 进入气体能源时代［Z］. 2002.

目前一些长时间、大面积、跨流域和跨国界的环境问题主要是化石能源燃烧造成的。例如 20 世纪 40 年代发生的美国洛杉矶光化学烟雾事件，是由于汽车尾气排放的大量碳氢化合物和氮氧化物（NO_x）在阳光作用下，与空气中其他成分通过化学作用而产生了含有臭氧、氮氧化物、乙醛和其他氧化剂的剧毒烟雾。1952 年发生的英国伦敦雾事件，是由于燃煤产生的二氧化硫（SO_2）和粉尘污染遇到不易扩散的天气条件造成了大气污染物蓄积。2010 年石油钻井平台爆炸导致的美国墨西哥湾原油泄漏事件，给墨西哥湾及沿岸生态环境带来了巨大破坏。

（二）化石能源资源开发利用粗放低效导致大量资源浪费

长期以来，中国长期依赖化石能源的能源开发利用方式一直是高碳低效的，可谓中国经济粗放型发展的一大缩影。改革开放 40 年来，中国经济获得了前所未有的快速发展，但经济发展的粗放型特征也越发显著。大量化石能源资源开采、加工转换、储运效率较低导致大量能源损耗。

以主体能源煤炭为例，由于煤田地质构造复杂、煤层埋藏深度大、高瓦斯含量矿井占比高等客观因素导致煤炭资源回采率低、煤矿安全生产水平较低。目前，中国煤炭资源整体回采率较低，仅为 30%，特别是大量的乡镇煤矿回采率仅为 10%左右，使得煤炭资源在开采过程中就遭到了巨大浪费。中国煤矸石利用率仅为 66%左右，远低于发达国家 90%的水平。目前中国能源加工转换、储运和终端利用的综合效率仅为 38%，比发达国家低 10%以上。其中，平均发电煤耗虽然持续下降，但仍高于国际先进水平 300 克标准煤/千瓦时；中国电厂厂用电率和输电线损率持续下降，目前分别已下降到 5%和 6%左右，但仍明显高于发达国家电力生产、输送损耗水平。

石油加工行业整体技术水平与石油化工强国相比还有十几到二十几年的差距。特别地，中国工业锅炉数量众多，但由于热效率整体较低，损耗十分巨大。当前中国近 50 万台燃煤工业锅炉中，约 85%为链条炉，尽管设计经济运行热效率为 72%~83%，但实际运行热效率仅为 60%~65%。目前中国工业锅炉用煤超过 7 亿吨，如果锅炉效率按国际先进水平计算，仅工业锅炉用煤效率低导致的损耗就达 2 亿吨。

（三）长期高强度能源资源开发造成严重生态环境灾害和生态系统退化

过去数十年，我国森林生态系统退化严重，草原退化、水土流失、土地沙化、地质灾害频发、湿地湖泊萎缩、地面沉降、海洋自然岸线减少等问题十分严峻。全国近 80%草原出现不同程度的退化，水土流失面积占国土总面积的 37%，海洋自然岸线不足 42%。资源开采和地下水超采造成土地沉陷和破坏。生物多样性锐减，濒危动物达 258 种，濒危植物达 354 种，濒危或接近濒危状态的高等植物有 4000~5000 种，生态系统缓解各种自然灾害的能力减弱。

传统能源资源开发是生态环境灾害的重要原因。高强度的煤炭资源开发严重破坏了矿区及周边地区生态环境。中国煤矿每年新增采空区超过 4 万公顷，累计已超过 100 万公顷。煤炭开发已造成西北地区约 245 平方公里范围的水土流失，黄河流域由此成为水土流失最严重的地区。国内煤矿共有矸石山 1500 余座，煤矸石存量已达 40 亿吨，占地近 2 万公顷，每年因煤矸石自燃排放的有害气体超过 20 万吨，严重影响周边环境和居民健康。

石油天然气资源开发消耗大量水资源，降低地下含水层水位从而导致水循环失衡，是造成华北地区形成“地下水漏斗”的重要原因之一。水能资源高强度开发和生态保护措施缺失严重改变江河湖生态关系，比较突出的例子是长江上游大坝陆续建成后，一定程度上导致洞庭湖和鄱阳湖面积相应锐减，枯水期时间不断延长，洲滩植被退化。

核能开发对周边环境也造成长期不可忽视的隐患，核事故及核辐射安全问题一旦发生对人类和环境造成的影响都是灾难性的，处理核乏燃料目前仍是世界性难题，铀矿资源的开发造成的废弃、废水、废渣等污染也不可忽视。

（四）大规模化石能源粗放式利用是雾霾等大气污染的元凶

中国二氧化硫、氮氧化物、烟粉尘、挥发性有机化合物（VOC）以及PM2.5等颗粒物长期高居世界首位，绝大部分来自化石能源燃烧，特别是煤炭燃烧（见表2-1、图2-2）。更严重的是，2012年以来全国大部分地区出现了高强度、大面积雾霾现象，污染面积之大、持续时间之长、影响人群之广前所未有，举国震惊，也令世界为之侧目。

表2-1　散煤消费量及排放量①

	分领域	年燃煤量（亿吨）	煤炭消费总量占比（%）	PM2.5平均排放系数（千克/吨）	PM2.5排放量（万吨）	二氧化硫平均排放系数（千克/吨）	二氧化硫排放量（万吨）	氮氧化物平均排放系数（千克/吨）	氮氧化物排放量（万吨）
散煤	燃煤小锅炉	2.60	6.09	0.70	18.12	11.04	287.04	2.94	76.44
	农村生活	2.01	4.70	3.73	74.90	20.72	416.06	1.62	32.53
	住宿餐饮	0.49	1.15	2.21	10.84	15.88	77.77	2.28	11.17
	城镇生活	0.32	0.75	2.21	7.11	15.88	50.97	2.28	7.32
	农业生产	0.30	0.69	3.73	11.05	20.72	61.37	1.62	4.80
	合计	5.71	13.38	—	122.02	—	893.22	—	132.25
集中	发电	18.45	43.20	0.48	88.57	3.18	586.79	3.18	586.79
	燃煤大锅炉	4.40	10.30	0.61	26.84	—	—	2.75	121.00

研究表明，中东部地区过高的煤炭消费密度是雾霾产生的重要原因，煤炭消费对PM2.5浓度的贡献很可能在50%~60%。京津冀、长三角、广东省单位国土面积的煤炭消费量更是分别高达1794吨/平方千米、2267吨/

① 霍沫霖．中国散烧煤消费地图及消费行为影响因素［J］．中国电力，2017，50（1）．

平方千米、981 吨/平方千米，这几个区域也是大气污染最严重的几个区域。

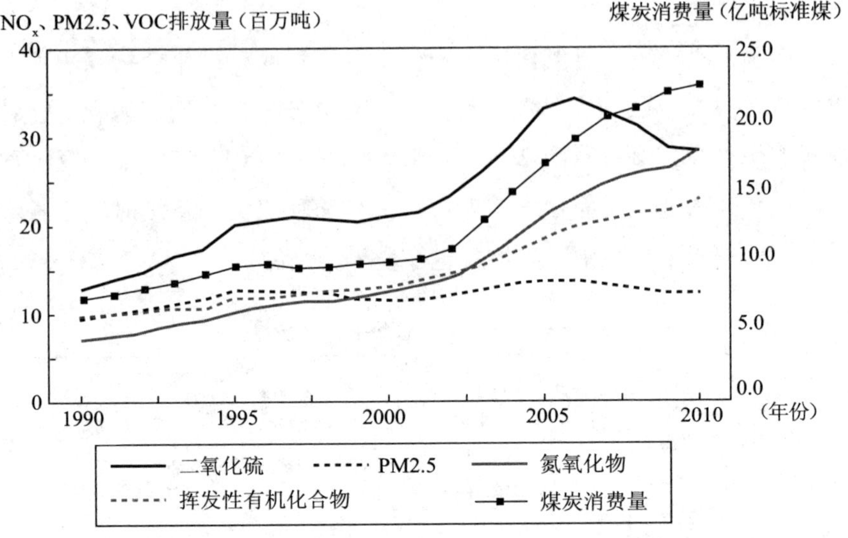

图 2-2　1990 年以来中国煤炭消费与主要污染关系

资料来源：环境保护部环境规划院，2014 年

此外，目前中国终端直接用煤量超过 8 亿吨，主要集中于大量工业锅炉窑炉和居民生活领域，终端直接利用燃煤技术相对落后、煤质难以保证，污染物排放强度要高很多，终端直接利用排放的二氧化硫约占全部燃煤排放的 40%以上，粉尘和可吸入颗粒物比例更高。

（五）化石能源燃烧导致大量温室气体排放和极端气候等

气候变化是当今人类社会面临的共同挑战。工业革命以来的人类活动，特别是发达国家大量消费化石能源所产生的二氧化碳累积排放，导致大气中温室气体浓度显著增加，加剧了以变暖为主要特征的全球气候变化。气候变化对全球自然生态系统产生显著影响，温度升高、海平面上升、极端气候事件频发给人类生存和发展带来严峻挑战。

1896 年物理化学家阿仑尼乌斯通过定量计算提出化石燃料燃烧导致二氧化碳浓度上升使全球变暖的可能性。观测数据表明，二氧化碳浓度由工业革命前的 280ppm 持续上升，近期二氧化碳浓度已首次逼近或突破

400ppm。IPCC 第四次评估报告也表明，人类活动“很可能是”气候变暖的主要原因，并且这种可能性达到 90% 以上。而全球变暖带来的地表温度升高、自然水循环速率加快等变化，可能增大极端气候事件发生的频度和强度。IPCC 报告同时提出，过去 50 年中，极端天气事件呈现不断增多增强的趋势，预计今后这种极端事件的出现将更加频繁。

2011 年，我国相继发生了南方低温雨雪冰冻灾害、长江中下游地区春夏连旱、南方暴雨洪涝灾害、沿海地区台风灾害、华西秋雨灾害和北京严重内涝等诸多极端天气气候事件，全年共有 4.3 亿人次不同程度地受灾，直接经济损失高达 3096 亿元。研究表明，极端气候事件对全球造成的损失，1980 年约为每年几十亿美元，而 2010 年已上升至 2000 亿美元以上，这还不包括对人们生命健康的影响和对生态系统及文化遗产的损坏。

气候变化问题已逐步成为全球性议题，应对气候变化问题不断升温，目前国际社会正努力在 2015 年达成包括所有国家温室气体减排行动的全球协议。中国已成为世界上最大的二氧化碳排放国，超过 80% 由化石能源消费所致，其中煤炭燃烧排放的二氧化碳超过 2/3。2014 年中国排放总量近 100 亿吨，人均排放超过 7 吨，已经高于约 5 吨的世界平均水平（见图 2-3）。2014 年以来，在中美气候变化共同声明和中国应对气候自主贡献文件中，中国承诺在 2030 年左右并力争提前实现碳排放峰值。

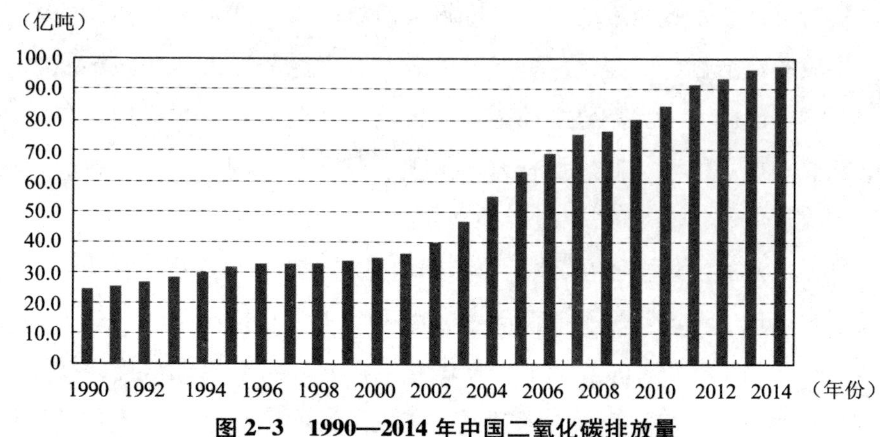

图 2-3　1990—2014 年中国二氧化碳排放量

资料来源：BP 世界能源统计年鉴 2015.

二、生态文明要求加快建设可再生能源为主的新型能源体系

如前所述，前三次能源变革加剧了化石能源的利用，使得人类面临能源安全、能源贫困、环境恶化、气候事件等一系列问题，人类亟须彻底转变能源需求不断增长的趋势，摆脱对化石能源的依赖，才能维持文明的永续发展，这即是正在发生的第四次能源变革的历史使命。与前三次能源变革不同的是，第四次能源革命的历史使命决定了它面临的两大难点和挑战：一是要通过能源生产过程的改革，应对气候变化与环境污染，实现人类发展与自然环境的平衡和碳排放的大幅度减少；二是通过能源消费方式的转变，使得人们生活水平的提高不再依赖能源的持续增长，实现经济增长与能耗脱钩。主动选择新的文明形态是实现第四次能源变革的驱动力。

人类社会发展的历史经验显示，前三次能源变革和随之而来的文明过渡均是自然而然地发生和发展的。然而当前能源、环境和气候面临的紧迫形势决定了人类不能再任由能源与经济同步增长，而是要着力解决当前经济增长与可持续发展两难的问题，这不仅需要先进的技术措施实现能源生产与供应的清洁化、低碳化，更需要依靠发展理念的巨大转变扭转能源的消费模式。因此，人类需要主动选择一种新的文明形态，积极构建与之适应的能源和技术体系，通过强有力的干预手段和创新制度，实现新的经济增长方式，促使经济与能源尽快绝对脱钩。

世界主要的发达国家在20世纪初期均完成了工业化进程，在应对其发展过程中出现的环境问题和能源问题方面采取了大量措施，大多基本完成了能源生产的清洁化，正在向能源低碳化方向转变，对第四次能源变革的出现和发生进行了有益的探索和尝试。实现第四次能源变革，应包括以下几方面具体内容：一是确保全球能源供应安全的可持续性，维系人类文明

的不断发展与延续。二是大幅度提高能源效率，合理控制能源消费行为，控制能源消费的无序增长。三是确保人人享有可持续的能源供应，消除能源贫困，实现能源公平。四是减少能源供应过程中环境、生态问题。五是应对气候变化，构建清洁、低碳的能源体系。从根本上看，可永续利用、清洁、低碳的可再生能源将是未来能源变革的最主要能源发展方向。

（一）可再生能源是能源变革根本方向和生态文明重要支柱

伴随着第一、第二次工业革命进程，人类已完成了两次能源变革，实现了从薪材到煤炭，从煤炭到油气、电力的转变。能源开发利用技术进步促使人类从自然经济状态的工场手工业转为机器化大生产时代，进而又迈入现代化生产时代。

21 世纪以来，非常规天然气以及风能、太阳能等可再生能源利用规模迅速提高，智能电网、分布式能源、大规模储能等新型能源技术快速发展，能源生产与利用方式正发生重大变革，新型能源体系加速形成，一场以新能源与信息技术为代表的新工业革命正在孕育。世界主要国家积极采取措施，纷纷推动能源科技创新和能源变革。例如，美国支持零碳能源技术和清洁煤、碳捕获和碳储存（CCS）等低碳技术发展；日本重点发展超临界、IGCC、IGFC 发电技术，布局氢能、宇宙太阳能和核电技术；欧盟大力发展可再生能源，积极建设智能电力系统，继续努力提高能源效率；巴西持续研发和推广生物质燃料。国际能源署（International Energy Agency，IEA）预计，到 2030 年非化石能源占能源消费总量的比重将达到 24%，在世界能源供需平衡中发挥日益重要的作用。在 2℃ 情景下，到 2050 年时，风能和光伏太阳能有潜力为每年的电力行业减排贡献 22%的份额（见图 2-4、图 2-5）。

中国已错过了前两次机遇，未能在当时随之迈入近现代社会。目前经济取得较快发展，但仍处在以煤为主的能源时代，滞后于世界能源进程。如不能加快顺应世界第三次能源变革趋势，中国将可能长期锁定在以煤为主的能源时代，现代化进程势必将受到严重影响。必须紧紧把握这一机遇，努力顺应新的世界工业革命及能源变革趋势，加快推动中国能源转型，早日迈进绿色低碳、清洁高效、智能为主要特征的新的能源时代，并以能源转型推动经济社会发展，为建设现代化强国奠定基础。

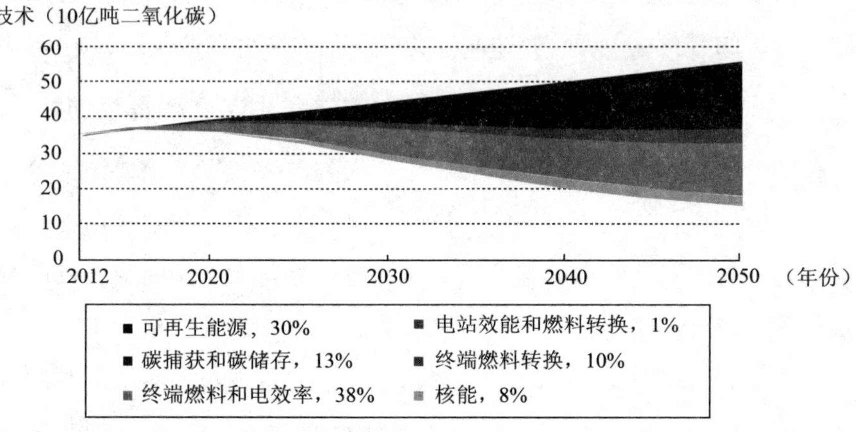

图 2-4　可再生能源在未来减排中的作用（ETP 2015）

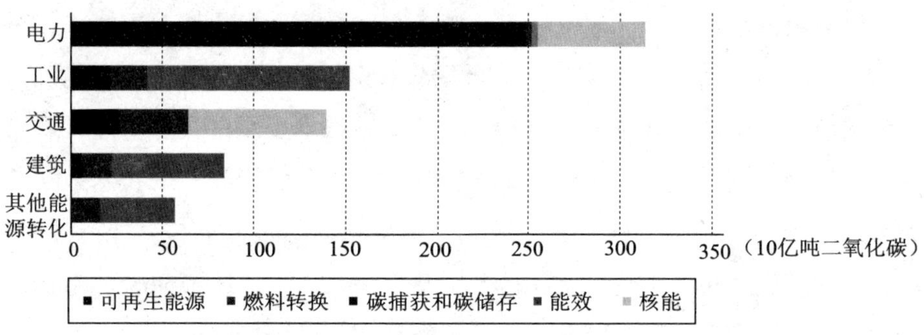

图 2-5　2℃情景中到 2050 年全球各行业、各技术累计二氧化碳减排

我国也提出推动能源革命。能源革命的本质是主体能源的更替，替代煤炭首当其冲，煤炭要做到清洁化利用，首先应该是减量化，设置煤炭利用的天花板，并逐年降低煤炭的使用量。根据国家发改委能源研究所、国家可再生能源中心研究结果，到 2050 年，我国的煤炭使用量要降低到 10 亿吨以内，才能留住碧水蓝天，成就“美丽中国”。其次是通过技术创新，提高效率，对不可替代的煤炭实现清洁化利用。能源供给侧结构性改革的本质是供给侧的绿色电力革命，供给侧绿色电力革命的核心是能源消费向低碳绿色电力转型，低碳绿色电力的主力军就是风电和太阳能发电。能源消费向低碳绿色电力转型为能源供给侧结构性改革解决了后顾之忧，大规模、高比例的风电、太阳能发电为能源供给侧变革带来了生命力。但是，目前还存在着一系列体制和机制方面的障碍，可再生能源发电比重的不断提升将对需求侧转型提出新的挑战。实现供给侧绿色电力革命是能源供给侧结构性改革的终极目标。

如果说现在的发达国家走了一条主要依靠化石能源实现现代化的道路，成为世界的榜样，引领了世界的发展方向，中国则可以走一条化石能源与非化石能源并重的现代化道路，成为更后来的国家实现现代化的榜样，引领世界能源转型的方向，为21世纪末用可再生能源或非化石能源取代化石能源作出自己的贡献。

（二）可再生能源已成为我国新增能源供应主力

中国在2014年开始了能源转型的征程，首次出现了燃煤发电量和煤炭消费量的负增长。2015年可谓中国能源转型取得重要成就的一年，全年发电量只有5.5万亿千瓦时，比2014年减少了0.2%，即减少110亿千瓦时左右。当年风电增加近400亿千瓦时，太阳能发电增加200亿千瓦时，水电增加700亿千瓦时，核电增加300亿千瓦时，也就是说，非化石能源发电净增加了1600亿千瓦时。火力发电净减少了1700亿千瓦时，其中大部分减少的是燃煤发电，一般估计，2015年燃煤发电减少1600亿千瓦时以上，降幅4%。一增一减，导致了煤电占比从2013年的74%下降到2015年的69%，两年降了5个百分点。同时，2015年煤炭消费量也减少2亿吨，煤炭占比也比2013年下降了3个百分点。仅仅减少煤炭发电一项，2015年新增的非化石能源发电就替代了接近7000万吨煤炭。近两年中国的实践也证明了非化石能源不仅可以满足新增能源的要求，也可以大量替代化石能源，特别是煤炭。

2015年，全国电力消费增速明显放缓，全社会用电量55500亿千瓦时，同比增长 0.5%，比上年回落 3.6 个百分点。全国基建新增发电设备容量 1.3 亿千瓦，可再生能源发电新增装机容量 6480 万千瓦，其中水电新增 1493 万千瓦，并网风电新增 3297 万千瓦，并网太阳能发电新增 1513 万千瓦。截至 2015 年底，全国发电装机容量达到 15 亿千瓦，累计可再生能源发电并网装机容量达到 5 亿千瓦，占全部发电装机容量的 33.3%。可再生能源发电量 13925 亿千瓦时（折合 4.39 亿吨标准煤），占全部发电量的 24.8%。

（三）可再生能源是生态环境友好的能源

随着社会经济的发展，全世界都开始重视对可再生能源的利用，加上近几年环境恶化、资源枯竭等问题日益严重，可再生能源因在利用过程中对生态环境友好，能够有效减缓气候变化，降低对土壤、大气和水体等的污染，日益受到人们的重视，是能够真正实现“发展和保护”相统一的环境友好型能源。

可再生能源可以有效减少大气污染物和温室气体的排放。相比传统化石能源发电所排出的大量污染物，以风能、太阳能为代表的可再生能源不产生或极少产生污染物，其发电过程无须外界其他能量介入，不会排放氮氧化物、硫氧化物等污染性气体、颗粒及水蒸气，也能减少大量温室气体二氧化碳的排放，是清洁的绿色能源。以风电为例，根据美国能源部研究结果显示，风电每度电的二氧化碳排放量相当于亚临界燃煤发电的 1%，燃气联合循环发电的 3%，同时也低于其他在发电过程中不排污电源的全生命周期内的排放量。根据测算，2015 年我国可再生能源发电量共计 13767 亿千瓦时，可以替代标准煤约 4.1 亿吨，减少向大气中排放二氧化碳 10.5 亿吨，减少排放二氧化硫 329 万吨、氮氧化物 288 万吨，节能减排效果非常显著。

可再生能源不会造成重金属污染。重金属元素普遍存在于化石燃料、矿石等原材料中，其中，有害有毒重金属元素汞、砷、硒、镉、铅、铬、镍、锑等广泛赋存于煤炭、油品等燃料中，会在燃烧等高温过程中被释放出来，不仅对土壤、大气、水体等造成污染，还会对公众健康和生态环境造成危害。要想解决重金属污染问题，需要从源头进行预防和控制。燃煤电站是重金属污染的主要排放源之一，据统计，每年因燃煤进入大气的砷就有 1500 吨，其中降落在地面的重金属化合物又会由于洗刷而流进水体，不能被微生物降解，只能发生重金属迁移。在能源领域，大力发展可再生能源，减少化石燃料的使用，是预防缓解重金属污染的一个有效途径。与传统化石能源相比，可再生能源电力在生产过程中不需要排放太多的废弃物，在发电的过程中也没有重金属的排放，不会造成重金属的污染，属于环境友好型能源。

可再生能源能够节约水资源。我国的水资源相对匮乏，随着经济社会的发展，水资源日益紧张，水污染、水危机已经成为我国可持续发展的重要制约因素。能源部门严重依赖水资源，特别是煤炭产业，是对淡水资源需求量最大的产业之一。而且我国大部分燃煤电厂建在水资源相对匮乏的地区，过度取水给当地的生态环境和人体健康造成了巨大的危害。可再生能源电力在生产过程中不需要大量的水，可以避免大量的水资源浪费。Meldrum 等研究总结了不同发电方式的生命周期耗水量，结果表明，燃煤发电的全生命周期耗水量为 3.32 立方米/兆瓦时，风电的耗水量最低仅为 0.56 立方米/兆瓦时，光伏（不包括聚光式发电）为 1.69 立方米/兆瓦时。其中燃煤发电的耗水量主要发生在发电阶段，风电和光伏的耗水量主要发生在设备制造等上游阶段，风电光伏等可再生能源的耗水量大大低于燃煤发电①。

可再生能源在一定程度上有利于水土保持和植被恢复。以光伏为代表的可再生能源项目在建设的同时，也会同步建设区域绿化带等，能够防风固沙、涵养水分，有效降低生态脆弱区的水土流失；且光伏电站的建设能够显著提高建设区的植被覆盖率，对生态脆弱区绿化起到良性的改善作

① Meldrum J., Nettlesanderson S., Heath G., et al. Life Cycle Water Use for Electricity Generation: A Review and Harmonization of Literature Estimates [J]. Environmental Research Letters, 2013, 8 (8): 1880-1885.

用。例如，王涛等①为了探究光伏电站对植被、土壤的影响，通过样地调查和试验分析对靖边县光伏电站内光伏板未遮阴、遮阴及电站周边区域的土壤理化性质、植被种类等进行了分析比较。结果显示：3个区域同层土壤含水量的高低顺序是未遮阴>遮阴>电站周边区域，其中，表层（0~20厘米）未遮阴和遮阴区域土壤含水量相对于电站周边区域分别增加了34%和30%，表明光伏电站建设可以增加土壤含水量；另外，光伏电站建设后，电站区域内的植物种类、Patrick 丰富度指数、Shannon - Wiener 多样性指数、Pielou 均匀度指数、Simpson 优势度指数、生物量鲜重和干重均较电站周边区域有所增加。同时，风电和水电等其他可再生能源，也会在开发利用过程中做好水土保持和植被恢复治理工作，不会对水土保持和植被恢复造成太大影响。

风电也不是阻碍大气循环、积累雾霾的重要因素。近年来，随着我国中东部地区多次发生大范围、持续性的重污染天气，公众被某些媒体误导，认为京津冀大气污染与华北大规模风电开发有关系，并提出风电是造成雾霾重要元凶的观点。但国内外现有的研究均表明，风电根本不会引发雾霾。

美国斯坦福大学 Maria 通过建立风电机组叶片与大气相互作用的动量参数化关系，估算由于大型风电场建设带来的全球和区域大气能量的损失。结果表明，如果全部用风能满足全球对能源的需求，风能开发导致1千米以下大气层能量的损失为0.006%~0.008%，比气溶胶污染和城市化导致大气能量的损失小一个量级。丹麦科技大学 Risoe 实验室 Frandsen 则通过实验证明，大型风电场下风向风速减弱的影响经过30~60千米的距离以后就可以恢复。

国内方面，中国气象局的朱蓉教授通过分析风电场集中建设区的地面风速长年变化与北京市、天津市和石家庄市的污染气象条件长年变化，研

---

① 王涛，王得祥，郭廷栋，等. 光伏电站建设对土壤和植被的影响［J］. 水土保持研究，2016，23（3）：90-94.

究了风电大规模发展对局地大气扩散条件的影响。根据研究数据显示，河北省各种大气污染物的工业排放量和机动车排放量都位于全国前列或是首位，尤其2011年以后，氮氧化物和颗粒物或烟粉尘的排放量稳居全国第一。造成京津冀地区重污染天气的第一要素应该是过量的大气污染排放，相比之下，风电开发的大气污染环境影响微不足道①。由此可见，把风速减弱归结于风电，并认为发展风电会造成雾霾，是没有科学依据的臆想。治理雾霾的关键还是区域协同减排。

专栏2-1 可再生能源利用与生态治理

包头市采煤沉陷区光伏产业发展规划是在可持续发展的指导思想下，充分贯彻土地综合治理及生态恢复的理念，在开发当地丰富的光资源条件下，实现生态环境的综合治理。集约化经营闲置土地，支撑石拐区采煤沉陷区综合治理，以及土右旗生态恢复。包头市石拐区已提出深化采煤沉陷区治理工程，计划两年或以上时间完成采煤沉陷区土地综合治理；土右旗提出露天煤矿项目区环境和生态恢复综合治理，通过同步建设光伏基地，以及林光互补、景观建设等生态恢复措施，在适宜的地块发展光伏产业，可集约化经营分散闲置的土地，有效解决居民搬迁离地后生活来源与生态环境综合治理难题，有效化解社会矛盾，达到采煤沉陷区综合治理效果。

水面光伏项目。例如，安徽两淮采煤沉陷区规划建设水面光伏发电装机总量3.2吉瓦，将包含淮北、亳州、宿州、阜阳、淮南五市共80200亩水面。按照规划，项目具有以下两个特点：

第一，废弃资源综合利用效益。将利用原矿区电网资源和废弃的水面资源建设清洁电力能源，提高采煤沉陷区综合治理效益，有效解决两淮煤矿采空区路面沉陷、粉煤灰二次污染问题。

① 朱蓉．大规模风电开发对城市大气环境污染影响的初步研究［J］．风能，2014（5）．

第二，采用先进的水上漂浮式光伏系统技术。该系统具有六项优点：一是减少土地资源占用；二是水体本身对光伏组件有冷却效应，可抑制组件表面温度上升，从而获得比相同地区地面或屋顶电站高出10%~15%的发电量；三是通过创新工程技术显著降低工程成本；四是更高的系统可靠性和易维护性；五是组件的覆盖可减少水面蒸发量，节约水资源；六是组件遮挡阳光直射水体从而抑制藻类繁殖，并可调整浮箱系统密度以适应水产养殖要求。该技术在日本、印度、韩国、新加坡、英国、挪威、美国、巴西、澳大利亚等均有成熟应用。到 2018 年，采煤沉陷区主导产业及带动产业总产值将突破 1000 亿元①。

（四）可再生能源是真正的低碳无碳能源

削减煤炭消费的措施有很多种，主要包括活动关停或改燃气燃烧、燃煤锅炉改造、治理散煤等。不同限煤措施的减碳效应并不相同，表 2-2 为各地采用的限煤措施，以及各项措施每减少 1 吨标准煤所带来的二氧化碳减排量。减排效应最强的是淘汰落后产能和可再生能源替代，燃气替代的效益居中，一般外购电（假定外购电以煤电为主）减少本地燃煤碳减排的效应较差，而用煤制气替代燃煤总体上呈现负效应，即反而增加碳排放。

表 2-2 各种煤炭削减措施的二氧化碳减排效果

控煤措施	减排系数（吨二氧化碳/吨标准煤）
节能与可再生能源替代原煤散烧	2.99
节能与可再生能源替代煤电	2.79
节能与可再生能源替代供热燃煤锅炉	2.53
节能与可再生能源替代工业燃煤锅炉	2.53

① 中国碳排放交易网，http：//www.tanpaifang.com/ditanhuanbao/2016/0215/50570.html.

续表

控煤措施	减排系数（吨二氧化碳/吨标准煤）
天然气替代原煤散烧	1.84
天然气替代煤电	1.44
天然气替代工业燃煤锅炉	1.22
天然气替代供热燃煤锅炉	1.05
电力替代原煤散烧	0.61
煤制气替代原煤散烧	0.58
煤制气替代煤电	-0.26
煤制气替代供热燃煤锅炉	-0.97
煤制气替代工业燃煤锅炉	-1.06

资料来源：刘强，等．煤炭总量控制的碳减排协同效应分析［J］．中国能源，2014（10）．

（五）可再生能源开发推动形成新型城镇化和经济发展空间格局

以蒸汽机（燃煤）技术为标志的第一次工业革命和以内燃机（燃油）、电力技术为标志的第二次工业革命不仅促进了科技在人类生产中的应用，而且带来了机器大工业生产方式。相应地，人们生活方式开始改变，越来越多的人口聚集在城镇特别是大城市。中国正在着力推动新型工业化和新型城镇化建设，要走科技含量高、经济效益好、资源消耗低、环境污染少、人力资源优势得到充分发挥的新型工业化道路，并要建设以人为本、让所有城市居住人员都能公平享受城市的各项服务的城镇化模式。中国新型工业化布局不能过多地向大城市集聚，新型城镇化模式也应是大城市与中小城镇协调发展的格局。

新能源和可再生能源的分布式、离散化特征显著，与中国新型工业化和新型城镇化发展模式是相契合的。一方面，在信息技术、智能技术的带动下，未来能源系统的组织方式有望从集中式、大规模的工业化开发利用转变为分布式、小规模的开发利用，从主要通过远距离、大规模能源输送实现供需平衡将转变为更多依赖就地平衡，从供应被动满足需求转变为供需双方通过智能能源网络、大规模储能设施等实现互动平衡。另一方面，消费者同时又可能是生产者，生产和消费的界限将趋于模糊，能源普遍服务将成为可能。在这种情况下，既能获得现代能源服务，又融入现代工业文明，还能享受“田园牧歌”，显然将成为人们工作、聚居的取向。因此，加快推动能源革命，与信息化、智能化技术相结合，大力发展分布式、智能型能源体系，将成为中国新型工业化和新型城镇化建设重要的支撑。

（六）可再生能源促进绿色经济和就业

可再生能源领域投资助推绿色经济快速发展。可再生能源是永续利用的清洁能源，可再生能源投资大幅增加能够带来环境健康福利、经济增长利润与能源产业升级等诸多积极影响，是绿色经济新的增长点。FDI Markets 发布的数据显示，2015 年全球可再生能源领域投资达 760 亿美元，同比上升 73%，增幅最大。且过去两年来，超过一半的净增产能来自可再生能源。国际研究结果表明，可再生能源在全球终端能源结构中的份额翻番，将使得 2030 年全球 GDP 与以往相比增加 0. 6%～1. 1%①，相当于增加投资 706 亿美元至 1. 3 万亿美元。根据清华大学的研究测算，我国风光发电所拉动的直接和间接投资增加值逐年上升，预计将从 2015 年的约 0. 31 万亿元逐渐增加到 2030 年的 1. 57 万亿元；所占 GDP 比重基本呈逐年上升的趋势，到 2030 年占比约达到 1. 1%②。

可再生能源创造了大量的就业机会。就业机会对经济和社会的发展具有非常重要的关键作用，能够保证 GDP 的可持续增长和社会福利的增加。在能源行业总体提供的就业机会逐渐减少的形势下，可再生能源行业提供的就业机会却逆势上涨，在过去十年对促进就业、维护社会稳定做出了重要贡献。根据国际可再生能源机构（International Renewable Energy Agency，IRENA）发布的报告显示，2015 年全球可再生能源就业总量有所上升，而整个能源产业却出现下降。例如美国可再生能源就业上升了 6%，而油气行业就业减少了 18%。同样，中国可再生能源就业人数为 350 万人，远超

---

① This refers to a figure for GDP in 2030 that is 0. 6% larger than in the Reference Case. It should not be confused withan addition of 0. 6% to annual GDP growth between 2016 and 2030.

② 绿色和平项目课题. 中国风电光伏综合效益研究［Z］.

油气行业的 260 万人①。与 2012 年相比，2015 年中国的可再生能源就业人数翻了一番。可再生能源发电行业的发展创造了一批技术要求高和服务水平高的岗位，涵盖设计材料、设备制造、电力和自动控制等多个领域，其带动就业的优势已越来越明显。

① IRENA. Renewable Energy and Jobs-Annual Review 2016 [R]. 2016.

三、能源发展战略尚未全面贯彻落实生态文明理念

（一）能源环境约束让位 GDP 增长的思维惯性依然存在

长期以来，中国一直秉承“以需定供”的供需模式，能源战略的核心要务就是保障经济发展所需的能源供应，这在很大程度上造就了粗放型能源发展方式。而且，过去的能源环境约束性政策常常让位于经济增长，倒逼能源和经济发展方式转变作用不强，例如，在各地拥有更强动力做大分母（GDP）时，以单位 GDP 能耗下降为核心的节能制度约束力不强，而环境政策则面临法规标准不健全以及监管、处罚力度不够的境况。

某项研究成果表明，我国每年因环境污染造成的经济损失占 GDP 的 10%左右。东部某经济发达城市曾经邀请过专家团做过一个评估，提及若把生态环境恢复到 1980 年以前需要投入多少资金时，评估结论是这 30 年所有的 GDP 都投进去也不够，因为生态环境破坏以后有很多是不可逆的，破坏了再通过后期治理去改善的代价是非常巨大的。因此，必须扭转能源环境约束让位于 GDP 的旧思维。

当前能源发展方式与生态文明建设矛盾尖锐，最终还是体现在利益上。实际上，我们可以用美国洛基山研究所卢安武教授所著《重塑能源》一书中给出的一个数据来做对比分析：“美国燃煤发电的隐性成本总额每年高达 1800 亿~5300 亿美元”，美国每年的燃煤发电量占其总发电量不到 30%，在中国，煤电要占总发电量的近 80%，美国一年的发电量是 5 万亿千瓦时左右，对比过来，中国燃煤发电的隐性成本总额每年可能要高达 4000 亿~11000 亿美元。该书中的一句话非常有警示意义：“如果把这些燃煤发电的隐性成本适度转移到我们的电费账单上，而不是让我们的健康和下一代买单，那么美国燃煤发电的电价将增加一倍或两倍。”同样，在中国，真实的煤电上网电价高达人民币 1~1.5 元/千瓦时，这就比现在的风

电和太阳能发电上网电价高得多。但是，在实际执行过程中，老百姓也好，有关主管部门的领导也好，仍然认为风电、太阳能发电要比化石能源发电贵得多，导致“生态文明建设”成为矛盾的牺牲品。

当前，能源转型日益受到高度重视，但要扭转各级政府长期以来形成的“唯 GDP 论英雄”的认识，绝非一朝一夕之事。例如，当前中国经济增速不断下行，政府继续采取刺激政策来提振经济，加大基础设施投资建设力度，将继续拉动高耗能产业发展。西北各省区为谋求经济快速发展，均着力打造能源化工基地，大幅扩张煤炭、煤电、煤化工产能，这些产能一旦建成，将继续助长传统能源发展方式的延续，也将加剧西部地区生态环境恶化。必须谋求以新兴能源发展来带动西部经济社会发展的新路子，走一条新型工业化道路，才有望实现经济与能源的转型升级发展。

我国以煤为主的选择，从国家整体的经济社会系统而言，其实并非是成本效益最优的选择。燃烧煤炭已经成为大面积雾霾和温室气体排放居高不下的根本原因之一，整个工业系统的能源效率低下与以煤为主关系密切，我国庞大的铁路货运系统 50%以上的运力用在煤上。因此，我们必须从整个国家的经济与社会的整体利益出发来分析看待问题，真正走出一条“绿色低碳安全高效”的道路。

（二）缺乏生态文明指导下的前瞻性能源战略

战略是导向性的。但长期以来，我国一直存在一种观点：尽管天然气、核能及可再生能源发展较快，但煤炭的基础地位并未动摇；我国能源禀赋的特点是“富煤缺油少气”，煤炭的生产、消费在一次能源结构中的比例始终保持在 70%左右，中国的资源禀赋特点决定了以煤为主的能源结构。有的专家认为，“过去 100 年，全球能源革命进程无法去煤炭化；在未来的 50~100 年，全球也不可能去煤炭化。我国的国情决定了中国更是如此”。也有人认为，煤炭是能源品种中最经济、最可靠的能源，随着中国石油和天然气的对外依存度持续上升，煤炭越来越成为中国能源安全的重要保障，今后随着中国经济发展，对煤炭的需求量还将持续增长，峰值会达到45亿吨。因此认为后煤炭时代尚早，“去煤化”不可取。

但早在“九五”期间，中国已高度重视过于依赖煤炭的问题，明确提出“优化调整能源结构”，提高油气等优质能源比重。21世纪以来又进一步提出“推动能源生产和利用方式变革”，明确了到2020年将非化石能源消费比重提高到15%的目标。

但是，煤炭长期占据主导地位的格局并没有改变，而且21世纪前十年煤炭消费占比不降反升，绝大部分时间都在70%以上，到2014年仍然高达66%。2000—2013年煤炭消费总量从13.6亿吨增加到42.4亿吨，年均增速高达9.2%，年均增量高达2.2亿吨。这一时期煤炭消费量快速增长、煤炭消费占比不降反升，主要原因在于经济过快增长拉动能源需求快速上升，但石油资源相对贫乏，大型水电建设周期很长，天然气、非化石能源开发利用规模尽管增长迅速但远不能满足新增能源需求，使得煤炭是短时间能够快速增加供给的唯一能源品种，中国不得不多上马煤炭项目。煤炭供应因而占据了能源消费增量的较大份额，进一步强化了其主导地位，显著推动了能源乃至经济的粗放式发展，很大程度上致使能源结构调整不及预期，经济发展方式转变也进展缓慢（见图2-6）。

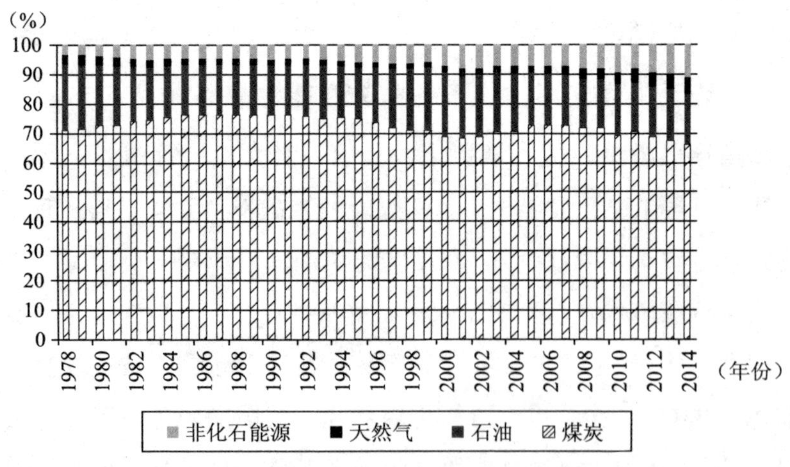

图2-6 改革开放以来中国能源消费结构变化情况

数据来源：国家统计局能源统计司．中国能源统计年鉴2014［Z］．北京：中国统计出版社，2015；中国统计公报2015［Z］．

主要原因是可再生能源在能源发展战略中的地位不够明确。在现行能源发展战略中，可再生能源在当前和未来能源发展中的重要性没有得到足够重视，在能源生产基地建设、输电等能源基础设施规划、终端能源供应结构中，对可再生能源考虑偏少，指导思想还是主要依靠煤炭、天然气满足能源需求。具体表现为：综合能源基地规划没有与风电等可再生能源开发有机结合，除水电外送，其他输电通道以考虑输送火电为主，治理大气污染的措施中可再生能源的优势发挥不够。

（三）缺乏与生态文明建设要求匹配的协调管理和稳定政策体系

一是能源管理体制历来重发展、轻环保。二是能源资源产权制度未能真正改变能源的过度无序开发状况。“十二五”期间西北六大资源省区煤炭产能合计将增至 34 亿吨，规划新建的发电装机容量达 2.5 亿千瓦，规划煤化工产能合计达 1 亿~2 亿吨油当量。三是能源资源财税机制远不能体现资源稀缺程度和环境外部性成本。目前中国煤炭资源税率为 0.3~5 元/吨不等，远不能反映资源稀缺性。能源开采的生态环境损害税费也很低，近年来各级政府陆续征收的煤矸石排放费、矿井水排放费、矿山环境恢复治理保证金等环境税费总和也只有几十元/吨，能源利用导致的环境外部性成本更没有体现。四是能源市场体系建设滞后不利于生态文明建设。各类能源资源价格扭曲严重，比价关系不合理。垄断普遍存在，能源市场不健全，无法形成反映市场供需和资源稀缺程度的价格。

（四）打破固化的既有利益格局仍面临诸多障碍

中国能源体制机制深层次矛盾不断积累，特别是利益格局固化，已成为能源科学发展的重要约束。

其一，长期以来中国政府能源管理侧重于计划经济色彩的、权力大但责任小的经济性管制，加之法律不健全，政府管理行为透明度低、较为随意，已形成巨大的经济利益链条。深化能源管理体制改革，必然会影响政府职能部门之间的权力配置和利益格局，致使其推动自身改革的动力不强。

其二，中国能源市场体系不健全，存在诸多扭曲，在这一体系下长期获益的广大群体，既包括凭借垄断地位获取超额收益的利益集团，也包括依靠低能源价格、低外部环境成本获得竞争力的企业以及获取价廉能源服务的广大民众，很可能成为相关领域改革的阻力。

其三，中国能源转型将是新兴能源逐步替代传统能源的过程，但让传统能源利益群体退出历史舞台将是一个极其漫长而且阻力很大的过程。新兴能源的发展固然会激励传统能源加快自身变革，但更大程度上将加剧传统能源与新兴能源之间的利益冲突，既有体制机制很可能反过来延缓新兴能源发展进程。

常规能源为主导的能源体制不适应可再生能源发展。随着可再生能源开发利用规模不断增加，已从补充化石能源供应的阶段进入大范围增量替代、区域性存量替代阶段，与整个能源体系、生态环境保护和经济社会发展的关系不断深化并更加复杂。但是，以化石能源为基础的现有能源战略规划、能源体系、电力市场机制、管理体制对可再生能源的制约作用日益突出，可再生能源在项目布局、电力市场空间、输电通道利用、能源系统创新等方面与传统化石能源的矛盾冲突不断增加，发展面临一些重大障碍，必须通过体制机制变革和创新才能予以根本解决。

第三章

可再生能源促进生态文明建设的机遇、愿景和路径

COMPREHENSIVE POLICIES AND COORDINATION FOR RENEWABLE ENERGY TO PROMOTE ECOLOGICAL CIVILIZATION

一、加快推进能源转型的重大机遇

（一）加快发展可再生能源是建设生态文明和美丽中国的迫切要求

党的十八大报告提出把“生态文明建设”纳入中国特色社会主义事业“五位一体”总体布局。大力推进生态文明建设，建设美丽中国，这是党中央对中国发展目标提出的新要求。中国不仅要经济上有竞争力，而且要“宜居适度、山清水秀”，要“给子孙后代留下天蓝、地绿、水净的美好家园”，“实现中华民族永续发展”，这是强国富民目标的升华和完善。

建设美丽中国，就需要在适应中等发达国家人们生产生活的要求的同时改善修复生态环境，让中国空气质量（因能源生产和消费产生的各种污染物排放量）回到20世纪70年代末或80年代初水平，二氧化硫、氮氧化物、可吸入颗粒物等主要污染物排放量均需下降55%~75%甚至更多。在末端治理手段已较为有限的情况下，必须加快实施能源转型发展，从根本上改变高强度开发和利用化石能源的状况，遏制生态环境恶化的趋势，利用30~40年的时间恢复生态环境质量，适应建设美丽中国这一宏伟蓝图的要求。

（二）加快能源转型是应对全球气候变化、落实国际承诺的战略任务①

中国是拥有13多亿人口的发展中国家，是遭受气候变化不利影响最为严重的国家之一。中国正处在工业化、城镇化快速发展阶段，面临着发展经济、消除贫困、改善民生、保护环境、应对气候变化等多重挑战。积极应对气候变化，努力控制温室气体排放，提高适应气候变化的能力，不仅

① 中国政府．强化应对气候变化行动——中国国家自主贡献［EB/OL］．http：//www.gov.cn/xinwen/2015-06/30/content_ 2887330.htm，2015-06-30.

是中国保障经济安全、能源安全、生态安全、粮食安全以及人民生命财产安全，实现可持续发展的内在要求，也是深度参与全球治理、打造人类命运共同体、推动全人类共同发展的责任担当。

气候变化已逐步成为全球性议题，应对气候变化问题不断升温。IPCC提出，如果到2050年将全球温升控制在2℃以内的话，世界二氧化碳排放空间不足110亿吨。国际社会也正积极推动共同应对气候变化问题，在《联合国气候变化框架公约》下制定2020年后和更长远温室气体减排目标，不少发达国家和经济体，如欧盟、日本、加拿大等，均制定了自身的温室气体限量减排目标。中国已承诺在2030年左右达到二氧化碳排放峰值。

中国温室气体排放增长迅速，已成为世界上最大的二氧化碳排放国，其中超过80%由能源消费所致。在碳汇潜力有限、碳捕获技术难以取得较大突破的背景下，减排二氧化碳归根结底是要限制高碳的化石能源消费，未来化石能源将不被允许或者不能够被低价地加以利用，这给中国长期以煤为主的高碳能源结构带来严峻挑战。中国已难以拥有发达国家曾以敞口式、低价的能源消费来实现工业化、城镇化和现代化的机会。加快能源由高碳模式向低碳转型，成为中国能源发展的必然选择。

（三）经济新常态为加快能源转型、调整能源结构提供了重大机遇

经历了30多年的快速发展后，中国已迈入上中等收入国家行列，进入新的发展阶段。当前及今后一段时期，中国经济将逐步迈入新常态，从高速增长转为中高速增长，经济结构将不断优化升级，服务业、高新技术产业和装备制造业将成为重要增长点，经济增长方式将从要素驱动、投资驱动转向创新驱动。加之“大众创业、万众创新”战略的实施，经济发展将更多依靠人力资本提升和技术进步。相应地，中国能源需求也将由中高速增长转向低速增长，近两年能源消费总量增速已降至3%以下。

能源保供压力大大减轻。过去十多年间由于能源需求增长远超各种规

划和预测，而大多数能源品种通常需要较长的准备和建设周期，使得煤炭成为唯一在短时间内可以大量增加供给的能源。随着经济社会发展进入新常态，过去依赖大规模煤炭开发来快速满足需求增长的状况将一去不复返。经济新常态为发展可再生能源带来了机遇，只要可再生能源能够稳步、逐渐加速增长，新增可再生能源量即可满足新增经济量对能源的需求，这将为中国加快能源结构调整和优化升级带来重要机遇。

可再生能源产业不仅是对国民经济发展的绿色能源支撑，同时也是绿色 GDP，是战略性新兴产业，其发展趋势符合国家能源结构调整、经济转型对产业发展的要求。能源需求增速放缓创造了绝佳的能源结构调整空间，我们不能错失发展可再生能源、调整能源结构的良机。2015 年，我国电力消费增速仅为 0. 5%，全年新增电力消费不足 300 亿千瓦时。与此同时，全年弃风、弃光的电量就达到了 350 亿千瓦时，这也说明我国新增电力需求足可以使用以风电和太阳能发电为代表的新能源电力来满足。而且随着用能终端电气化比例的提高，像电动汽车、公共交通和高铁等，都需要更多的电力，这就为可再生能源电力提供了巨大的市场空间。

（四）全面深化经济和生态体制改革为转变能源发展方式提供了新动力

党的十八大、中共十八届三中全会和中央财经领导小组第六次会议提出一系列战略举措，把生态文明提高到“五位一体”总体布局的高度，提出全面深化改革，使市场在资源配置中发挥决定性作用，加强能源、经济、环境领域的综合政策体系和制度建设的统筹设计，有望在价格、财税、电力市场、行业管理等关键领域和环节取得突破，还原能源商品属性，推动能源生产和消费革命，为可再生能源发展提供巨大政策改善空间和新的重大发展机遇与动力。

中共十八届三中全会做出了《关于全面深化改革若干重大问题的决定》，明确指出要“最大限度集中全党全社会智慧，最大限度调动一切积极因素，敢于啃硬骨头，敢于涉险滩，以更大决心冲破思想观念的束缚、突破利益固化的藩篱，推动中国特色社会主义制度自我完善和发展”。推进能源资源产品价格改革、健全能源节约集约使用制度等均是其中重要的内容，再加上市场体系、政府职能、财税体制等改革内容也均涉及能源体制，将为能源体制变革进而为能源转型奠定坚实基础。

随着环境承载能力已达到或逼近上限，党和政府越发重视生态文明建设，明确提出“五位一体”总体布局，要把生态文明建设融入经济、政治、文化、社会建设各方面和全过程。在大力推进生态文明建设背景下，中国将努力探索绿色低碳循环发展新方式，掀起全社会建设生态文明的新高潮。随着生态文明建设成为全社会共识，生态文明建设将成为中国能源转型的最大驱动力，为能源绿色低碳转型营造良好氛围。

（五）技术创新和“中国制造 2025”战略为能源转型发展奠定坚实基础

能源科技装备是制造业的核心内容之一。《中国制造 2025》明确提出节能与新能源汽车、电力装备是十大重点领域突破发展领域。在节能与新能源汽车领域，提出继续支持电动汽车、燃料电池汽车发展，掌握汽车低碳化、信息化、智能化核心技术，提升动力电池、驱动电机、高效内燃机、先进变速器、轻量化材料、智能控制等核心技术的工程化和产业化能力，形成从关键零部件到整车的完整工业体系和创新体系，推动自主品牌节能与新能源汽车同国际先进水平接轨。在电力装备领域，提出推动大型高效超净排放煤电机组产业化和示范应用，进一步提高超大容量水电机组、核电机组、重型燃气轮机制造水平。推进新能源和可再生能源装备、先进储能装置、智能电网用输变电及用户端设备发展。突破大功率电力电子器件、高温超导材料等关键元器件和材料的制造及应用技术，形成产业化能力。实施制造业强国战略，为创新能源发展方式、提高能源装备制造竞争力打下了坚实基础。

在电气化水平持续提升的趋势下，电动汽车、新型电力装备的发展将加速能源转型进程。电气化水平是一个国家经济发展和全社会基本公共服务水平高低的重要标志。当年，不少发达国家提出了持续提高终端用能电气化水平的目标，到 2030 年美国和日本将分别达到 25.4%和 30.2%，欧盟《2050 能源路线图》更是提出到 2050 年将终端用能电气化水平提高到 36%~39%。中国目前终端用能电气化水平仅为 22%左右，随着政府实施制造业强国战略，推动电动汽车、新型电力装备的大发展，中国有望将终端用能电气化水平提高到一个崭新高度，也将势必带动新能源及可再生能源的快速发展，显著加快能源转型进程。

二、全面贯彻生态文明理念的能源转型愿景

人类永远在持之以恒、不间断地书写社会螺旋式上升发展的崭新历史篇章。逐步摆脱对化石能源的依赖是人类发展进程中已被证明的不可逆转的前进方向，也是建设生态文明和美丽中国的必然要求，以“高比例可再生能源发展”为目标实现中国能源转型是这宏伟征程中的重要标志。

国家发展和改革委员会能源研究所、国家可再生能源中心 2012 年以来牵头开展了“中国 2050 高比例可再生能源发展情景暨路径研究”，深入分析了中国能源转型发展的共识愿景和理念宗旨，探索煤炭等化石能源逐步退出中国主导能源的情景及途径，提出高比例使用可再生能源的路径。在生态文明观和能源转型发展路径共识愿景和理念宗旨指导下，高比例使用可再生能源之路也将成为践行生态文明、推动能源转型的必由之路。

（一）发展共识

1. 强化环境倒逼约束

面对资源约束趋紧、环境污染严重、生态系统退化的严峻形势，必须通过环境约束倒逼能源发展思路与战略转折时间点。必须树立尊重自然、顺应自然、保护自然的生态文明理念，把生态文明建设放在突出地位，融入经济建设、政治建设、文化建设、社会建设各方面和全过程，努力建设美丽中国，实现中华民族永续发展。

要实现这一宏伟目标，首先就要大幅度削减污染物排放量，逐步改变环境污染状况，使因能源生产和消费活动引起的各种污染物排放量下降到 20 世纪 70 年代末或 80 年代初的水平。为此，各种大气、重金属等污染物

排放必须大幅度削减，对煤炭消费、石油消费形成倒逼机制，2050 年，中国的化石能源供应量应控制在 10 亿吨标准煤左右。

另外，2050 年中国的社会经济发展要讲究质量和对世界的影响，国家应对气候变化的措施和二氧化碳的排放水平是衡量国家社会经济发展质量的最公平尺度。到 2050 年，中国的二氧化碳排放量要与中国人口占世界人口的比例一致，在满足全球气候变暖 2℃ 标准二氧化碳排放总量约束下，中国的二氧化碳排放量要低于世界二氧化碳排放量的 1/4，实现“美丽中国”将证明中国的发展对世界人民是有贡献的。所以，在能源转型发展的路径分析中，为了强化能源部门温室排放空间约束，假定 2050 年全国能源部门和电力部门二氧化碳排放空间（上线）分别为 35 亿吨和 15 亿吨。

2. 实行发展目标导向

全面推动中国能源生产和消费方式重大变革，到 2050 年成功实现能源生产和消费革命。以打造清洁、低碳、安全、可靠的能源系统为目标，考虑传统能源系统锁定效应，提前统筹规划未来能源体系，提早布局能源的生产和应用模式，使化石能源在整个能源系统中的比例降到最低，甚至退出历史舞台，使可再生能源在能源消费中的比重大幅提高，逐步形成以可再生能源为主导的多元、低碳、安全能源供应体系，实现能源节约、清洁能源替代、利用可再生能源充分结合的空间格局、产业结构、生产方式、生活方式。

在终端能源消费和能源转换环节（电力热力生产）中大幅削减化石能源消费，使高碳化石能源比例降到最低，化石能源总消费量不超过 13 亿吨标准煤。在终端能源和能源转换环节大幅度发展可再生能源，使清洁低碳能源比重显著上升并占据主导地位，到 2050 年形成可再生能源为主的能源体系，可再生能源在一次能源供应中的比例达到 60%以上、可再生能源发电量占总发电量的比例达到 85%以上。

3. 优化部署发展路径

本书基于上述共识，以全面建成中等发达国家和美丽中国、基本摆脱化石能源依赖、实现高比例可再生能源发展为目标，综合比对分析 OECD

主要国家工业化过程中能源发展路径，把提高能效放在首位并考虑技术进步，设定了2050年全社会电力消费需求、能源资源约束、温室气体排放约束和大气污染物等环境容量约束，以及电力技术经济技术特性等情景信息，利用发电技术升级、电力系统运营限制、能源资源价格，以及电力需求等一系列假设条件，采用电力系统优化模型作为研究手段，以2010年为基准年，分析电力系统多情景下（参考、高比例）2050年满足各项约束条件的电力系统最优经济性运行拓展方案。包括能源替代、环境影响、经济拉动、社会效益等各方面的效益，对发展可再生能源的直接和间接成本投入等进行测算。并以此为基础，从地理分布、时间分布和电力系统运营等方面，在不同情景下优化部署2015—2050年电力系统发展途径，针对不同途径提出可供选择的经济技术可行情景，并提出相应的实施路径方案，同时开展相关电力系统技术展望和运行管理支撑体系的研究工作。

（二）发展愿景

1. 社会经济——达到中等发达国家发展水平

对于21世纪中叶中国发展战略目标已经具备了清晰的定位和阐述，那就是人均国民生产总值达到届时中等发达国家水平、基本实现现代化、建成美丽中国，最终建成富强民主文明和谐的社会主义国家，实现中华民族的伟大复兴。这是中国在经历多年的经验和教训后凝结成的科学共识。

2050年，中国人口将保持在13.8亿人的水平，将实现GDP 282万亿元人民币（2010年价），相当于2010年GDP的7倍。届时，人均GDP将达到3万美元（2005年美元价，按现价，人均为5万~6万美元），中国的GDP将占全球的1/3以上（2011年，OECD人口12.41亿人，GDP总量占世界的73%；同年，中国人口13.41亿人，GDP仅占世界的10%），中国将成为名副其实的世界第一大经济实体（见图3-1）。

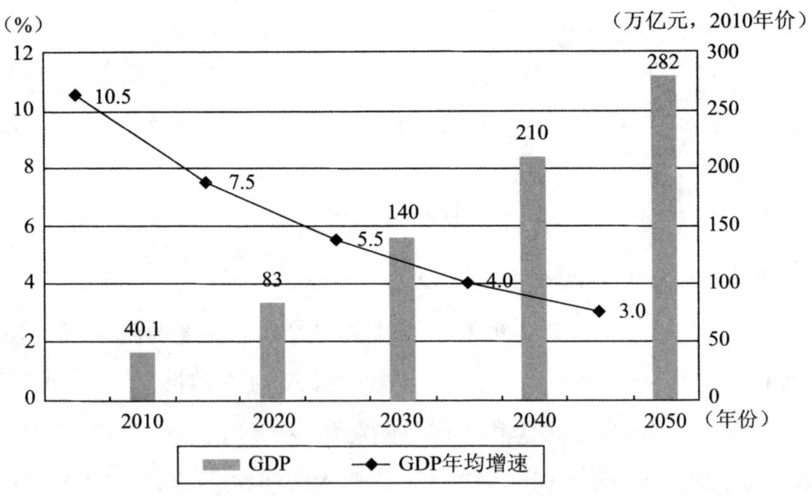

图 3-1　2010—2050 年 GDP 及其增速

2. 生态环境——再现碧水蓝天的“美丽中国”

“美丽中国”的发展目标是一个具有丰富含义的战略目标，根本是要实现人与自然、人与人、人与社会的和谐。“美丽中国”首先是要打造一个生产空间集约高效、生活空间宜居适度、生态空间山清水秀的天蓝地绿水净的美好家园，这是一切“美丽”的基石。实现“美丽中国”的行动主要体现在以下三个方面：

第一，资源集约节约利用水平大幅提高，各种资源得到全面节约。未来中国需进一步提高资源利用效率，推动资源利用方式转变，加强全过程节约管理，大力发展循环经济，大幅提高能源效率，降低水和土地消耗强度，到 2050 年能源效率要提高 90%以上，水、土地消耗强度应较目前下降 60%~70%甚至更高。

第二，污染物排放得以全面削减，环境大幅改善。尽管受地理、气候、扩散条件等因素影响，各时期、各国对污染物排放的环境承载力不同，但毫无疑问，中国各种大气污染物排放至少要较目前削减 75%以上，因能源生产和消费活动引起的各种污染物排放量降到中国 20 世纪 70 年代末或 80 年代初的排放水平，空气等环境质量和健康影响要达到世界卫生组织发布的标准。

第三，自然生态系统得到全面修复，人与自然生物和谐相处。努力构建科学合理的城市化格局、农业发展格局、生态安全格局，在生态功能区保护和建设、国家公园建设、水土流失和土地荒漠化综合治理、生物多样性保护等方面开展全方位工作，并取得切实成效。

3. 能源发展——低碳绿色电力拥有未来

如果以 OECD 国家 2010 年的经济社会发展水平为参考基准线，设定中国未来能源发展的参考路径，则将会由以煤炭为主转向油气及非化石能源，形成 2050 年煤炭、油气和非化石能源各占 1/3 的一次能源供应的参考方案。实现 282 万亿元 GDP，2050 年需要一次能源供应量 65 亿~70 亿吨标准煤（化石能源按转换效率折成一次能源，非化石能源按热当量折成一次能源）。

能源与经济是血与肉的关系，如果 2050 年中国的化石能源供应量超过 15 亿~20 亿吨标准煤，届时各种污染物的排放约束就会被打破，“美丽中国”将无法实现。解决这一瓶颈问题有两条路径：第一，将目前终端用能的电气化比例（22%~24%）提高到 2050 年的 60%以上，终端能源消费量将至少降低 50%，这也是目前一些发达国家在过去 30 年中 GDP 持续增长（像丹麦增长了 80%），但一次能源供应总量不增反降的主要原因；第二，在电力供应中，到 2050 年，将非化石能源供电比例提高到 90%以上，这样就可以将一次能源的供应量降低 50%以上。

根据“中国 2050 年高比例可再生能源情景暨路径研究”的结果，到 2050 年，中国需要接近 32 亿吨标准煤的终端能源需求量，由于终端能源需求是 60%以上为电力的高比例的可再生能源发展情景，仅需要 34 亿吨标准煤的一次能源供应量，就可以满足 13. 8 亿人口的生产生活需求和经济发展对能源的需求，2050 年的能源系统将是一个高效率的系统，届时可以达到发达国家的平均能源效率水平。

坚持终端能源供应转型为引领，使终端能源消费的电气化程度达到 60%以上，电力总消费量提升到 15 万亿千瓦时左右，人均电力消费 11000

千瓦时。使电力居于实现高比例可再生能源发展的中心地位，客观上是由电力特性、资源禀赋和能源发展规律所决定的。无论从电力与其他能源品种之间的关系来看，还是从保障能源安全、优化能源结构、促进生态文明建设及和谐社会建设等方面来看，电力的作用都十分重要。

电力驱动数字信息技术和通信技术为支持经济可持续发展发挥着至关重要的基础作用。电力已成为信息时代的重要“血脉”。作为能源载体，电能通过输电网络和储电装置几乎覆盖了整个人类所能触及的任何地域。电力的使用标志着人类文明的进步，电能的使用率也是衡量一个国家经济发展水平的尺度。正是因为电力的重要性和普遍存在性，电力注定会在实现高比例可再生能源发展过程中成为交通、建筑、工业领域变革的重要推动力量。要实现高比例可再生能源发展就必须使电力居于中心地位，加速电力系统的变革，成为具有可再生性、多元化、分散性、灵活性以及以消费者为导向的系统，并从物质层面、操作层面、决策层面提高其灵活性。

（三）理念与宗旨

“十三五”能源规划目标暨 2030 年能源发展目标要以 2050 年实现“美丽中国”为共识，既要考虑到全面深化体制改革过程中可再生能源发展的制约因素造成清洁能源供应不足的问题，也要考虑到为弥补可再生能源发展不足而过度发展化石能源造成生态环境进一步恶化的积重难返问题。因此，我们提出了“三线”思维发展理念和“非零和”社会发展宗旨，以“美丽中国”作为制定“十三五”能源规划暨 2030 能源发展战略的出发点和指导思想。

“三线”思维发展理念。首先是“底线”，发展是第一要务，到 2050 年，我国社会经济发展要超越一个底线，人均 GDP 将达到届时中等发达国家的水平；其次是“红线”，生态环境要恢复持久的碧水蓝天是不可逾越的红线，量化标准是到 2050 年因能源生产和消费活动引起的各种污染物排放量，包括 CO_2的排放量要降低到 20 世纪 70 年代末或 80 年代初的水平；最后是“生命线”，经济发展离不开能源的支撑，经济发展要以生态文明建设为首要任务，所以，低碳绿色电力是社会经济与生态环境协调发展的生命线。简而言之，经济发展的“底线”、生态环境的“红线”和绿色电力的“生命线”共同决定了我国2050年能源转型发展之路是高比例可再生能源发展之路。

“非零和”发展宗旨。我国2050年高比例可再生能源发展情景的实现，对全世界来讲，将是一个“非零和”事件。除了“三线”思维发展理念，还遵循了四项基本原则，四项基本原则的核心是“非零和”发展宗旨。

第一，市场为主导：需求决定产出和路径。经济是需求，环境也是需求，低碳绿色电力就是解决经济发展与环境保护矛盾的手段。2050年高比例可再生能源发展涉及的每一件事情或行动，不是也不能以某个人的或集团的利益或权势为取向，应坚持市场在资源配置中起决定性作用的指导方针。

第二，经济可承受：高比例可再生能源发展与绿色GDP是相互促进发展的。没有高比例终端电气化，就不存在高比例可再生能源发展情景。未来将是一个能源互联网、信息互联网和物流互联网三网融合的时代，需要一个强大的电力系统支撑，所以高比例可再生能源发展可以推动产业结构调整，加速经济发展方式的转变，提升宏观经济发展质量，结论是高比例可再生能源发展成本是可承受的。

第三，近中远结合：高比例可再生能源发展路径考虑了国家目前的能源基础设施状况，考虑了全面深化体制改革过渡期的必要条件，谋划在远期，落实在近中期。近中期是指“十三五”规划（2020年目标）和国家2030年非化石能源和碳排放目标，远期是指2050年“美丽中国”。近中期是基础，基础打不好，远期目标就无法实现，高比例可再生能源发展研究具有重要的现实意义，由2050年的发展共识，倒逼2020年和2030年的发展路径。

第四，软硬有支撑：“软”是指目前国家开展的全面深化体制和机制改革，“硬”是指全面实现现代化的创新技术发展。首先，发展要与时俱进，创新是生存的根本，低碳绿色电力拥有未来，电力体制改革需要先行一步，利用5~10年的时间，到2025年，我国要建立成一个完全竞争的电力市场；其次，技术创新将是高比例可再生能源发展的硬支撑，能源互联网、物流互联网和信息互联网三网融合，电动汽车、储能、高效的太阳能和风力发电技术将与高比例可再生能源发展形成一个互相推动的发展局面。

三、可再生能源为主的能源体系是践行生态文明的必由之路

（一）2050 年可再生能源能够满足一次能源供应 60%以上

中国拥有种类全面、储量丰富的可再生能源资源，这有助于其在未来几十年提高可再生能源利用水平。2050 年，可再生能源满足一次能源供应的 60%，是依据对化石能源技术应用的各种污染物排放来判断的，是实现“美丽中国”生态环境约束下的可再生能源发展底线（见图 3-2）。

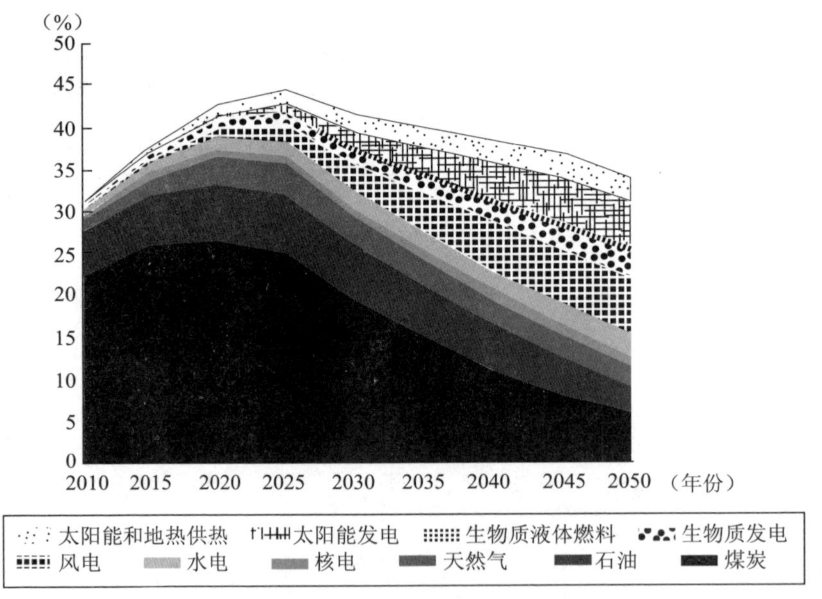

图 3-2　高比例可再生能源之路的中国一次能源消费

能源所研究高比例可再生能源发展情景中，2050 年中国终端能源消费量为 32 亿吨标准煤，电力占整个终端能源消费的比例为 62%，同比 2010

年终端电气化比例提高了 36 个百分点；在终端能源中，直接消费的化石能源为 9 亿吨标准煤，终端非化石能源占比达到了 66%；在终端电力供应中，非化石能源发电量占比 91%，2050 年的一次能源供应量为 34 亿吨标准煤，单位 GDP 能耗为 0.12 吨标准煤/万元，能源效率比 2010 年提高 90%。

2050 年的能源系统有两大特点：一是以高比例电气化为标志的电力为主的能源供应系统，使能源使用效率大幅度提高，各种污染物和二氧化碳的排放量大幅度降低；二是电力供应中，非化石能源发电量占比为 91%，可再生能源发电量占比 86%，在满足同样的经济发展目标约束下，高比例可再生能源发展情景的 2050 年一次能源供应量要比参考情景下 2/3 化石能源结构的一次能源供应量降低 51%，即一次能源供应量从以化石能源为主的能源结构的 70 亿吨标准煤降低到以可再生能源为主的 34 亿吨标准煤，进而保证了 2050 年的各种污染物排放量不高于 1980 年（或 20 世纪 80 年代初）的排放水平，碳排放强度也与 2050 年的中国经济总量和人口水平相适应（见图 3-3）。

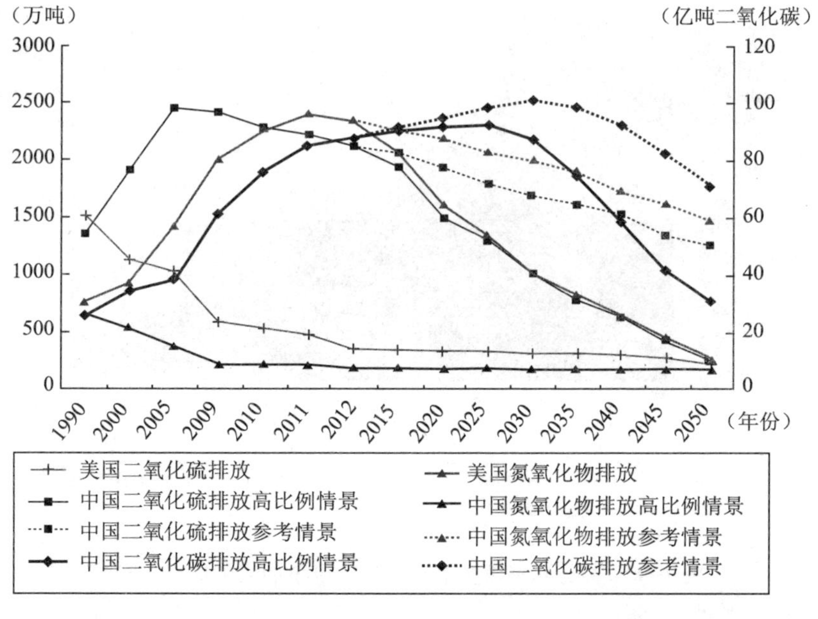

图 3-3　主要空气污染物排放（高比例情景与参考情景比较）

（二）高比例可再生能源推动 2025 年前实现碳排放峰值

按照 2050 年高比例可再生能源发展之路，未来 5~10 年生态文明建设的一个核心问题是如何布局和“利用”化石能源，既要弥补可再生能源发展的不足，保证经济发展，又不能积重难返，过度发展化石能源，使生态环境进一步恶化。

高比例可再生能源发展之路背景下，煤炭消费将得到有效控制，煤炭消耗峰值在 2020 年前即可以达到，进而化石能源消费峰值也能在 2025 年前实现。可再生能源发电对燃煤发电进行全面替代，最大限度地降低了煤炭用量。

电力、炼焦（钢铁）、制造业是中国煤炭消耗最大的三个部门，高比例情景下，可再生能源发电替代燃煤发电，使电力结构中可再生能源发电占 86%，大大降低了煤炭用量，煤电用煤在 2020 年达到高峰 14.5 亿吨标准煤，随后逐年降低，到 2050 年用于发电的煤炭仅 2.8 亿吨标准煤（见图 3-4）。

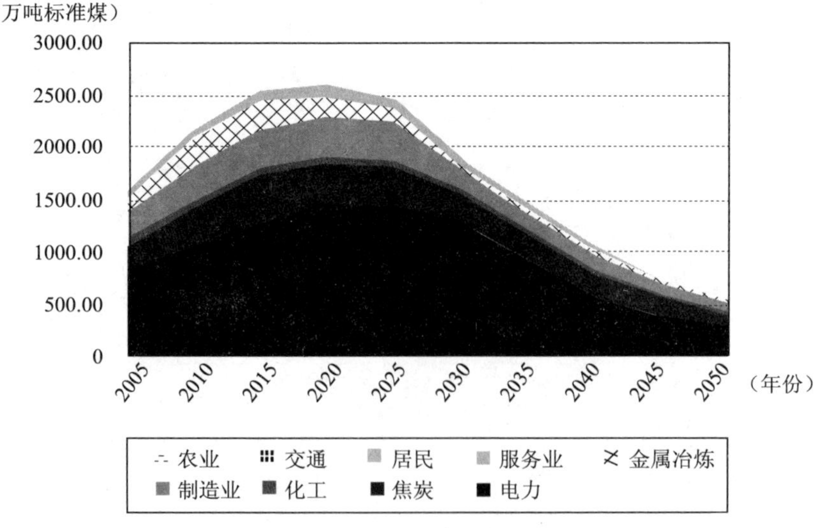

图 3-4　高比例可再生能源之路背景下的中国煤炭消费

同时，通过废旧钢铁炼钢的电炉替代传统炼钢高炉等措施减少了焦炭用煤量，2050 年炼焦用煤降到 1.2 亿吨标准煤。因此，煤炭消耗在 2020 年前达到峰值 22 亿吨标准煤，到 2050 年降至 5.8 亿吨标准煤，在一次能源总量中占 17%。虽然石油和天然气消费还将有所增加，但化石能源消费在 2020 年至 2025 年达到峰值，为 37 亿吨标准煤左右。

中国提出在 2030 年前实现二氧化碳排放峰值，通过高比例发展可再生能源，将煤炭使用和碳排放降到更低，有助于更早实现碳排放峰值。实现与参考情景相比碳排放峰值更低，在 2025 年左右达到 92.3 亿吨，并不断降低到 2050 年 30.2 亿吨的排放量，占全球排放量从 1/3 降到 20% 以下（见图 3-5）。

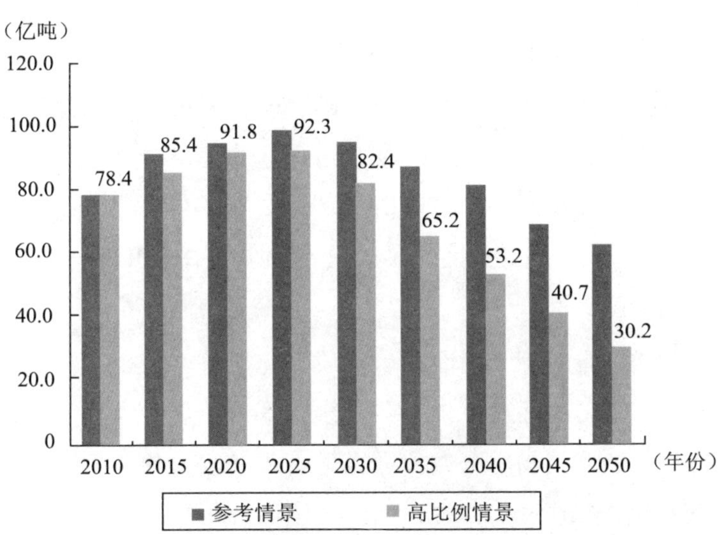

图 3-5　高比例可再生能源发展之路背景下的中国二氧化碳排放

（三）通过扩大能源终端电力利用将人类社会推向更高级文明形态

大幅度提高终端用能的电气化水平，不仅可以有效地提高能源效率，还可以使人们的生产、生活的环境更舒适和更清洁，同时也为大规模地开发可再生能源搭建了一个平台，使可再生能源占一次能源供应的 60% 成为可能。

未来能源系统的核心是电力系统，2050 年电力占终端能源消费 60%以上，将成为生产生活的主要用能方式。要在工业、建筑、交通等终端能源消费部门以及电力热力生产等能源转换部门的各个领域的不同环节大力推动电力和可再生能源利用，全面普及清洁电力、太阳能、生物质能（燃气）、地热能等现代化可再生能源热利用技术，提高电力在终端能源消费中所占比重。

在高比例可再生能源情景下，电力和可再生能源占终端能源消费的比重进一步明显提高。2050 年终端能源消费总量为 31. 57 亿吨标准煤，电力的核心地位进一步突出，电力成为主要终端能源品种，满足 62%终端能源需求，占一次能源供应的 61%，全部一次可再生能源的 77%用于发电。

1. 工业部门

加快产业技术升级和可再生能源技术的大规模利用，通过电气化、机械化生产大幅降低工业各个环节的能耗，以电力和可再生能源来替代化石能源，严格控制化石能源的消费总量。到 2050 年，中国工业部门的各个领域能耗均达到世界先进水平。在此情景下，“美丽中国”的目标将得到具体的实现，工业部门将在能源结构调整中起到重要的作用。

2. 建筑部门

建筑采暖将大量利用太阳能、生物质、地热等可再生能源，煤炭等化石能源比例逐年降低。通过集中供热、小区锅炉、热泵供热、可再生能源直接供热等途径，主要利用电力和可再生能源（生物质、太阳能、地热能等）为建筑提供供暖服务。在高比例可再生能源情景下，煤炭供热的时代将结束，采取电驱动热泵、可再生能源供热和部分天然气供热，低碳甚至零碳建筑将成为普遍现象。

3. 交通部门

高比例可再生能源情景下，2020 年中国包括纯电动、插电式、燃料电池汽车在内的新能源汽车产销量达到 200 万辆，保有量达到 500 万辆。以电动汽车为代表的新能源汽车将加快普及，在 2035 年前超过内燃机燃油汽车销售量，成为主流车辆动力技术。到 2050，纯电动汽车、插电式混合动力汽车及氢燃料电池汽车年车辆市场保有率将为86%。

4. 社会文明

电是所有终端能源品种中，使用起来效率最高、无任何排放的能源，一个国家电气化水平的高低，即生产、生活和出行的用电水平代表了其文明程度的高低，到2050年，80%以上的居民炊事将以电力为主。未来是信息化时代，是通信互联网、能源互联网和物流互联网三网高度融合的时代，三网融合时代的来临需要高比例电气化的支撑。

（四）可再生能源电力是实现替代化石能源的根本途径

中国一次能源供应中，化石能源的占比将从2010年的90%降低到2050年的35%以内，终端用能的高比例电气化是实现这一目标的前提，与此同时，可再生能源电力作为替代化石能源的根本途径成为可行，低碳绿色电力将是能源世界的未来。本书探讨了在既定的经济社会发展目标下的可再生能源电力发展情景，其中高比例可再生能源电力发展情景也可作为未来中国电力发展的现实路径。

在过去10年里，随着发展规模的不断提高，可再生能源的成本急剧下降，可再生能源融资成本不断降低且更易获取，可再生能源技术已经发展得更为成熟稳健、更有效率，其发电能力不断提高，即使在低风速、低太阳辐射等并不理想的条件下也能发电。2008年以来，太阳能光伏（PV）价格下降了80%；2009年以来，陆上风电成本降低了18%，风电机组成本降低了近30%。可再生能源电力已成为广阔且不断增长的能源市场上最便宜的新增能源。

一方面，高比例可再生能源情景考虑了强化技术进步和环境约束。通过技术经济优化决选在满足资源环境生态约束下的电力系统拓展路径，在实施既定经济社会发展目标前提下，能源终端利用的电气化转变受到重视。该情景综合考虑了经济社会的可持续发展、能源安全、国内环境和低碳之路的要求，是在强化技术进步，改变经济发展模式，改变消费方式，实现低能耗、低温室气体排放方面做出重大努力的电力需求与供应情景。

该情景在设想经济发展方式、电源结构优化、节能减排技术乃至生活方式引导方面均有重大改观，经济社会发展与能源、环境之间达到较和谐的发展水平。主要依靠国内能源资源，尽力争取可以实现的高比例可再生能源电力发展情景。

另一方面，高比例可再生能源情景考虑了在全球一致推进可再生能源发展、降低化石能源消费的共同愿景，中国依靠自身资源潜力，最大限度地开发利用可再生能源电力的情景。中国加强对可再生能源经济投入，更好地利用可再生能源发展提供的机会促进经济社会发展。中国国内可再生能源资源潜力得到充分发挥，同时中国在一些可再生能源领域的技术开发水平世界领先，如海上风电技术、低风速风电技术、分布式太阳能发电技术、太阳能热发电技术（CSP）。

通过已实现商业化的发电技术，非化石能源发电比重大幅度提高，至2050年可再生能源发电比重从参考情景的46%上升到高比例可再生能源情景的85%以上，非化石能源发电量占到全国总发电量的91%，煤电发电量占比从基年的75%下降到高比例情景中的7%以下，同时满足全国每小时的用电需求。全国总装机容量达到71亿千瓦，其中煤电约8.8亿千瓦、天然气发电约2.2亿千瓦、核电约1亿千瓦、水电约5.5亿千瓦、风电约24亿千瓦、太阳能发电约27亿千瓦、生物质能发电约2.1亿千瓦、抽水蓄能发电约1.4亿千瓦、化学储能发电约1.6亿千瓦。风电、太阳能发电成为实现高比例可再生能源情景的支柱性技术（见图3-6）。

截至2050年，高比例可再生能源情景下，全国总发电量为15.2万亿千瓦时，其中煤电10380亿千瓦时、天然气发电4660亿千瓦时、核电6490亿千瓦时、水电21870亿千瓦时、风电53500亿千瓦时、太阳能发电43100亿千瓦时、生物质能发电11000亿千瓦时。可再生能源发电量占总发电量的85.8%，非化石能源发电占比达到91%。陆上风电贡献最为显著，而海上风电在实现高比例可再生能源发电过程中的作用也日益重要。太阳能技术中，地面光伏电站比分布式太阳能发电（屋顶光伏等）的作用更为显著。在高比例可再生能源情景下，太阳能热发电（CSP）装机容量增长速度更快，很大程度上是因为配备储热功能的太阳能热发电可以提供更高的可调节性（见图 3-7）。

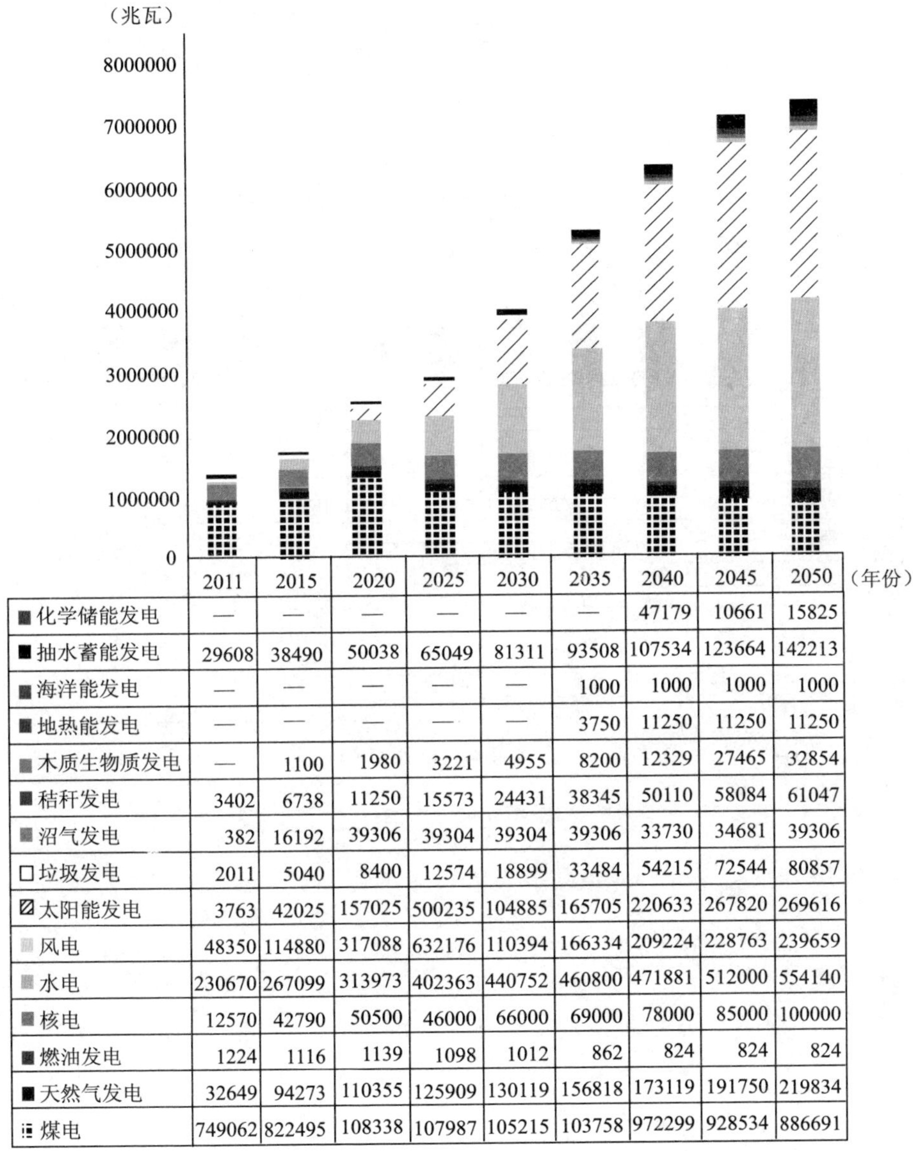

	2011	2015	2020	2025	2030	2035	2040	2045	2050
■化学储能发电	—	—	—	—	—	—	47179	10661	15825
■抽水蓄能发电	29608	38490	50038	65049	81311	93508	107534	123664	142213
■海洋能发电	—	—	—	—	—	1000	1000	1000	1000
■地热能发电	—	—	—	—	—	3750	11250	11250	11250
■木质生物质发电	—	1100	1980	3221	4955	8200	12329	27465	32854
■秸秆发电	3402	6738	11250	15573	24431	38345	50110	58084	61047
■沼气发电	382	16192	39306	39304	39304	39306	33730	34681	39306
□垃圾发电	2011	5040	8400	12574	18899	33484	54215	72544	80857
▨太阳能发电	3763	42025	157025	500235	104885	165705	220633	267820	269616
■风电	48350	114880	317088	632176	110394	166334	209224	228763	239659
■水电	230670	267099	313973	402363	440752	460800	471881	512000	554140
■核电	12570	42790	50500	46000	66000	69000	78000	85000	100000
■燃油发电	1224	1116	1139	1098	1012	862	824	824	824
■天然气发电	32649	94273	110355	125909	130119	156818	173119	191750	219834
⁝煤电	749062	822495	108338	107987	105215	103758	972299	928534	886691

图 3-6　高比例可再生能源发展之路的发电装机容量

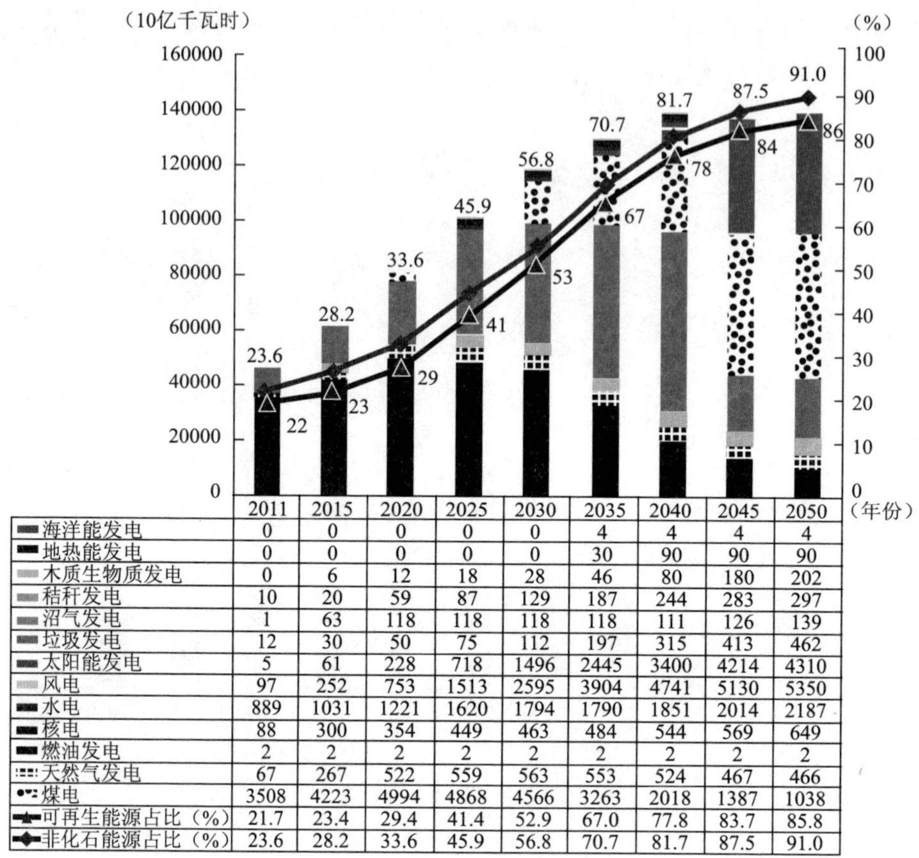

	2011	2015	2020	2025	2030	2035	2040	2045	2050
海洋能发电	0	0	0	0	0	4	4	4	4
地热能发电	0	0	0	0	0	30	90	90	90
木质生物质发电	0	6	12	18	28	46	80	180	202
秸秆发电	10	20	59	87	129	187	244	283	297
沼气发电	1	63	118	118	118	118	111	126	139
垃圾发电	12	30	50	75	112	197	315	413	462
太阳能发电	5	61	228	718	1496	2445	3400	4214	4310
风电	97	252	753	1513	2595	3904	4741	5130	5350
水电	889	1031	1221	1620	1794	1790	1851	2014	2187
核电	88	300	354	449	463	484	544	569	649
燃油发电	2	2	2	2	2	2	2	2	2
天然气发电	67	267	522	559	563	553	524	467	466
煤电	3508	4223	4994	4868	4566	3263	2018	1387	1038
可再生能源占比（%）	21.7	23.4	29.4	41.4	52.9	67.0	77.8	83.7	85.8
非化石能源占比（%）	23.6	28.2	33.6	45.9	56.8	70.7	81.7	87.5	91.0

图 3-7　高比例可再生能源之路的发电量

（五）风电和太阳能发电成为未来电力供应的重要支柱

2014 年底，全球的风电装机容量累计达到了 3.7 亿千瓦，全球太阳能光伏（PV）发电装机容量累计达到了 1.77 亿千瓦；全球当年新增风电装机容量 5100 万千瓦，当年新增太阳能发电装机容量 4500 万千瓦。2014 年，相对于全球经济危机的状况以及发达国家一次能源供应总量不断下降的情况，风电和太阳能发电的发展取得了骄人的成绩，风电技术和太阳能发电技术在推动经济转型、提升国民经济质量、促进清洁能源转型中发挥了巨大作用，风电和太阳能发电技术已成为最成熟、可以大规模发展的可再生能源发电技术。

可再生能源发电占比达到86%主要靠风电和太阳能发电来实现，2050年将实现风电装机容量24亿千瓦，实现太阳能发电装机容量27亿千瓦，风电和太阳能发电合计为9.66万亿千瓦时，占全部发电量的64%，风电、太阳能发电成为未来绿色电力系统的主要电力供应来源。由于技术突破和成本降低，以及全面深化电力体制改革的成功，2020年至2040年风电和太阳能发电得到迅猛发展，平均年度新增装机容量接近1亿千瓦（见图3-8）。

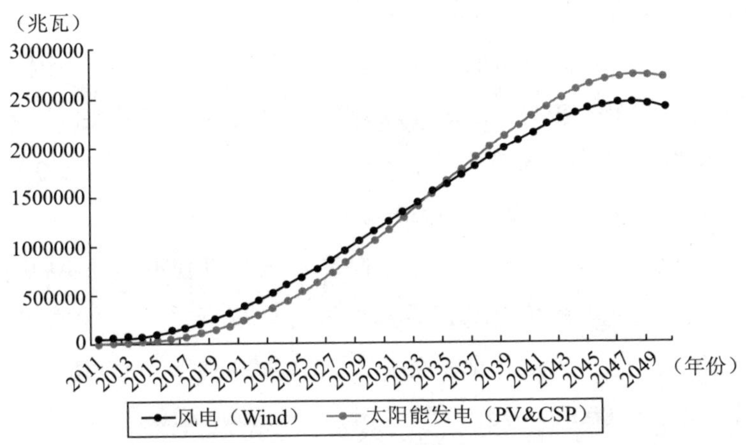

图3-8　高比例可再生能源之路的风电、太阳能发电发展路径

全国各区域风电均具备大规模发展的能力。2020年前，在满足技术经济可行性的条件下，逐步加大开发力度，推动其快速有序发展。考虑到电网基础条件和可能存在的约束，以发展规模化风电市场、建立具有领先技术标准的规范的风电产业体系为主要目标，以陆上风电为主、近海（含潮间带）风电为辅。每年风电新增装机容量达到2500万~3000万千瓦。到2020年，风电累计装机容量达到3亿千瓦，届时，在不考虑跨省区输电成本的条件下，使风电的成本与常规能源发电（煤电）技术相持平，风电在电源结构中具有一定的显现度，占电力总装机容量的11%，风电电量能满足5%的电力需求。

高比例可再生能源发展之路中，2030年前风电在电力市场中的经济性优势开始显现。风力发电市场的规模进一步扩大，陆海并重发展，每年新增装机容量在 8000 万~10000 万千瓦，全国新增装机容量中，50%左右来自风电。陆上风电仍以华北、东北和西北地区大型风电基地建设为主，占到总风电装机容量的 70%以上。中东部地区风电和分散式风电发展较快。海上风能资源则为河北、山东、江苏、浙江等地海上风电的开发提供了额外选择，2050 年海上风电装机容量达到 3 亿千瓦。到 2030 年，风电的累计装机容量超过 11 亿千瓦，风电成为满足电力需求、改善能源结构、支持国民经济和社会发展的重要支撑力量。

太阳能是中国最为丰富的可再生能源。太阳能遍布整个中国，其中质量最佳的太阳能集中在中国西部地区，2020 年之前太阳能光伏发电市场的平均年增长率将保持在 35%左右，到 2020 年，光伏发电装机容量发展规模为 1. 5 亿~2 亿千瓦；2020—2030 年的平均年增长率保持 25%~30%，到 2030 年，高比例可再生能源情景下太阳能发电装机容量达到 10. 5 亿千瓦。太阳能热发电通过规模化电站建设，形成比较成熟的太阳能槽式热发电、塔式热发电产业链。热发电成本逐步降低，到 2030 年，太阳能热发电装机容量发展目标为 5000 万~10000 万千瓦。

2030 年至 2050 年，太阳能发电的经济性进一步凸显，在电力结构中的比重加快提升，高比例可再生能源情景下 2050 年太阳能发电装机容量接近 27 亿千瓦，其中地面光伏电站和太阳能热发电技术分别达到 19 亿千瓦和 3. 5 亿千瓦。分布式屋顶光伏技术发展较为有限，约可达到 2. 6 亿千瓦。

依据无电人口分布、太阳能辐射资源、用电负荷和电网条件、建筑屋面资源（大型工业园区、商业集群、公共建筑设施）以及荒漠/戈壁资源等资源条件等，太阳能光伏发电分类市场区域布局主要包括：①无电地区电力建设和离网微电网供电工程主要集中在中国西部省区和沿海岛屿；②分布式建筑光伏主要集中在中国中东部经济发达省区；③大型光伏电站则主要集中在西部 6 省区（西藏、新疆、内蒙古、甘肃、青海和宁夏）和东部沿海滩涂（山东、江苏、浙江、福建、广东、广西和海南）。太阳能热发电适宜开发地区主要分布在中国的西藏以及西北五省（州）。

（六）实现电网从单一电力输送网络向绿色资源优化配置平台转型

随着可再生能源发电的发展，需要增加配置传输基础设施，并将符合成本效益的可再生能源生产的电力，从中国西部及北部地区输送到负荷中心，同时实现更远距离的电力备用共享，并在更大的地理空间范围内平滑可再生能源出力波动性及消纳可再生能源。增加传输基础设施从而实现更大范围的电力输送和备用共享，增加系统灵活性，满足风力和太阳能发电与电力负荷的变化。

随着波动性发电的大规模开发利用，一些特定地区的净负荷（负荷减去波动性发电）将呈现出剧烈变化趋势。通过省网互联、区域互联，扩大调度区域范围有利于降低净负荷变化。更广阔的调度平衡区允许系统调度使用更大规模的可再生能源资源和更多元化的发电技术，并使更广阔地区的输出和负荷状况更加平滑。高比例可再生能源情景下有三条跨区域传输容量超过 1 亿千瓦，分别为西北—华中、华中—华东和华北—华东。在高比例可再生能源发电情景中需要的新传输能力高于参考情景，传输需求随可再生能源电力的增加而增加。

额外的远距离电力输送能力是未来高比例可再生能源情景的一个重要特征。电力生产模拟和电力传输流分析显示，东西传输连接是双向的，以用来灵活响应电力供需的临时性变化，这种电力传输线路的扩展使东部负荷能更好地连接西部地区的优质可再生能源。目前还存在新传输线路的征地选址困难、项目成本分摊问题、监管机构之间的协调问题等机制性障碍，限制了输电线路的大规模扩展。

研究发现，高比例可再生能源发电情景下的新传输集中在中国中部和西部地区，主要用于连接上述地区的优质风能和太阳能资源，将可再生能源发电输送至负荷中心。

未来的能源系统以电力为核心，未来的电力系统以可再生能源电力为核心，尤其是以风力发电和太阳能发电为主力电源，低碳、绿色是未来电力系统的标志和方向。所以，要改变以往以火电厂为核心的电网建设理念，未来的电网建设要以绿色电源为核心，风能、太阳能资源在哪里，电网就应该延伸到哪里，以实现电网从单一电力输送网络向绿色资源优化配置平台转型。

（七）技术与制度创新是构建高比例可再生能源电力系统的基石

在高比例可再生能源情景下，电力系统规划与运行将面临更多挑战，包括低需求阶段的管理，以及削减过剩发电量等。分析发现，与目前以化石燃料为主的电力系统主要关注高峰负荷（如夏季的下午时段）相反，高比例可再生能源发电情景下的运行挑战在低需求阶段（如春季的晚上时段）最为严峻，因为在低需求阶段，充足的可再生能源发电量超出需求，迫使火力发电机组缓降至最低发电水平。在当前系统和参考情景中的低需求阶段，通过火电和水力发电机组调整可满足大部分调峰需求；虽然需要运行燃气轮机，但低于高比例情景的需求。但在高比例可再生能源发电情景的低需求阶段，有充足的可再生能源发电量，导致净负荷（负荷减去波动性风能与太阳能发电量）的波动性比一年中其他时间更大。而净负荷波动性的增加，将产生与提升调峰能力和系统灵活性相关的挑战。

实现高比例可再生能源需要创新的思维和理念，可能完全颠覆我们现在的生活和商业模式。技术创新是实现高比例可再生能源的前提，例如，煤电厂也可以调峰，电动汽车可以作为储能装置回馈电网，灵活电源与需求侧响应技术相结合，等等，可以有效地支撑电网在接纳大规模波动电源的情况下稳定地运行。制度创新是实现高比例可再生能源的行动，例如电力体制改革，全面建成完全竞争的电力市场可以有效地支撑电网在接纳大规模波动电源的情况下经济地运行。所以，技术与制度创新是构建高比例可再生能源电力系统的基石。

高比例可再生能源情景下，通过采取一系列技术与制度措施，降低弃风、弃光、弃水幅度。首先，扩大输电通道容量减缓拥堵，降低削减幅度。其次，扩大储能技术规模，帮助降低提供旋转备用的在线发电机组的容量；减少以最低水平运行的发电厂数量，也可以减少对可再生能源发电的削减。再次，可以提高火力发电机组的灵活性，鼓励运行更灵活的发动机组。复次，增加能源存储和可控负荷，提高系统灵活性。最后，通过电力市场交易，在全国甚至更大的范围的电力市场进行电力交易，在进行削减的季节或时间，新兴行业或现有行业可以利用低成本电力，由此导致需求增加，本应被削减的电力可以用于消费。

电力行业模型显示，为了适应可再生能源发电水平的提高，需要配置更加灵活的系统。通过供应方和需求方的多种选择，可以提高系统灵活性，但需要提高技术水平，制定新操作规程，开发商业模式和新市场规则。随着 2050 年可再生能源发电量从参考情景的 46%提高到高比例可再生能源情景的 86%，波动性发电的贡献比率将从 30%提高到 60%。在波动性发电达到如此高比例的情况下，保证电力供应与需求之间的实时平衡更具挑战性。通过采用充足的灵活发电容量，使用储能装置（包括纯电动汽车）和需求侧技术，扩展传输基础设施，提高常规发电厂调节灵活性，包括增加火力发电机组的灵活性，可以对与高比例风力发电和太阳能发电相关的波动性和不确定性进行管理。

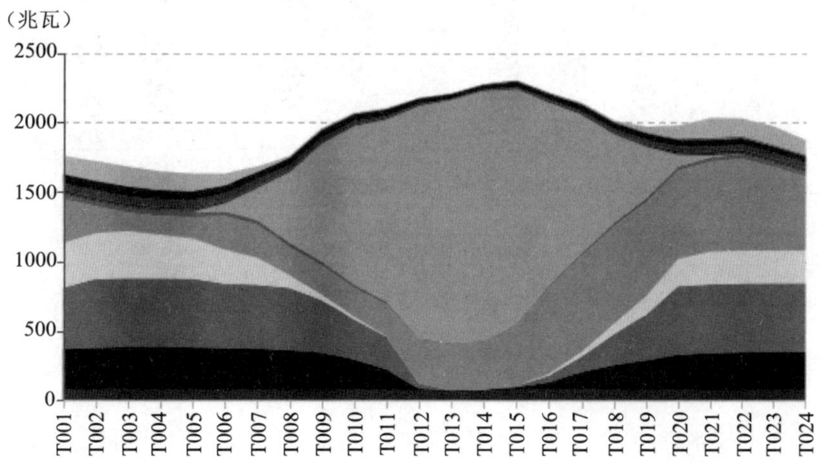

图 3-9 高比例可再生能源情景下典型日全国发电机组小时级调度分析

通过模拟2050年供电系统运行情况，若可再生能源发电量达到85%，其中约60%来自波动性可再生能源发电，并能平衡每个地区每小时供电与需求。图3-9按照发电技术类型，显示了在高比例可再生能源发电情景下，典型日的全国发电机组出力与电力负荷匹配情况。

（八）近期加大投入能够长期以较小成本或无增量成本建成高比例可再生能源电力系统

本书对各情景下平均度电成本进行了量化评估，评估内容包括输电成本、机组启停成本、燃料成本、固定成本、可变成本、容量成本。图3-10显示了高比例可再生能源情景下平均度电成本的变化趋势及分技术平准化度电成本。

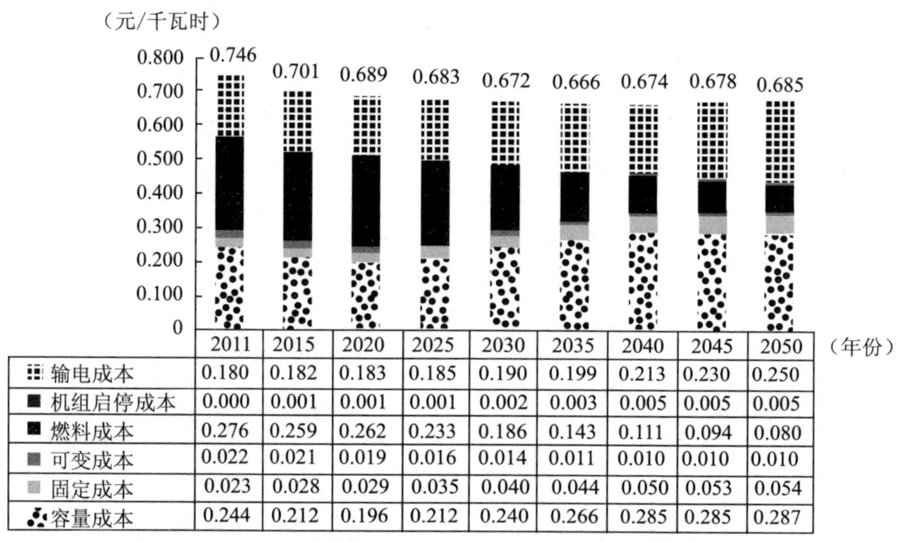

	2011	2015	2020	2025	2030	2035	2040	2045	2050
输电成本	0.180	0.182	0.183	0.185	0.190	0.199	0.213	0.230	0.250
机组启停成本	0.000	0.001	0.001	0.001	0.002	0.003	0.005	0.005	0.005
燃料成本	0.276	0.259	0.262	0.233	0.186	0.143	0.111	0.094	0.080
可变成本	0.022	0.021	0.019	0.016	0.014	0.011	0.010	0.010	0.010
固定成本	0.023	0.028	0.029	0.035	0.040	0.044	0.050	0.053	0.054
容量成本	0.244	0.212	0.196	0.212	0.240	0.266	0.285	0.285	0.287

图3-10　高比例可再生能源电力情景度电成本趋势

可再生技术的进步，如技术成本和性能改善，对高比例可再生能源发电情景的增量成本产生的影响最大。因此，降低可再生技术成本、提高可再生技术的性能是降低该增量成本最有效的途径。与高比例可再生能源发电相关的直接增量成本，基本相当于参考情景的估算成本。在高比例可再生能源电力情景下，平均度电成本在2030年至2050年略有上升，基本保持在0.672~0.685元/千瓦时（见图3-11）。

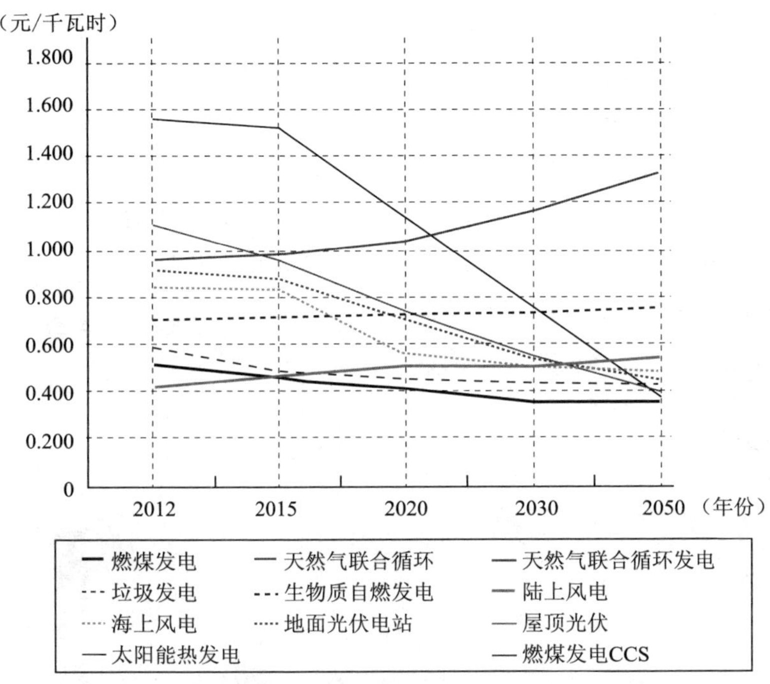

图3-11　高比例可再生能源电力情景平准化度电成本

与电力系统大规模变革的其他清洁能源发电情景类似，高比例可再生能源发电情景度电成本分析显示出了传统发电技术占主导地位的系统变革产生的直接增量成本构成——燃料成本大幅下降，容量成本和输电成本上升。造成高比例可再生能源情景相关成本先降后升的主要因素包括：容量成本——现有发电厂更换新型发电设备（主要为可再生能源发电设备）；燃气轮机、储能设备和输电线路建设而产生的额外成本。与参考情景相比，与上述因素相关的增量资本投资，绝大部分都通过节约化石燃料的燃料成本而抵消。因此，通过可再生技术不断进化和完善，可以在较小成本或无增量成本的前提下，实现可再生能源发电比基年水平大幅增加。此外，上述增量成本分析并没有考虑与情景相关的社会成本（如温室气体排放和大气污染物造成的环境污染）或经济影响。

（九）可再生能源作为新兴经济增长点可显著提升宏观经济发展质量

高比例可再生能源发展情景中，风电、太阳能、电动汽车等新兴产业成为新的经济增长点，对经济增长产生显著的拉动作用。在中国经济总量实现从2010年40万亿元到2050年282万亿元7倍增长情况下，2050年可再生能源相关产业链增加值总额占当年GDP的贡献从2010年的仅0.9%显著增长到2050年的6.2%。2050年风力发电产值达到3.8万亿元，比参考情景1.8万亿元高出108%，太阳能发电产值2.8万亿元，比参考情景的0.5万亿元高出近5倍（见图3-12）。

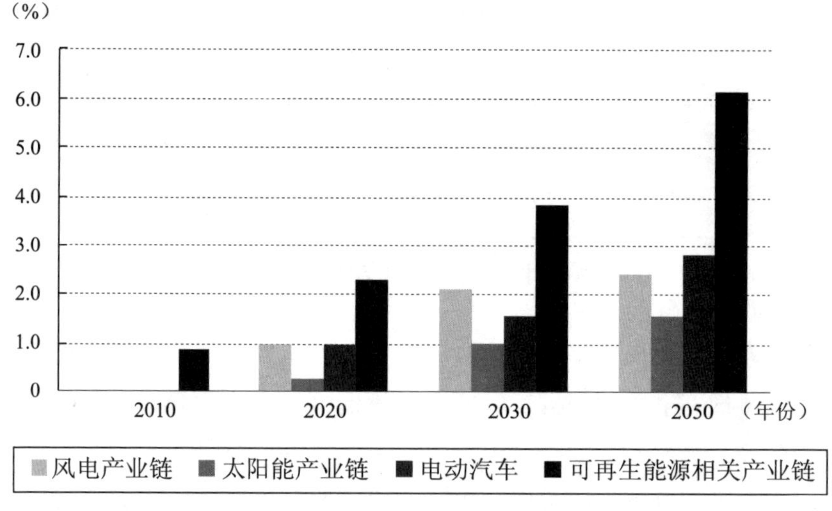

图3-12　可再生能源及相关产业实现增加值对GDP的贡献

另外，可再生能源发展所需的装备制造、电子仪器、气象预测预报等技术和产业发展需求，对机械制造业、电子产品制造业、研发产业和服务业都有显著拉动作用，可再生能源相关产业链实现总增加值17万亿元，电动汽车生产实现增加值近8万亿元，分别达到经济总量的6.2%和2.9%，对经济总量贡献超过9%（见图3-13）。

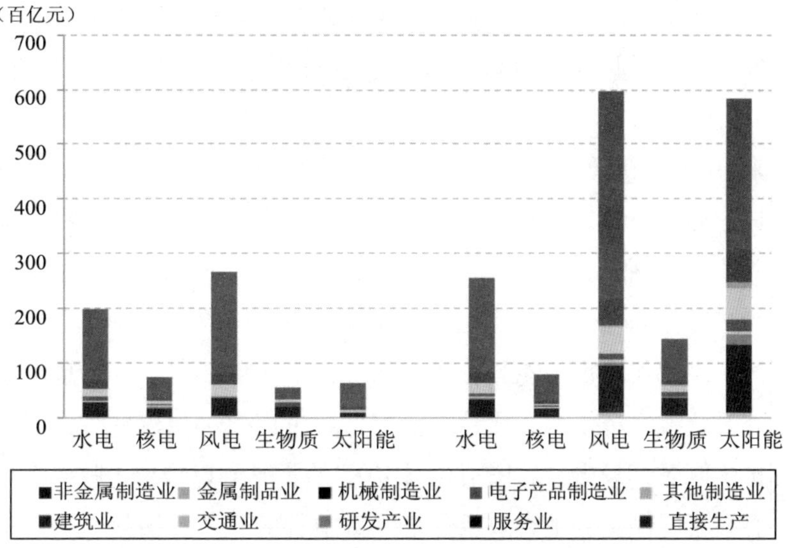

图 3-13　2050 年高比例情景中可再生能源对相关产业产值的带动

同时，高比例可再生能源发展创造了可再生能源行业及相关产业就业共 1200 万人（2050 年），其中太阳能发电和热利用，及光伏设备等产业就业最多，达到 481 万人，风电及相关产业创造就业达到 377 万人。（见图 3-14）可再生能源发展所需的电子、研发、电力等支持行业主要为新兴产业，高比例可再生能源发展促进中国就业人口从传统制造业向高业态产业扩展，优化了中国整体就业结构。研究表明，传统化石能源行业如煤

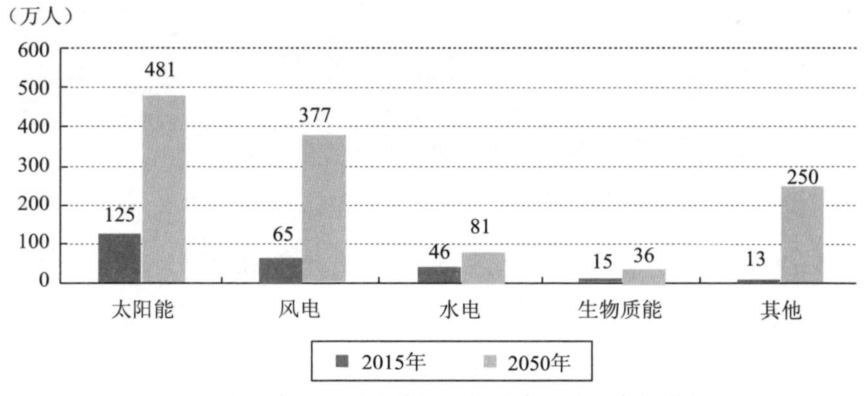

图 3-14　中国可再生能源及相关产业就业人数增长

炭开采洗选业、炼油业、运输业等从业人员逐步减少，到 2050 年，从事电力、服务业、电子机械、科研等行业人数分别增加 261 万人、162 万人、141 万人、96 万人。

未来 40 年，新增就业人员在可再生能源相关行业择业，部分传统能源行业人员退休和转产，在政府转产和就业引导服务指导下，将对传统能源部门就业冲击降到最小，更有利于就业人口向更高业态转移和优化。

总的来说，高比例可再生能源发展提升了中国宏观经济发展的质量。通过测算，高比例可再生能源发展与参考情景相比，对经济总量没有负面影响，并对调整经济结构、提升经济增长质量产生了积极促进作用。如高比例可再生能源情景中，居民消费对 GDP 的贡献得以增长，政府支出相对减少，有利于居民更公平有效地分享经济增长的成效；国际贸易总水平进一步提高，国内总物价水平得到有效控制，经济发展质量进一步优化（见表 3-1）。

表 3-1　高比例可再生能源发展对宏观经济指标的影响（2050 年）

单位：万亿元

指标	参考情景	高比例情景	变化（%）
居民消费	141.2	141.5	+0.23
政府支出	33.2	32.8	-1.44
出口	70.5	71.1	+0.87
进口	69.6	70.2	+0.88
物价水平	0.909	0.908	-0.11

（十）高比例可再生能源发展助力重现碧水蓝天

高比例可再生能源显著替代了煤炭消耗，到 2050 年中国煤炭消费总量不到 6 亿吨标准煤，仅约为 2010 年的 1/3，化石能源燃烧排放的主要污染物和二氧化碳得以显著降低。根据测算，2050 年中国二氧化碳排放量将从现在的 100 亿吨左右降到 30 亿吨，比 2010 年的 67 亿吨降低了 55%；2050 年，人均二氧化碳排放量为 2.17 吨，比 2010 年世界平均水平 4.44 吨降低了 51%，比 1990 年世界平均水平 3.99 吨降低了 46%。

如果全世界都能共同为实现全球气候变暖的 2℃目标努力的话，2050 年中国的二氧化碳排放量仅是届时全球二氧化碳排放量的约 1/5。与中国 GDP 占世界的比例相比，中国对世界的生态环境保护将做出巨大贡献。欧洲和美国走过一条大量排放二氧化碳的工业化道路，按照相关研究预测，欧洲和美国正在从 2005 年排放峰值逐渐降低至 2050 年排放目标。而中国通过高比例可再生能源发展，将在更短时期内控制二氧化碳排放，以更显著的碳排放降低总量更早达到排放峰值，为减缓全球气候变化做出突出贡献（见图 3-15）。

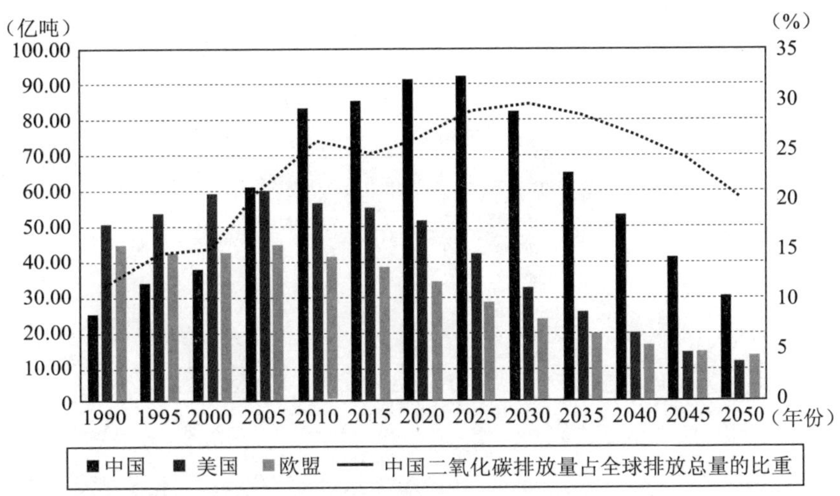

图 3-15　2050 年高比例可再生能源发展情景下中国二氧化碳排放量全球对比

中国从“十二五”时期开始就已制定并实施污染物总量减排控制战略，二氧化硫和氮氧化物总量分别在 2005 年和 2010 年达到峰值并逐年降低。通过可再生能源高比例发展，将保障大气主要污染物排放总量持续降低的力度和速度，并在 2050 年分别控制在 250 万吨和 270 万吨左右，主要污染物（二氧化硫、氮氧化物、重金属汞等）的排放量与 1980 年的排放水平持平，中国大地将重现 20 世纪 80 年代的碧水蓝天，全面达到世界卫生组织的空气质量标准（见图 3-16、图 3-17）。

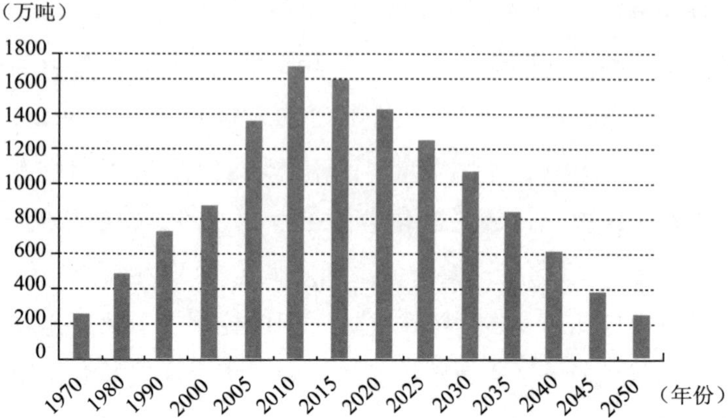

图 3-16　2050 年高比例可再生能源发展情景下中国氮氧化物排放

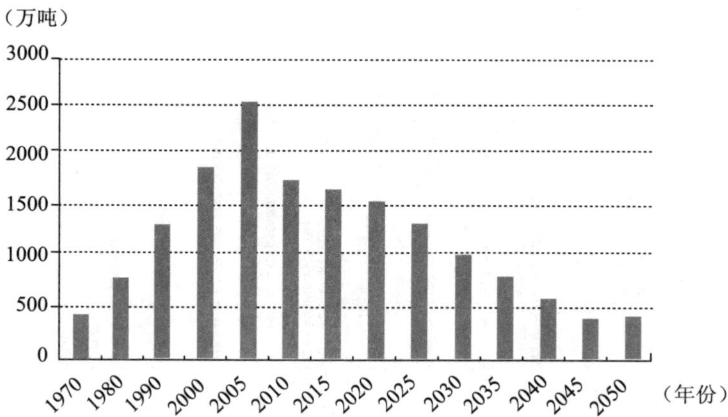

图 3-17　2050 年高比例可再生能源发展情景下中国二氧化硫排放

第四章

生态文明建设中的
可再生能源开发利用目标考核机制

COMPREHENSIVE POLICIES AND COORDINATION FOR
RENEWABLE ENERGY TO PROMOTE
ECOLOGICAL CIVILIZATION

一、能源气候环境综合目标与可再生能源行动的国际经验

（一）总体趋势

20 世纪 70 年代以来，特别是进入 21 世纪以来，随着国际社会对应对气候变化、保障能源安全、保护生态环境等可持续发展问题的日益重视，加快推动能源转型、削减化石能源、加快开发利用可再生能源已成为世界各国的普遍共识和共同行动。

目前，国际能源署和国际可再生能源署提出了全球高比例可再生能源发展路线图，欧盟、丹麦、德国和美国加州等已率先制定实施面向 2030 年、2050 年的高比例可再生能源发展路线图。在巴黎气候大会（COP21）上，超过 600 个城市承诺实现 100%可再生能源，使得高比例可再生能源从情景分析进入了战略规划实施阶段（见表 4-1）。

表 4-1　主要国家（地区）可再生能源发展目标和重点领域

国家	可再生能源发展目标	目标落实机制、重大改革和政策
欧盟	2020 年可再生能源占到能源消费总量的 20%，2050 年为 50%	能源气候环境一揽子政策（3 个 20%；2030 年 27%）；成员国目标承诺、报告和评估机制；统一欧洲电力市场；欧洲碳交易（ETS）
德国	到 2020 年、2030 年、2040 年、2050 年，可再生能源占终端能源消费比重将分别达到 18%、30%、45% 和 60%，可再生能源电力占电力总消费比重分别达到 35%、50%、65% 和 80%	风电、光伏发电、储能、扩建输电管网设施，100%可再生能源城市；可再生能源固定上网电价（FIT），可再生能源参与电力市场（direct marketing），市场溢价机制（FIP）
丹麦	2020 年风电占总电力消费总量的 50%；2050 年完全摆脱化石能源消耗	绿色供暖体系，推动可再生能源在建筑、工业、交通领域中的应用，推动智能电网发展，完善能源融资体系等

续表

国家	可再生能源发展目标	目标落实机制、重大改革和政策
美国加州	2030年可再生能源发电比例提高到50%，石油消费削减50%，建筑能效翻番；2030年温室气体（GHG）排放比1990年降低40%，2050年降低80%	推动太阳能发电、风电、生物燃料、智能电网建设。生产税抵扣（PTC）和投资税抵扣（ITC），实行可再生能源配额制政策（RPS）

（二）主要国家和地区情况

1. 欧盟

欧盟委员会2006年制定了《欧盟能源战略绿皮书》，2008年欧盟首脑会议通过了《能源气候一揽子计划》——以“20-20-20”指令为基础的能源法律体系，确立了一系列近中长期目标：到2020年，可再生能源占终端能源消费总量比重达20%；相对于1990年水平，温室气体减排20%，能源效率提高20%。

2014年10月欧洲理事会通过了《2030年气候与能源政策框架》，目标是到2030年温室气体排放要比1990年减少至少40%，可再生能源占比达到27%以上，能效提高27%以上。为确保落实该一揽子计划，欧盟成立了透明的管理体系，指导成员国在欧盟“可再生能源指令”下制定本国的可再生能源的政策法规，提交《国家可再生能源行动计划》，由欧洲环境署（EEA）等机构评估成员国的进展。

欧盟也推动可再生能源逐步转向市场驱动，从2016年1月起所有接受可再生能源发电补贴的受益方都应将所发电力直接售卖到市场，参与市场竞争，推动2020—2030年取消对成熟可再生能源技术的补贴。欧盟认为应发挥可再生能源技术继续拉低整个能源市场价格的潜力，是“欧盟构建有竞争性、安全而可持续能源体系的根本因素”①。欧盟还大力建立内部统一能源电力市场，确保电网互联互通和可再生能源电力的自由交易。

① EU, A Policy framework for climate and energy in the period from 2020-2030, dated 22. 1. 2014.

2. 丹麦

丹麦在 2011 年 2 月出台了《能源战略 2050》，在全世界首次提出到 2050 年完全摆脱对化石能源依赖的宏伟战略。丹麦的能源转型战略实施强调全面可再生能源开发利用和化石能源替代，重点在可再生能源领域实现风电大规模开发，增加生物质能多元化利用，大力推动区域供热，在需求端限制和替代化石能源利用。

丹麦自 2013 年起禁止新建建筑安装燃油或燃气锅炉，2016 年起禁止在集中供热区域的既有建筑上安装使用燃油锅炉。丹麦还推动电力与热力系统一体化，利用电热锅炉、热泵等技术，有效提升供热系统的灵活性和整个能源系统的效率，支持电力系统消纳更多的风电，缓解电力系统中可再生能源比例不断上升带来的挑战。

3. 德国

德国在 2010 年 9 月公布了《德国联邦政府能源方案》，目标是到 2050 年可再生能源占终端能源消费比重达到 60%，可再生能源电力占电力总消费比重达到 80%，届时温室气体排放比 1990 年降低 80% 以上。为此，德国在 2011 年 10 月建立了“Energiewende”（能源转型）监测系统，设立独立委员会对监测系统进行监督和评价，持续发布年度监测报告和三年进度评估报告。

20 世纪末以来，德国不断出台系列法律支持能源转型，陆续出台、修订了《可再生能源法》《可再生能源供热促进法》《加快网络建设法》(NABEG)、《热电联产法》(KWK-G) 修正案等系列法律法规，建立了能源转型的法制轨道。为推动全方位能源变革，德国制定综合能源体系转型和部门路线图，统筹考虑工业、商业、交通、建筑等多部门的能源转型协同效应，并跨越电力和热力、交通能源等多个能源品种领域，开展“能源转型数字化议程”（SINTEG）项目，构建智能供能和用能的未来能源体系，提高能源系统灵活性，确保消纳风电、光伏等波动性可再生能源。

德国还大力推动区域和城市能源转型，提供从国家层面到地方层面的解决方案。例如，法兰克福制定了“100%气候保护总体规划”，目标是：

到2050年城市能源消耗（包括供电、供热及交通）100%由可再生能源供给，城市的能源消耗总量应降至2010年水平的50%，以推动温室气体年排放量相较1990年降低95%，为此市政府将重点对电力、热力和交通三个重要领域进行改造和升级。

4. 美国加利福尼亚州

加利福尼亚州（以下简称加州）是美国乃至全球的可再生能源应用的领导者。加州《清洁能源和污染物减排法案2015》（《SB 350法案》）要求，可再生能源电力市场份额（RPS）的目标在2024年、2027年、2030年分别提高到40%、45%、50%，届时石油消费削减50%，建筑能效翻番；2030年温室气体（Green House Gas，GHG）排放比1990年降低40%，2050年降低80%。

加州能源委员会（California Energy Commission，CEC）、加州公共事业委员会（California Public Utilities Commission，CPUC）和加州独立系统运营商（California ISO，CAISO）负责制定具体政策和方案，建立和运行开放竞争的加州电力市场，推动光伏、风电、电动汽车等新能源发展。

特别是CAISO向政策制定者和产业界提供及时、准确的电力市场预测、电力系统运行、实时市场数据等信息，为规划和投资建设未来电力系统提供依据。CAISO在电力系统规划研究和竞争性电力市场模拟分析的基础上，通过项目清单研究（cluster study）筛选项目，优先分配给系统成本最低项目，或者用户有额外支付建设成本意愿的项目，但是对小项目采取快速通道的方式。近年来，随着光伏发电、风电等新能源比重的增加，CAISO还通过平等协商的方式加强与周边电力平衡区的协调控制，把实时市场交易和电力平衡扩大到更多地区，建立跨市场的能源不平衡市场（EIM），努力把CAISO转变为区域市场组织。

（三）启示

以长期能源气候环境目标引领能源转型长期路线图。欧洲、德国、丹麦、美国加州都坚持以2050年长期环境气候目标引领可再生能源发展，切实采取了顶层设计、目标引领的能源变革方式。总的看来，欧盟、丹麦、德国和美国加州等按照2050年低碳发展目标制订能源气候一体化政策，确定了清晰的能源低碳化转型目标与路径，指引并加速了可再生能源发展，并倒逼能源结构转型、终端能源消费革命和化石能源退出。在实施中，这些国家和州还针对部门行业进行目标分解落实，推动共同行动，开展跟踪评估，建立政策保障和动态调整机制。

以高比例可再生能源引领和倒逼能源系统转型，以区域、城镇、部门能源转型行动落实整体战略。各国都高度重视以电力为核心的能源转型战略，在终端部门能源替代、智能基础设施、现代电力市场体系、新型监管体制等方面进行深刻的创新，建立良好的协调机制，从下至上地收集各利益相关方的智慧，也需要从上到下地发布政策，进而坚定的落实。

以法律法规和市场机制创新保障可再生能源发展。欧盟国家的能源转型战略不仅规定了转型的中长期目标和实施政策，还持续重视能源立法及体制机制设计。德国等从立法的角度详细规定了新能源的发展目标，并在电力企业对新能源的利用、可再生能源电力上网等方面提出了配套立法，能源转型的战略规划和法律文件提高了能源政策的前瞻性、连续性、可操作性并保证了实施效果，将能源转型的长远目标和路径落实在具体的政策上。

二、目标导向的中国能源气候环境一揽子计划和协调机制

（一）按照生态文明要求统筹制定能源气候环境一揽子计划

我国目前正处在深化工业化、城镇化的进程中，随着经济社会的持续高速发展，面临的资源和环境压力日益严峻。为此，我国在十八届三中全会报告中明确提出了“加强生态文明建设”“推动能源生产和消费革命”“大力发展风电、太阳能等清洁能源”。2015 年 6 月 30 日，我国正式发布了《强化应对气候变化行动——中国国家自主贡献》，首次明确提出了二氧化碳排放 2030 年左右达到峰值并争取尽早达峰、单位国内生产总值（GDP）二氧化碳排放比 2005 年下降 60%～65%、非化石能源占一次能源消费比重达到 20%左右的宏伟目标。但是，目前还没有全面按照生态文明要求设立能源环境气候综合目标，也没有严格按照“资源消耗上线、环境质量底线、生态系统红线”的约束设定能源消费总量控制、能源结构调整、可再生能源发展目标。必须学习欧洲国家经验，从资源节约、环境治理、应对气候变化、生态保护等角度，制定前瞻性、积极的能源环境综合方案和一体化政策。

中国未来能源发展战略制定和能源体系建设必须着眼长远，抓住全球能源转型和科技变革的机遇，把可再生能源放到长期能源战略的关键位置，加强顶层设计，推动实现能源生产和消费革命。2016 年中国政府颁布的《能源生产和消费革命战略（2030）》首次正式明确提出 2050 年非化石能源占比超过一半的远期目标。近期快速技术产业进步、丰富国际实践经验和高比例可再生能源情景显示，通过能源供需两侧变革、释放系统灵活性让市场和制度创新发挥激励作用，中国 2050 年可再生能源占一次能源

比重目标可提升到60%左右。为此，中国应顺应绿色低碳发展的人类共识和全球趋势，贯彻“创新、协调、绿色、开放、共享”的新发展理念，以2050年可再生能源成为主导能源、全面实现能源革命、建成现代能源体系为目标，采取系统视角，坚持目标导向、问题导向、行动导向，以市场改革和制度建设为核心，推动高比例可再生能源情景落实到可再生能源发展战略体系。

制定面向2050年的能源气候环境一揽子战略。中国应按照将生态文明建设纳入“五位一体”总体布局的要求，切实强化资源、环境、生态的“三线”约束，并以此严格控制化石能源生产和终端消费的规模、布局和方式，特别明确煤炭开采、终端散煤退出和替代、煤电装机规模控制和清洁灵活性改造路径；按照《巴黎协定》确定的各国自主减排贡献、全球五年盘点、不断提高目标的机制，确定各能源部门深度减排温室气体和削减煤油气消费的长期战略目标和路径；在《能源生产和消费革命战略（2030）》提出的推动非化石能源跨越式发展、2050年占比超过一半的战略目标基础上，制定实施高比例可再生能源发展路线图，通过持续优先开发利用可再生能源，推动可再生能源在2030年前从区域增量替代进入全面存量替代化石能源的能源革命转折期，到2050年形成以可再生能源为主的新型能源体系，可再生能源在一次能源消费中的比重达到55%左右甚至更高，可再生能源发电量占总发电量的比重超过85%，实现我国主体能源更替和开发利用方式的根本性改变，从根本上化解能源资源和环境约束，保障能源安全，实现经济社会可持续发展。

（二）可再生能源与节能降碳的目标和考核衔接

目前，我国已经进入全面推进能源转型、开发利用可再生能源、加强节能降耗、控制温室气体的关键期和众多制度政策深化实施期。《生态文明体制改革方案》中也明确要求建立完善能源消费总量、碳排放总量制度，推行用能权和碳排放权交易制度。

在节能降耗双控方面，建立能源消费总量管理和节约制度。坚持节约优先，强化能耗强度控制。合理确定全国能源消费总量目标，并分解落实到省级行政区和重点用能单位。健全节能目标责任制和奖励制。进一步完善能源统计制度。健全重点用能单位节能管理制度。结合重点用能单位节能行动和新建项目能评审查，开展项目节能量交易，并逐步改为基于能源消费总量管理下的用能权交易。建立用能权交易系统、测量与核准体系。

在碳排放控制方面，逐步建立全国碳排放总量控制制度和分解落实机制；深化碳排放权交易试点，逐步建立全国碳排放权交易市场，研究制定全国碳排放权交易总量设定与配额分配方案，完善碳交易注册登记系统，建立碳排放权交易市场监管体系。

2020 年和 2030 年我国必须确保完成 15%和 20%非化石能源比重目标，在继续节能考核的基础上出台能源资源总量控政策，制定全国碳排放控制目标，引领和倒逼低碳能源转型。这些目标的制定实施存在相互协同机遇，但是也面临协调的巨大挑战，必须统筹考虑制定实施。在目标的具体实施和考核机制方面也需要加强协调，包括节能减排、能源消费总量控制和可再生能源目标考核，特别是可再生能源配额制的指标分配、统计指标体系、数据可获得性和渠道、考核体系等。

可再生能源目标实施和考核机制要与节能和能源消费总量控制、低碳发展和温室气体排放控制机制相衔接。要在统筹制定全国层面的节能降碳和可再生能源目标的基础上，在各阶段、各地区目标及目标实施机制层面加强协调，使可再生能源目标对接、支撑、融入节能降碳目标及考核机制，使节能降碳目标及考核机制有力推动可再生能源开发利用。

三、科学制定分阶段、分区域可再生能源目标和考核机制

（一）可再生能源比重未来需年均提升 1 个百分点

根据《可再生能源法》的规定，国务院能源主管部门根据全国能源需求与可再生能源资源实际状况，制定全国可再生能源开发利用中长期总量目标，并予以公布。会同省、自治区、直辖市人民政府确定各行政区域可再生能源开发利用中长期目标，并予以公布。新形势下，在资源、环境约束不断加剧的情况下，要由能源保障供给转变为科学调控能源生产和消费总量，实现节能减排，提高能效期待，首先要合理控制能源消费总量，通过合理控制能源消费总量的倒逼机制，促进经济发展转方式、调结构，以能源的科学发展促进经济社会的科学发展。

当前至 2020 年为全面产业化推广阶段，可再生能源开始从补充能源转变成为新增主力能源，在一些地区成为替代能源，有效调整能源结构。风电、太阳能发电具备与常规火电的竞争力，全面实现可再生能源商业化应用，具备更大规模推广的条件。到 2020 年可再生能源开发利用量在一次能源消费总量中的比重超过 15%。

2020—2030 年为全面规模发展阶段，可再生能源在全国大部分地区成为替代能源，全面推动能源结构加快调整。随着可再生能源具有较强的竞争优势，其在能源体系中的比重不断提高和能源结构显著变化，体制机制实现根本转变，基本形成适应新能源发展的市场和管理体制。到 2030 年，要使可再生能源在新增能源供给中占据主要地位，成为能源供应体系中的主流能源之一，占一次能源消费总量的比重超过 25%，比 2010 年翻一番以上。

2030—2050 年为全面规模替代阶段，可再生能源成为主力和主导能源，在全国各地区全面替代化石能源，实现能源结构的根本性改变。可再

生能源在各个领域大规模替代化石能源，逐步建成新型现代能源体系。到2050年，可再生能源年开发利用量在一次能源消费总量中的比重提高到50%以上；可再生能源发电量达到总发电量的80%以上，分布式可再生发电满足30%以上的终端电力需求，实现能源生产消费结构的根本性改变。为2050年以后全面实现能源革命奠定坚实基础。

（二）制定分地区可再生能源目标

从可再生能源加快开发利用和实际消纳所面临的困难和挑战来看，通过将可再生能源开发利用量科学、系统地分解到各地，并记入节能减排政府绩考核体系，可在地方政府的发电量计划安排、能源基地建设、城市基础设施规划等层面，推动可再生能源发展成为共识，形成在终端应用领域拉动可再生能源发展的激励约束机制和顶层制度安排。

要全面建立优先开发利用可再生能源的发展战略。建立以可再生能源应用指标为导向的能源发展指标考核体系。国家能源主管部门研究编制可再生能源发展规划，将总体和各类可再生能源发展目标分解到各省。各级地方政府要按照国家规划要求，制定本地区可再生能源发展规划，并将主要目标和任务纳入地方国民经济和社会发展规划。

（三）建立可再生能源电力目标及配额制

电力既是增长最快的能源消费品种，也是煤炭的主要应用领域，还是可再生能源的主要应用领域，是未来推动能源变革的主要领域。而且，电力也能够满足配额制对象所必需的可计量、可监测、可核实的要求。

1. 配额制的含义

可再生能源电力的目标导向的实施机制之一是配额制。实施可再生能源电力配额制是促进我国可再生能源进一步发展的必要措施，目前已具备了实施可再生能源电力配额制的法律和政策基础，实施的时机也已成熟。可再生能源发电配额的基本含义是，在国家（或地区）电力建设中，强制要求可再生能源发电必须达到规定的数量或比例。

发电配额政策在执行过程中，通常由专门机构对可再生能源发电量进行认证，并发放可交易的绿色证书（Tradable Green Certificate，TGC）。绿色证书是一种可以兑现为货币的凭证，可以进行自由交易，交易过程实际上也就代表了一定数量的可再生能源电量的流转。配额义务承担者在无法自己开发可再生能源电力，或者认为自己开发可再生能源电力不经济的情况下，可以选择购买与配额义务量相当的绿色证书来完成各自承担的配额义务。可交易的绿色证书系统的建立，为配额义务的履行提供了一种非常灵活的机制。

2. 配额制的主要方式

可再生能源电力配额制可以采取两种方式：一种是美国等国家的 RPS，责任主体为售电商，确保其售电的一定比例是绿色可再生能源电力；另一种是我国最新提出的思路，责任主体为多元主体，由缺乏足够绿色证书的发电商购买进行履约，确保其发电量的一定比例是绿色可再生能源电力。2014 年以来国家能源主管部门研究提出《可再生能源电力配额制管理办法》，对各省（区、市）全社会电力消费量规定非水可再生能源电力指标要求，通过年度可再生能源开发量、可再生能源开发量占能源消费总量的比重等指标，对各省（区、市）、电网公司、发电企业进行考核。

3. 实施配额制应考虑的问题

但实施配额制要考虑与现行可再生能源政策的衔接问题。2006 年颁布实施的《可再生能源法》及其配套政策，构成了中国现有可再生能源发展政策框架体系。中国目前已对风电、太阳能光伏发电、生物质发电实行固定上网电价制度，实践证明，该制度的实施是中国力度最大、最有效的激励政策。

中国制定配额制的目的，是要以确定约束性比重目标的方式解决风电等可再生能源的消纳问题。配额制的引入不能妨碍现有政策发挥作用，而应视其为有益补充。另外，也需要完善可再生能源配额制的相关配套机制。中国与国外基于电力市场机制的配额制的外部环境不同，结合中国实际情况，仍需完善与可再生能源配额制相配套的措施和机制，包括落实风电消纳市场和跨区跨省电网建设、明确可再生能源跨区跨省输送的计量方式、出台可再生能源低谷上网电价机制等。

四、能源强度和总量“双控”制度和可再生能源统筹发展

（一）节能和能源消费总量“双控”目标与考核工作历程

我国作为人均资源相对不足的大国，在经济建设中一直重视资源节约、避免浪费。但是在经济快速增长的过程中，还是出现了资源粗放利用、生态环境恶化等问题。特别是进入21世纪以来，受经济长期高速增长等因素影响，经济发展与资源环境矛盾更加凸显。其中，能源资源利用效率偏低，能源消耗总量大、增长快的问题尤为突出，也是环境问题的重要诱因之一。鉴于紧迫的能源资源形势，在2005年底召开的十六届五中全会上，资源节约首次被提升为中国的基本国策。

在2006年发布的《国民经济和社会发展第十一个五年规划纲要》中，明确提出了“十一五”期间单位国内生产总值能源消耗下降20%左右的约束性指标。这是国家首次把节能目标作为约束性指标纳入国家规划，并逐级分解落实到各级地方政府和重点用能企业。2006年，国家发展改革委与各地区政府协商确定了“十一五”各省（区、市）的单位GDP能耗下降目标，向国务院提交并报请下达《“十一五”期间各地区单位生产总值能源消耗降低指标计划》，计划明确了各地区“十一五”节能目标。同年9月，国务院原则上同意了计划中对各地区的目标分解方案。整体来看，绝大多数省市承担的节能目标与国家目标相同，吉林、山西、内蒙古等若干地区的节能目标比国家节能目标略高。2007年，中央政府考虑到个别省（区、市）完成目标难度很大，同意对吉林、山西、内蒙古的“十一五”节能目标进行调整。“十一五”期间，全国单位GDP能耗下降19.1%，基本完成预定的单位GDP能耗下降20%的目标。除新疆外，各地区也都完成

了目标任务，其中北京和湖北两地超额完成较多。

“十二五”时期，国家确定了到2015年单位GDP能耗比2010年下降16%左右的国家节能目标，并继续逐级分解落实到各级地方政府和重点用能企业。在目标分解过程中，国家综合考虑各地区经济发展水平、产业结构、资源环境禀赋等因素，差别化地将节能目标分解到各地区和万家重点用能单位。在完善“十一五”目标分解方法基础上，经过深入研究和广泛征求意见，进一步提出了创新的节能目标分解方法，充分考虑了各地区经济发展水平、产业结构、技术水平等因素，全面分析了各地区节能责任、节能潜力、节能能力、节能难度等方面的差异，在此基础上，将全国31个省（区、市）分为五类，分别承担10%～18%的节能目标。经过与各地区反复协商，在得到广泛认可的基础上，国家发展改革委会同有关部门，编制了《“十二五”节能减排综合性工作方案》，将分解结果报国务院批准并印发实施。与“十一五”时期不同，“十二五”时期节能约束性目标的制定分解更加兼顾地区差异和过程管理。为保证节能工作的持续推进、避免出现前松后紧情况，国家发展改革委等相关部门将“十二五”节能目标、节能任务分解为年度目标，并将定期考核、平时监督、日常跟踪结合起来，及时发现问题并提出改进措施，不断加强对节能绩效的过程管理。同时，通过建立节能预警调控机制，定期公布各地区节能目标完成情况晴雨表等，对各地区节能任务完成情况逐月进行比较分析，帮助各级政府更好地统筹处理当地经济发展的速度、内容与节能目标任务之间的关系，为经济又好又快发展提供了更直观、更有效的政策工具。

在能源强度控制目标的约束下，“十一五”时期、“十二五”前期的节能降耗工作取得了很大成绩，但由于强度目标是一个相对值，是能源消耗与经济增长的比值，在经济增速较快的情况下，强度约束无法控制能源消耗量较快增长的势头。加上我国能源消耗量基数大，较小的增速仍会带来不小的增量，考虑到我国的环境容量已经处于临界值，因此，对能源消费总量进行一定的约束成为必要。我国也在“十二五”规划纲要中明确提出了“合理控制能源消费总量”的要求，后又提出“坚决控制能源消费总量”。

2013 年，经国务院同意，国家发展改革委和国家能源局印发了《控制能源消费总量工作方案》，提出必须切实改变敞开口子供应能源、无节制使用能源的状况，控制能源消费总量，加快实行能源消费强度和消费总量双控制，形成倒逼机制。该方案提出的能源消费总量控制目标为 2015 年 42 亿吨标准煤、2020 年 48 亿吨标准煤。北京、上海、河南、浙江等省市政府也编制印发了能源消费总量控制方案，并将目标任务进一步分解到各地市。2014 年以后国家发展改革委环资司负责节能降耗双控工作。按照控总量的要求，2014 年国务院办公厅印发《2014—2015 年节能减排低碳发展行动方案》，提出了各地区能源消费总量控制目标，由于存在地区能源消费量加总与国家能源消费总量不一致等问题，该控制目标实际上是以增量形式提出的，对 2014—2015 年各地区能耗增量以及能耗年均增速进行限定。与节能约束性指标相比，考虑到经济发展不确定性，将能源消费总量控制目标作为预期性目标进行管理。

国家还开展了重点地区煤炭消费减量替代和总量控制。2014 年，国家发展改革委进一步提出《煤炭消费减量替代管理暂行办法》（发改环资〔2014〕2984 号），落实煤炭消费总量控制目标，促进煤炭清洁高效利用，切实减少大气污染，改善空气质量。根据该办法，在北京市、天津市、河北省、山东省、上海市、江苏省、浙江省和广东省的珠三角地区等重点地区推进煤炭减量替代。重点地区人民政府对本行政区域煤炭消费减量替代工作负总责，要制定煤炭减量替代工作方案（以下简称工作方案），明确煤炭减量年度目标，并分解落实到各市（区）县和重点耗煤行业、企业。在替代方面应提出能源替代供应方案，确保合理用能，主要包括：因地制宜，优先利用水电、风电、太阳能、生物质能、地热能等新能源和可再生能源替代煤炭消费；创新城镇用能方式，鼓励有条件的地区发展太阳能、生物质能、地热能供暖以及热电冷联供；鼓励新建、改建、扩建的住宅和公共建筑安装太阳能热水或集热系统；加快新能源示范城市及其供热供气基础设施建设。积极推动生物质成型燃料锅炉供热在工业供热和民用供暖中的应用；积极推进北方地区利用风电供暖。另外，有序实施“煤改气”“煤改电”工程，加快推进集中供热，优先利用背压热电联产机组替代分散燃煤锅炉，加强散煤治理。

节能和能源消费总量“双控”目标评价考核制度也在不断完善。“十一五”时期，为确保完成节能约束性目标，我国建立了节能目标责任制和节能评价考核制度。2007 年修订通过的《中华人民共和国节约能源法》也明确了这一制度。其中规定：国家实行节能目标责任制和节能评价考核制度，将节能目标完成情况作为对地方政府及其负责人考核评价的内容；省级地方政府每年要向国务院报告节能目标责任的履行情况。这使得节能责任要求刚性化、法定化。2014 年，中央政府制定分解能源消费总量控制目标后，也将其完成情况纳入节能目标责任评价考核体系中。在具体考核组织方面，国家发展改革委会同工业和信息化部、监察部、住房和城乡建设部、交通运输部、国资委、质检总局、统计局、国管局、能源局等部门及有关专家，组成评价考核工作组，赴全国 31 个地区开展年度省级人民政府节能专项绩效管理和节能目标责任评价考核。为保障绩效评价客观、公正，在现场考核方面，编制了打分手册，统一了打分标准，细化了每一项政策的具体要求，避免打分尺度和标准不同造成的结果差异；在过程考核方面，增加对各地区节能工作落实情况的考评。

从整体上看，目前，我国节能和能源消费总量“双控”目标的制定、分解和考核制度主要具有以下特点：一是目标制定主要以节能约束性目标为主，以总量控制目标为辅；二是目标分解既确保支撑国家目标实现，也充分考虑了各地区发展阶段、产业结构、技术水平的差距，考虑了经济发展的不确定性；三是目标考核采取定性和定量相结合方式，其中目标完成情况考核以定量指标为主，措施落实情况考核以定性指标为主。在具体评价考核指标体系中，虽然在能源消费总量控制、能源结构优化等内容上考虑了可再生能源发展等因素，但对加快可再生能源发展的激励力度仍然不足。

（二）能源消费总量应设定可再生能源最低目标但不设上限

未来一段时期，我国将进一步强化节能和能源消费总量“双控”制度，这是加快推进生态文明建设的根本要求，也是全面推进现代政府绩效管理的重要内容。在不断完善“双控”相关制度的过程中，强化对可再生能源发展的支撑和鼓励力度，既是确保实现2020年非化石能源比重对外承诺目标的内在要求，也有利于从根本上促进能源结构优化、能源效率提升、可再生能源等新兴产业加快发展，在支撑“双控”目标实现的同时，对全面加快生态文明建设发挥更大促进作用。

建议在能源消费总量控制目标中设定可再生能源发展最低目标，并且不设上限。为积极应对气候变化，我国政府对外承诺到2020年和2030年非化石能源占一次能源比重分别达到15%和20%。考虑这一背景，在制定能源消费总量控制目标过程中，应充分考虑我国各个地区可再生能源资源状况、技术水平、市场状况、成本竞争力等因素，以及经济增长和能源需求的不确定性，确保以实现非化石能源比重国际承诺目标为前提，制定全国可再生能源发展目标并分解到各个地区。在能源消费总量控制目标中，从优化能源结构角度，应设定可再生能源发展最低目标，并且不设上限目标，将控制能源消费总量的重点更多放在控制煤炭、石油等化石能源消费方面。

（三）重点地区和领域“双控”约束目标实施应更多鼓励可再生能源替代煤炭

考虑上述情况，因地制宜鼓励可再生能源高比例发展。我国城乡区域发展差距较大，在可再生能源发展潜力、技术水平方面存在明显差距，发展的重点也存在不同。东中部发达地区和城市由于经济发展水平较高，又面临雾霾治理等迫切压力，在加快发展分布式可再生能源、促进可再生能源有效替代存量煤炭消费方面存在较大潜力。东北和西部地区可再生资源丰富，在经济快速发展和能源需求持续上升情况下，应把促进可再生能源逐渐成为能源供给增量主体作为重点。在“双控”目标考核过程中，应充分考虑各地区资源禀赋、发展阶段和水平，制定差异化的考核指标和评价标准，在考核可再生能源消费总量目标的同时，东中部地区应重点考核分布式可再生能源发展和替代情况，东北和西部地区应重点考核可再生能源发展和本地区消纳情况。

各省应出台可再生能源开发利用监察和考核管理办法。落实目标责任，细化落实重点地区，特别是清洁能源示范省、新能源城市、绿色能源县的责任，确保并争取超额完成目标；鼓励各地级以上市对年能源消费量300万吨标准煤以上县（市、区）实行重点管理。

（四）“双控”目标考核过程增加可再生能源的数量和措施指标权重

“十一五”以来，国家发展改革委牵头，针对阶段和年度的节能目标和节能措施落实等方面进行评分考核。“十二五”中后期，为加强节能减排降碳工作，国家发展改革委等部门又进一步加强监察和考核工作。一方面，加强监测预警和监督检查，主要是强化统计预警、运行监测，完善法规标准，强化执法监察，通过健全全过程监测和治理手段促进节能减排工作；另一方面，落实目标责任，主要是强化地方政府责任，落实重点地区责任，明确相关部门工作责任，强化企业主体责任，把节能减排任务完成情况作为各级政府、企业绩效和负责人业绩考核的重要内容，形成目标和结果导向的约束激励机制。按照部署，一些地方也制定更详细的监测考核措施。

总体来看，节能“双控”工作与推进可再生能源发展工作高度相关，有相对完备的节能目标考核体系及大量政策实践经验，建议今后节能减排考核中更多纳入可再生能源开发利用数量和措施指标。

首先，将可再生能源电力的实际消纳量纳入各省（区、市）节能减排考核指标，以提高各地区消纳可再生能源电力的积极性，并将可再生能源电力消费配额指标的完成情况纳入省级政府政绩考核体系，将可再生能源电力配额指标的完成情况纳入电网企业的考核体系，将可再生能源发电配额指标的完成情况纳入发电企业的考核体系。依据各省（区、市）配额指标的完成结果，在年度进行节能减排指标考核时，各省（区、市）可再生能源实际消纳量按照当年全国平均供电煤耗水平进行一次能源折算，等量从当地能源消费总量控制额度中扣除。在单位 GDP 能耗考核中也应合理反映当地利用可再生能源对节能的贡献。

其次，增加对可再生能源发展相关措施落实情况的考核力度。为推动可再生能源加快发展，我国在立法、财税、价格、产业政策、市场监管等方面，出台了一系列政策措施。但受现行价格机制、市场状况、电网条件、管理体制、利益分配等多方面因素影响，很多措施并没有完全落实到位，弃风、弃光等问题仍然突出。在“双控”考核指标体系中，应增加有关可再生能源发展措施落实情况的考核指标，加大抽查考核力度。特别是，要统筹考虑可再生能源开发和消纳的关系，针对不同地方实际情况，采取差异化的考核指标和评价标准，统筹协调促进可再生资源开发和有效利用、推动可再生产业持续壮大和技术水平不断提升。

再次，加强可再生能源发展相关目标和措施落实情况统计基础工作。确保考核评价指标可测量、可报告、可核查，是“双控”制度有效发挥作用的前提基础。要加强可再生能源商业化利用相关情况的统计基础工作，加大对生物液体燃料、地热能、分布式能源以及各种非商品化利用可再生能源的统计力度。同时，对可再生能源发展相关措施落实情况，如补贴资金按时足额发放、价格政策落实情况、可再生能源有效消纳、相关财税优惠政策执行情况等，在核查地方政府相关政策文件的同时，要重点抽查考核实际落实情况，确保各项措施有效落到实处。

最后，建立先进的可再生能源监测统计体系。完善统计核算与监测方法，加强运行监测。推进省市区域能源管理中心建设，推动企事业单位开展可再生能源在线监测系统建设，建立健全建筑、交通运输部门的可再生能源消费统计制度以及分地区单位生产总值可再生能源指标季度统计制度。力争 2020 年前建成省市区域能源管理中心平台，万家企业可再生能源生产消费基本接入区域能源管理中心平台。

五、严格设定碳排放总量，强化碳交易市场的约束

（一）低碳发展目标及碳排放空间

1. 碳强度下降目标与低碳试点

我国 2007 年在发展中国家中第一个制定并实施了应对气候变化国家方案，2009 年确定了到 2020 年单位国内生产总值温室气体排放比 2005 年下降 40%～45% 的行动目标。2014 年我国发布《国家应对气候变化规划（2014—2020 年）》，发布《中美应对气候变化联合声明》，向联合国气候变化框架公约秘书处提交了中国国家自主决定贡献文件，明确了中国二氧化碳排放 2030 年左右达到峰值并力争尽早达峰等一系列目标。最近两年来，按照上述减排温室气体排放的总体目标和碳交易制度的要求，我国开始深入进行 2030 年和“十三五”期间碳排放总量控制的量化目标研究。

在实践上，国家发展改革委分别于 2010 年 7 月和 2012 年 11 月发布《关于开展低碳省区和低碳城市试点工作的通知》（发改气候〔2010〕1587 号）和《关于开展第二批低碳省区和低碳城市试点工作的通知》（发改气候〔2012〕3760 号），确定在如下地区开展低碳试点：广东省、辽宁省、湖北省、陕西省、海南省、云南省、天津市、重庆市、深圳市、厦门市、杭州市、南昌市、贵阳市、保定市、北京市、上海市、石家庄市、秦皇岛市、晋城市、呼伦贝尔市、吉林市、大兴安岭地区、苏州市、淮安市、镇江市、宁波市、温州市、池州市、南平市、景德镇市、赣州市、青岛市、济源市、武汉市、广州市、桂林市、广元市、遵义市、昆明市、延安市、金昌市、乌鲁木齐市。通知要求低碳试点地区编制低碳发展规划，建立温室气体排放数据统计和管理体系，制定支持低碳绿色发展的配套政策。

2013 年，中国 42 个低碳试点省市人口、地区 GDP 和城市面积分别占

全国的 37.33%、53.59% 和 21.21%。42 个低碳试点城市和案例城市的 2010 年碳排放分别约占全国的 54.16%和 9.41%。低碳试点的地理区位、历史背景、人口规模、资源禀赋、技术水平、产业结构、经济发展阶段和生活水平代表了全国不同地区特点，其经验可以为不同类型城市践行低碳发展提供借鉴。城市低碳发展要执行国家能源、工业、城建、交通等行业主管部门颁布的节能减排相关部门规章及规范性文件，以及省级政府下发严于中央的相关规定。更为重要的是，一些城市还基于本地特点开展了很多强化创新行动，从而构成了自上而下和自下而上的制度支持体系。可以看出，相对于新城镇化综合试点、智慧城市、可再生能源建筑应用示范城市、新能源汽车推广应用城市等，新能源示范城市的推广力度仍然不足（见表 4-2、表 4-3）。

表 4-2　与城市低碳发展相关的其他国家级试点项目

试点项目	北京	吉林	贵阳	青岛	武汉	延安	金昌	广州	深圳	镇江
新城镇化综合试点	■	■		■	■		■	■	■	
国家智慧城市试点	■	■	■	■	■	■	■	■	■	
节能减排财政政策综合示范城市	■	■	■					■		
全国新能源示范城市	■		■			■		■		
国家低碳工业园区试点	■	■	■	■	■					
国家可再生能源建筑应用示范城市	■		■	■	■			■		
新能源汽车推广应用城市	■	■		■	■		■	■		
低碳交通运输体系建设试点城市	■		■	■	■		■	■	■	
公交都市建设示范工程	■		■	■	■		■	■		

资料来源：绿色创新发展中心．中国城市低碳发展政策实践［Z］.

表 4-3　案例城市低碳政策行动

低碳能源	贵阳	北京	吉林	武汉	青岛	深圳	广州	镇江	金昌	延安
非化石能源占一次能源比例	10%	6%左右	■	■	3%	15%	20%（2020年）	8%～12%	8%	5%
可再生能源 / 新能源发展规划	■	■		■						
能源消费总量控制目标	■	■	■	■	■	■	■	■	■	■
出台控煤政策	■	■	■	■	■	■	■	■	■	
煤炭消费总量控制目标		■	■		■	■	■			■
国家新能源示范城市	■	■	■			■	■			

2. 能源部门碳排放总量控制目标研究①②

2014 年以来，我国在《中美气候变化联合声明》和应对气候变化自主贡献文件中承诺，计划在 2030 年左右并力争提前实现二氧化碳排放峰值。但是，到目前为止我国只承诺了峰值年份目标，并未明确峰值总量。制定全国碳排放总量控制目标，是实现“2030 年左右达到碳排放峰值且努力早日达峰”的必然要求，也是“十三五”建立全国性碳市场、确定全国碳市场配额总量的基础。

国内外研究和实践显示，今后应首先规定能源部门二氧化碳排放限制总量。从国外经验来看，对哪些气体排放具备监测能力是选择其是否作为管制对象的重要因素。2003 年欧盟排放交易指令规定，EU-ETS 在第一阶段调控的温室气体种类只限于二氧化碳。美国 RGGI、加州碳排放交易体系，交易气体种类则涵盖了《京都议定书》规定的六种温室气体。当前，我国试点省市都选择了二氧化碳作为管理控制气体，而未涉及其他温室气体。

在涵盖行业方面，欧盟碳排放交易涉及行业较广泛，第一阶段就包含了能源业，耗能 20 兆瓦以上的炼油、水泥、钢铁、陶瓷、玻璃以及造纸等行业，到第二阶段调控范围扩大到交通、化学、铝等行业，最近又尝试将

① 王毅．关于科学制定和实施国家“十三五”碳排放总量控制目标的建议［Z］．

② 刘长松．我国碳排放总量控制与碳交易的若干问题［J］．中国发展观察，2015（9）．

航空业纳入管制范围。美国的强制碳交易制度则比较保守，多集中在电力产业，如加州碳排放交易体系和RGGI。我国各试点省市总量控制的涵盖范围有所不同，与当地的产业结构有明显关联。深圳将工业、建筑以及交通业纳入强制减排范围，上海纳入了包括钢铁、石化、化工等在内的工业以及包括航空、机场、铁路、宾馆、金融等行业在内的非工业。广东则主要以水泥、钢铁、陶瓷、石化等高能耗、高排放行业为主。为不影响可贸易产业国际竞争力、控制高耗能产品出口、推动能源结构调整和可再生能源发展，建议借鉴美国和广东碳交易市场的做法，主要涵盖能源行业，特别是电力和供热行业。

近年国内开展了2030年前全国和能源部门碳排放总量控制量化目标研究。关于我国2020年的碳排放总量测算，“煤炭消费总量控制”研究课题组研究显示，节能情景下2020年碳排放总量为105亿吨，煤炭总量控制情景下为100亿吨，2℃情景下为93亿吨；中科院可持续发展战略研究组的情景估计也在95亿~105亿吨。关于我国2030年左右达到峰值时的碳排放总量测算，清华大学低碳发展研究院的研究结果为110亿吨，劳伦斯伯克利实验室估计在100亿~110亿吨，“煤炭消费总量控制”研究课题组的研究结果是113亿吨，中科院可持续发展战略研究组政策情景下的碳峰值为120亿吨。上述依据的诸多研究表明，中国2030年前后能源消费产生的碳排放峰值最有可能出现在110亿~120亿吨的区间，2020年我国能源消费二氧化碳排放量大致在95亿~105亿吨。尽管这些情景预测都有一些前提条件和不确定性，但各种分析显示，2020年我国碳排放总量控制在100亿吨左右是有可能实现的①。因此建议我国2020年碳排放总量目标控制在100亿吨左右。这些研究提供了制定能源部门碳排放总量目标的重要基础，但仍然没有充分反映落实“三线”约束、《巴黎协定》和推动主体能源更

① 需要注意的是，国家统计局于2015年2月公布的《2014年国民经济和社会发展统计公报》中对能源消费数据进行了较大调整，即2014年我国的能源消费已经达到了42.6亿吨标准煤，对应的碳排放量约为90亿吨。因此，“十三五”碳排放总量控制目标需要根据新调整的系列能源数据及能源平衡表重新进行测算。

替的能源革命要求。

3. 国际气候制度和我国未来碳排放空间①②

全球排放路径是基于全球总碳排放空间构建的。IPCC 第五次评估报告第三工作组的政策建议中给出了几种不同可能性下限制 21 世纪末全球地表温升相对于工业化前不超过 2℃的二氧化碳排放总量。全球排放路径 P66、P50 和 P33 分别指可能（66%~100%）、或许可能（50%~100%）和多半不可能（0~50%）下使得 2100 年全球地表面温升控制在 2℃以内，且相应的 2011—2100 年累计排放总量分别为 1180 吉吨、1550 吉吨和 2100 吉吨二氧化碳。

中国 2020 年 和 2030 年碳配额的根据是 2014 年 11 月中美联合发布的《中美气候变化联合声明》，我国承诺在 2030 年左右实现碳排放达峰。王利宁、陈文颖的研究显示，以 BMPMC 为基准情景、P50 为全球排放路径，2020 年我国碳配额在各分配方案下的均值约为 10 吉吨，配额区间为 7~14 吉吨，而到 2030 年，均值略有下降，为 9 吉吨，但配额范围扩大到 5~14.8 吉吨。不过本书计算中只考虑了化石燃料相关的二氧化碳排放，若考虑其他温室气体排放，2030 年的配额区间将低于 5~14.8 吉吨。这表明中国未来排放空间有限，减排压力较大。

一般重点关注关键年份配额及减排幅度。潘勋章、滕飞的研究显示，我国在大部分国际减排情景中需要深度减排。图 4-1 给出了中国在主要年份的排放配额相对于 2010 年实际排放（8.2 吉吨二氧化碳）的变化（负值表示相比基年绝对减排）。在 RCP2.6 路径下，中国 2020 年二氧化碳配额相对 2010 年排放的变化为-25%~45%。中国 2030 年配额相对 2010 年排放的变化为-50%~50%，而 2040 年为-85%~45%。到 2050 年，中国仅在静态 SAA 方案下配额能高于 2010 年的排放量（增加 25%左右），而在其他所有方案下均大致需要相对 2010 年水平减排 95%。

① 王利宁，陈文颖．全球 2℃温升目标下各国碳配额的不确定性分析［J］．中国人口·资源与环境，2015（6）．

② 潘勋章，滕飞．2℃温升目标下中国排放配额分析［J］．气候变化研究进展，2015（6）．

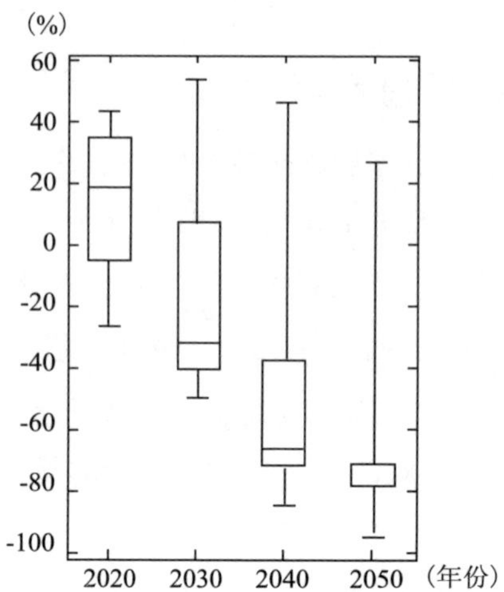

图 4-1 中国主要年份配额相对 2010 年排放的变化量①

(二) 建立碳排放总量控制目标②，倒逼能源转型和可再生能源开发利用

巴黎气候大会（COP21）达成的《巴黎协定》为加快可再生能源发展提供了新的目标和动力。2008 年哥本哈根气候大会以来，随着技术进步和推广进度加快，可再生能源已经成为应对气候变化的成熟解决方案，一方面有力推动了《巴黎协定》的最终达成，另一方面也成为落实《巴黎协定》的重要途径，避免该协定成为空文。《巴黎协定》提出温室气体减排的长期目标，使全球温升控制在 2℃左右并努力达到 1.5℃，在 21 世纪末实现净零碳排放，为此，越来越多的国家着眼全面摆脱化石能源的最终方向和长远目标，加快发展可再生能源。签订《巴黎协定》的 188 个国家中，90%以上国家都在应对气候变化自主贡献文件（Intended Nationally Determined Contribution，INDC）中设定了可再生能源目标。一些国家提出，今后需要通过政策和经济驱动，努力超越 INDC 的目标。总的看来，《巴黎协定》是改变能源发展轨道的分水岭，国际社会对可再生能源的高度重视

① 潘勋章，滕飞．2℃温升目标下中国排放配额分析［J］．气候变化研究进展，2015（6）．

② 王毅．关于科学制定和实施国家“十三五”碳排放总量控制目标的建议［Z］．

前所未有，将推动可再生能源进入全面发展的时代。

随着我国经济进入新常态、加快生态文明建设、推动能源生产消费革命、落实《巴黎协定》，我国在“十三五”时期加快制定并进一步强化碳目标，基本设定高碳能源发展高限，还能避免单纯使用能源总量约束带来的潜在经济发展限制，为发展清洁低碳能源留出创新空间。应该把短期目标与中期达峰任务、远期目标相结合，在“十三五”规划中把碳排放总量控制作为约束性指标，并为今后15年的节能减排行动制定更有针对性的低碳发展时间表和路线图。

建议按照落实能源消费总量控制、加快主体能源更替的原则，设定碳排放绝对总量和增量的目标（全国提出增量控制目标，东部地区提出绝对限量目标，确保煤炭消费回落，对可再生能源进行激励并敞开口子）。总量控制目标主要有两种形式：一种是绝对量目标；另一种是相对量目标，包括每单位产出、部门交易量、组合标准，如可再生能源份额及可再生能源证书等。

虽然目前各试点省市总量设定的方法并不完全相同，但是大致的设定思路都是，结合各地能源消费总量目标、碳强度减排目标、GDP增速这三方面的参数。深圳提出建立“可调整的”总量控制体系，其实质仍属于相对量目标。试点省市对碳抵消都做了规定，差别在于允许的抵消比例有所不同：深圳市和广东为10%，上海允许5%。严格的碳抵消规定有利于实现总量控制目标，特别是减少本地的排放。

关于碳排放总量控制目标的设置，总体而言宜采取渐进而积极有为的方式，与能源环境规划目标衔接，形成科学合理、有实质性约束的总量目标，坚持控制增量、削减存量的方针，既兼顾经济发展需要，又有效控制温室气体排放的过快增长，尽快实现稳定并使绝对量开始下降。

建立总量控制目标的后评估机制①，确保随着经济发展和能源供需形势、煤炭结构调整进展、新能源技术进展情况，维持一定的排放控制紧约

---

① 刘长松．我国碳排放总量控制与碳交易的若干问题［J］．中国发展观察，2015（9）．

束。总量控制制度作为一项长期性、基础性工作，需要以实践中发现的问题为基础，因此通过法律明确规定定期对总量控制目标的合理性、约束力和影响做出评估，据此对制度设计和目标做出调整，以实现用较低的成本实现我国温室气体排放控制目标。从试点省市的《管理办法》来看，各地都没有要求对碳交易的实施效果进行评估。由于各地实际情况复杂多样，应当建立全国统一的评估标准，为完善制度设计提出政策建议。

（三）碳排放权的分配应当以有偿拍卖为主，确保公平性和激励性

1. 有偿分配碳排放权，促进公平竞争和有效控制排放

不同的配额分配方法，会产生不同的经济影响和政策效果。免费分配容易获得企业支持，政治上具可行性，但有悖于公平性。首先，对企业而言，碳排放权的无偿分配实质上是一种变相补贴。其次，无偿分配导致新建企业和已建企业之间不公平竞争，因为无偿分配是在已有企业之间进行分配，而新建企业必须有偿取得。最后，免费分配不符合污染者付费原则，企业无须为取得碳排放权利支付任何费用，使得这种资源的价值难以体现。通过拍卖可为政府取得财政收入，使碳排放权的真实价值得以显现，更能体现公平公正原则。

目前，美国的 RGGI 对配额实行全额拍卖。欧盟初始分配都采用无偿的方式，欧盟碳市场在 2005—2007 年的拍卖比例为 5%；2008—2012 年的拍卖比例上升至 10%；从 2013 年开始，排放配额上限由欧盟委员会集中制定，与第二阶段相比，配额上限按照每年 1.74%的比例递减；至 2020 年将实现相比 2005 年核证温室气体排放量减少 21%的目标。与此同时，至少 50% 的配额将通过拍卖的形式发放。

目前我国碳交易试点省市在分配原则、分配方式上大致相同，大都侧重历史法，基本没有配额拍卖，只有深圳提出对电力和供水企业采用基准法，而工业领域的配额分配仍以历史排放为主。① 在分配方式上，2014 年

---

① 我国目前的 6 个试点碳市场中，广东省规定 2013—2014 年拍卖配额的比例为 3%，而 2015 年后调整至 10%；深圳市和湖北省碳市场管理办法中也指出现行的拍卖配额比例为 3%。

12 月 10 日国家发展改革委颁布的《碳排放权交易管理暂行办法》就要求，根据国家控制温室气体排放目标的要求确定国家以及各省、自治区和直辖市的排放配额总量；排放配额分配在初期以免费分配为主，适时引入有偿分配，并逐步提高有偿分配的比例。

我国进行碳排放总量控制，尽快提高有偿分配范围和比例，保证碳排放权初始分配的公平性和激励性。配额分配应坚持以下基本原则：①必须保持对减排的激励，包括对尽快采取早期行动的激励；②企业和政府成本最小化，促进市场效率；③因地制宜，结合当地的能源结构与排放特征设计合理的配额分配方式。要避免欧盟免费分配导致的配额过剩问题，结合国外配额分配的经验与教训，我国碳排放权的分配应当以拍卖为主，无偿分配和有偿分配相结合，尽可能扩大有偿分配的比例。这符合“污染者付费”的原则，使碳价保持在合理的水平，既不至于给企业造成较大冲击，又可以对企业减排形成持续的经济刺激。

2. 严格约束主要耗能和高耗能行业的排放标准，促进可再生能源替代化石能源

2016 年 1 月，国家发展改革委办公厅《关于切实做好全国碳排放权交易市场启动重点工作的通知》（发改办气候〔2016〕57 号），明确提出全国碳排放权交易市场第一阶段将涵盖石化、建材、钢铁、有色、造纸、电力、航空等重点排放行业。建议严格约束主要耗能和高耗能企业，从严设立基准线，提高碳排放权有偿发放（拍卖）比例，以拍卖作为一级市场的有效分配机制和定价方式，实现“双重红利”。对各地区门槛以上重点企业进行绝对量约束。

目前，各试点地区的碳交易方案范围基本涵盖重点排放企业。国家气候中心的研究①显示，各地区重点排放企业占各省总能耗比例大部分在 30%~60%。根据对各地区设置的重点企业排放量约束门槛，建议对各地区门槛以上重点企业进行绝对量约束。参考碳交易试点地区门槛设置情

① 国家应对气候变化战略研究和国际合作中心课题组．省域碳减排之策［J］．中国经济报告，2015（9）：53-57.

况，人均 GDP 达 8 万元的省份将要求年排放达 2.5 万吨二氧化碳（能源消费量约为 1 万吨标准煤）以上的企业承担绝对量化减排目标。承担绝对量化减排目标的企业要每五年实现 10% 的减排量。在门槛以下的重点排放企业虽然不用承担绝对量化减排目标，但考虑到中国节能减碳的现实需要，对非重点企业也应有一定的增量约束，其碳排放强度下降应不超过全国各地区未来碳排放强度下降水平。

3. 严格约束非贸易依赖程度高的高耗能企业排放配额，尽快提高有偿获取配额比例

王鑫、滕飞的研究①显示，以 2010 年工业部门的碳排放量分布趋势估算，在以免费配额方案为主的现行试点碳市场和即将实施的全国碳市场中，诸如黑色金属冶炼及压延加工业、化学原料及化学制品制造业、非金属矿物制品业和有色金属冶炼及压延加工业等少数几个传统高耗能、高排放工业部门将获得碳市场中绝大多数的免费配额。这在全国碳市场尚未全面展开的情况下对于保护地区能源密集型工业部门和企业免受剧烈冲击是有利的，但是在经济指标和贸易指标的识别过程中，发现这些行业并非贸易指标较高、对外依存度较高的部门，而且碳市场对黑色金属冶炼及压延加工业等部门的影响程度较低。此时免费配额分配政策对其而言更像是一种鼓励其排放的补贴，这在很大程度上降低了碳市场的减排效率，削弱了市场机制的价格杠杆作用。

因此，建议合理设置免费配额政策适用范围及免费配额比例调整路线图，通过合理的免费配额政策适用范围设置和免费配额比例调整，尽快取消这类工业部门享受的完全免费配额政策，充分利用碳市场的价格杠杆实现资源的有效配置和成本有效的碳减排。

---

① 王鑫，滕飞．中国碳市场免费配额发放政策的行业影响［J］．中国人口·资源与环境，2015，25（2）．

（四）电力部门碳交易要实行总额控制，形成价格传导机制和决策传导机制

1. 电力部门是未来碳排放控制和碳交易重要领域

2014 年以来，我国进入了生态文明建设的全新阶段，电力减排政策继续以“严”为特点，强调“改善环境质量”和“低碳发展”，力求使市场机制发挥更大作用，推动以结构调整和技术创新实现减排目标。面对国际国内对碳减排的双重要求，电力行业作为能源消耗大户、温室气体排放大户，肩负着重大的碳减排责任。一些专家提出，应该同时考虑企业在政策、技术、管理等方面的要求，要减少对电力企业的约束，尽可能释放企业在碳交易中自主选择技术和碳交易方式的权利，这样更有利于发挥市场机制。由于现在对电厂的考核指标较多，包括节能指标、环保指标、碳强度指标，因此应该统筹考虑。

电力是未来能源部门减排的主要领域，温室气体减排也是未来电力部门转型面临的最大挑战。目前电力在终端能源总消费中占比 26%，国际能源署的《能源技术展望 2015》预测，到 2050 年时，电力会成为最大的最终能源载体，超过石油产品。现今最大的挑战是电力生产需大规模转向清洁化。要实现 2℃ 情景，全球电力生产的平均碳强度就要减少 90% 以上。在 2℃ 情景下，到 2050 年时，风能和光伏太阳能有潜力为每年的电力行业减排贡献 22% 的份额。

电力行业由于在整体排放中比例较高、产品单一、排放转移可能性小，因而成为碳交易市场中重点关注行业之一。在我国，发电是化石能源消费的主体，清洁化、高效化水平显著提高，今后的发展重点是低碳转型。截至 2014 年底，火电机组平均供电煤耗降至 319 克/千瓦时，单位火电发电量二氧化碳排放降至 855 克/千瓦时，单位发电量二氧化碳排放降至 645 克/千瓦时，但是仍然明显高于国际领先水平。

碳减排是双刃剑，火电行业在电力行业中减排任务最重，一定程度上会增加发电成本和企业负担，但也倒逼企业加快结构调整步伐，淘汰高耗

能和火电项目，发展清洁低碳能源。“十三五”期间，电力行业将从非化石能源发电、节能和低碳发展三个方面实现节能减碳目标。低碳发展的主要途径是结构调整，倒逼电力企业集团层面在投资建设、发电运行和电力市场交易层面优先发展可再生能源电力。

2. 推进火电和可再生能源发电平等获取碳配额或有偿拍卖

目前，电力行业主要采取现有项目“历史法”+新建项目“行业标准法”的免费碳配额分配方式。各试点地区无一例外将电力行业纳入试点范围，具体制度规则大体相同，但细节稍有差异。不同地区对电力企业的碳排放核算范围不同。例如，深圳考虑电力企业的直接排放和间接排放，直接排放包括固定源和移动源的化石燃料燃烧排放、脱硫排放、逸散排放，间接排放包括外购电力、蒸汽、热、冷等产生的排放；上海仅将固定源的化石燃料燃烧排放纳入其中；北京纳入固定源的化石燃料燃烧排放和外购电力产生的间接排放；广东仅考虑直接排放，包括固定源化石燃料燃烧排放、移动源化石燃料排放及脱硫排放。

试点地区大多采用基准线法预先向电力企业免费分配配额（见表4-4）。例如，深圳、上海、广东采用行业基准线法，设置不同类型、不同容量的发电机组的单位发电量排放基准线，按电厂年发电量乘以排放基准线分配配额。北京、天津的既有发电设施，按其历史碳平均排放强度乘以发电量分配配额；新建设施按照行业碳排放强度先进值（行业基准线）乘以发电量分配配额。除广东外，其余试点均允许电力企业对得到的排放配额进行事后调整。在保证实现电力企业碳排放强度目标的前提下，对电力企业分配得到的配额根据履约期内的实际发电量进行事后调整。例如，上海对电力企业的配额分配方式是年度综合发电量乘以电力行业年度碳排放额，其中电力行业年度碳排放基准预先确定，年度综合发电量根据预期发电量限期拨付，履约时根据电力企业实际发电量进行调整。

实际上，这些碳交易试点对电力企业的配额分配仍是控制电力企业的碳排放强度。应在近期制定更积极碳排放强度目标的基础上，探讨制定电力碳排放总额，并统一、协调电力部门的核算范围、分配方法，促进全国电力转型和资源优化配额。

表 4-4　部分碳交易试点发电企业碳排放基准线①

单位：吨二氧化碳/兆瓦时

<table>
<tr><th>机组类型</th><th colspan="2">广东（2013 年）</th><th colspan="3">上海（2013 年）</th></tr>
<tr><td rowspan="6">燃煤发电</td><td>1000 兆瓦以上</td><td>0.770</td><td rowspan="2">超超临界</td><td>1000 兆瓦以上</td><td>0.7440</td></tr>
<tr><td rowspan="3">600~1000 兆瓦</td><td rowspan="3">0.815</td><td>660~1000 兆瓦</td><td>0.7686</td></tr>
<tr><td rowspan="2">超临界</td><td>900 兆瓦以上</td><td>0.7951</td></tr>
<tr><td>600~900 兆瓦</td><td>0.7954</td></tr>
<tr><td>300~600 兆瓦</td><td>0.865</td><td rowspan="2">亚临界</td><td>600 兆瓦以上</td><td>0.8155</td></tr>
<tr><td>300 兆瓦以下</td><td>0.93</td><td>300~600 兆瓦</td><td>0.8218</td></tr>
<tr><td rowspan="2">燃气机组</td><td>390 兆瓦以上</td><td>0.482</td><td rowspan="2" colspan="3">0.38</td></tr>
<tr><td>390 兆瓦以下</td><td>0.415</td></tr>
</table>

相比之下，可再生能源发电企业按历史法、行业标准法均没有免费排放配额，处于不公平竞争中。从中长期（2025 年后）来看，可再生能源补贴将逐步削减为零，激励政策应体现在碳市场上。因此碳市场不能继续建立新的不公平，应该尽快营造公平竞争的环境。可采用三种方式：第一种方式是在无偿分配模式下，按照当前电力行业平均碳排放强度对可再生能源发电无偿分配碳排放配额并可出售；第二种方式是在有偿拍卖方式下，火电有偿取得碳排放权配额，可再生能源发电无须获得配额；第三种方式是参考国际经验和先进标准水平，加快研究设立中国电力行业碳强度标准，火电电力企业需要推动电力结构调整、降低平均碳强度，或者购买碳排放配额。

3. 让碳价与电价联动起来，切实推动电力企业集团转变电力结构

中国正在试点的碳排放交易体系同时涵盖了发电企业和用电企业，但严格管制的电价使得发电企业很难将低碳发电的增量成本转嫁至消费者，

①② 赵盟，康艳兵，熊小平．碳交易背景下电力企业应对之策［J］．中国电力企业管理，2014（9）．

由此发电企业转向使用碳排放交易体系下的清洁低碳燃料的动力并不足。

自从 2013 年 6 月国家发展改革委批准七省市碳交易试点以来，电力企业乃至集团公司专门成立了归口的碳交易部门，管理碳交易工作，随着对碳交易认识逐步加深，碳排放权交易也有较大的增长。但是，由于碳交易处于试点阶段，大部分地区仍处于一种观望和试水状态。

目前碳交易对于电力集团产生的影响还是比较小的，没有对集团层面的生产经营、新能源投资、节能改造、发电成本等方面有明显的影响。比如，在生产发电时，电厂更多考虑电网调度的要求，事关电网安全和经济效益，若在一些电价比较高的地区，发电企业即便超配额发电，其实际生产收益还要远大于碳成本的支出，发电企业还是有利可图。在新能源投资方面，碳交易履约主体是电厂，而投资决策由集团层面决定，所以对碳交易不构成直接的影响。在节能管理方面，由于发电厂开展节能改造，具有外部的动力和内生的动力，在碳交易试点启动前，有些已经落实完了，所以通过碳交易促进电厂进一步节能改造的力度非常有限。在发电成本方面，从静态来看，参与碳交易自然会提高发电成本，但并不影响目前的发电成本。

从欧盟碳排放权交易经验来看，电力企业既是最主要的约束对象，也是最主要的受益方。市场化的欧洲电力市场使得电力企业一方面以碳交易成本为由提高电价，向消费者转嫁成本，另一方面还在碳市场中抛售免费发放的配额，大大提高了电力企业参与碳交易的积极性，也促进了碳市场倒逼节能减排机制的形成。与欧洲相比，我国电力市场尚未建成，碳价与电价之间缺乏传导联动机制。电力企业普遍认为，如果碳价不能向电价传导，不能很好地调动电力企业积极性，碳市场的减排作用就不能发挥出来。

建议加快推进电力市场改革，完善电价形成机制，使电价与碳价联动，使电价既能够反映碳成本和不同技术的环境效益差异，也能够由消费者分担成本。

（五）碳配额区域分配和跨省交易应促进东部就地开发和消纳西部可再生能源

1. 推进碳配额的科学分配和跨省交易机制

“十二五”以来，我国探索了碳强度和碳排放控制的地区分解方式。目前中国各地区碳排放控制目标采取了“自上而下”和“自下而上”相结合的方式。“自下而上”指的是，中国低碳试点地区在其实施方案中提出的碳排放控制目标，大部分低碳试点省市在实施方案中明确提出了峰值目标或总量控制目标①。“自上而下”指的是，全国二氧化碳下降指标分解到各省，要求各省到2015年完成各自的二氧化碳下降目标。除了各省碳强度减排目标，全国还有6个省、36个市参与了国家发展改革委开展的低碳省区和低碳城市试点。

针对“十三五”和中长期排放控制，各机构提出将全国碳排放总量控制目标作为约束性指标，并结合地区和行业发展特点进行分解，实施总量和强度目标双控。基于“十二五”碳强度目标分配实施的经验和国家经济转型战略，先确定主要行业、部门碳排放总量控制目标，再根据地区发展阶段和产业结构特点确定行政区划内碳排放总量控制目标。有的研究②提出，总量目标分解还要考虑主体功能区的特点，针对生态脆弱和发展落后的地区，碳减排控制目标应重点控制增量，同时与碳汇等目标一并考虑。“十二五”期间，我国多个地区已将碳排放峰值研究纳入低碳发展工作方案，鼓励有条件的地区2020年率先达到峰值或进入排放平台期，因此各方提出将区域碳排放峰值目标纳入地方“十三五”规划，开展率先达峰试点。

由于各省市的具体情况和减排目标各有不同，所以，在国家层面很难对总量控制范围和目标设置做出统一安排，需要地方将总量目标制定的过

---

① 国家应对气候变化战略研究和国际合作中心课题组．省域碳减排之策［J］．中国经济报告，2015(9)：53-57.

② 王毅．关于科学制定和实施国家“十三五”碳排放总量控制目标的建议［Z］.

程公开。段茂盛等专家的研究①深入分析了碳配额的分配方法，认为配额分配也要充分考虑与现有行政体制的协调等特殊问题，全国 ETS（Emissions Trading Scheme，ETS）的配额分配方式的核心是合理分配中央和省级政府的决策权。从全国 ETS 的排放总量、各省 ETS 覆盖部分的排放总量、企业配额分配方法的确定方式等三个方面提出一种全新的分配方式：以属地化分级管理制度为基础，中央政府负责确定统一分配方法和差异化区域调整系数，省级政府在允许的范围内自主选择调整系数，并在中央政府的监督下实施配额分配。省级政府能够结合本省的排放分布、减排成本、行业发展等情况确定本省覆盖部分的排放上限，可以自主决定本省的温室气体控制努力在 ETS 和非 ETS 部分的分配，从而避免“双重约束”。此外，省级政府掌握当地企业的大量信息，便于沟通，成本较低，制订的方案可行性也更强。因此，这种方法既能从中央层面予以约束，减少信息不对称和囚徒困境的影响，有利于全国统一市场的形成和发展，又能给省级政府提供灵活的决策空间。总体来看，在具体分解方法和目标确定实施上，可以采用全面自上而下测算分解和以省为责任主体及自主行动主体的具体确定方法。

专栏 4-1　美国的清洁电力计划：总目标导向下的州自主行动计划

美国 2015 年出台的《清洁电力计划》明确了各州到 2030 年的发电碳强度目标，但在实施上给予各州政府很大的灵活性，在联邦政府主张的减排目标和州政府的自主性之间做出了权衡。环保署署长 Gina McCarthy 对清洁电力计划的六点解读特别强调“州政府主动性”。

关于清洁电力计划框架下，联邦政府和各州政府如何分工又合作，图 4-2 给出了一个简化版本的概要，可见州政府作为“操控者”的功能。

① 段茂盛，等. 全国统一碳排放权交易体系中的配额分配方式研究［J］. 武汉大学学报（哲学社会科学版），2014，67(5).

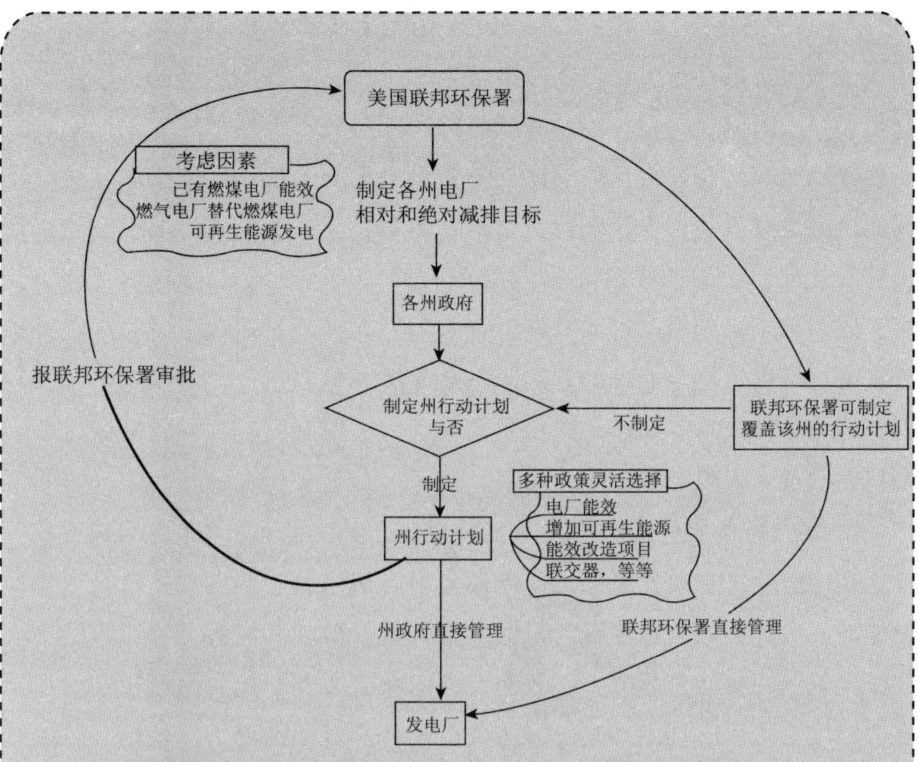

图 4-2　清洁电力计划框架下联邦政府和各州政府分工

资料来源：美国环保署

联邦环保署各个州的减排目标差异非常大。以 2030 年比 2012 年单位发电碳排放量的降低程度来看，减排目标最低的是康涅狄格州，仅下降 7%，而减排目标最高的蒙大拿州减排幅度到 2030 年需要达到 47%，接近康涅狄格州的 7 倍。比较单位发电碳排放量的绝对值，各州之间的差异同样不小。到 2030 年，并列领先的罗得岛州和爱达荷州每兆瓦时发电的二氧化碳排放仅为 771 磅（约为 350 千克），并列垫底的蒙大拿州、北达科他州和西弗吉尼亚州每兆瓦时发电的二氧化碳排放高达 1305 磅（约为 592 千克）。这“两极”反映了各州煤电、气电和可再生能源发电的比例范围。在设立目标时考虑各州已有的发电结构，既最大程度上激励减排，又保证一定的公平性。

“十二五”碳交易试点期间，除了全国七个试点市场外，并没有在全国实施基于市场调节机制的碳减排政策和措施。研究显示，全国碳排放权交易，在中西部经济相对落后的地区的碳减排成本节约效应更加明显，且对西部地区完成碳减排任务的促进作用最为明显。但是，碳排放配额在不同地区间进行流动和重新配置仍然存在困难，无法实现碳排放权在全国层面的最优配置。生产导向而非消费导向的增值税制度，也制约了跨省交易。原因在于，如果某省采取进口电力的方式而不是通过在其境内建立火力发电厂来满足电力需求的方式，将会导致其税收损失。鉴于中国东部和西部之间减排成本差异极大的现实，现行增值税制度是阻碍省际碳排放交易机制实现其完整经济效率的障碍。

2. 通过碳配额分配和 CCER 应用促进东部就地开发和消纳可再生能源

我国近年来加快发展可再生能源电力，但水电、风电、光伏发电等清洁能源发电面临的并网消纳问题也日益严重。2014 年，我国弃水弃风弃光损失电量约 400 亿千瓦时。仅云南、四川两省总弃水电量已超过 200 亿千瓦时；在全国风电利用小时数同比减少 160 小时的情况下，累计弃风电量仍高达 126 亿千瓦时；由于光伏发电初具规模，全国“弃光”现象总体不太严重，但甘肃省酒泉、敦煌和青海格尔木等部分地区弃光仍然存在，局部地区“弃光”比例超过 20%。弃风弃光的重要原因是：一方面，过于集中开发东西部可再生能源，东中部可再生能源就地开发不足；另一方面，东部地区仍然不愿消纳西部可再生能源电力，致使西部地区可再生能源电力缺少市场。

建议碳配额区域分配要强化东部紧约束导向，改善可再生能源开发利用格局，促进东部可再生能源开发和消纳西部能源。值得指出的是，也应学习借鉴美国《清洁电力计划》，在国家与各州协商评估潜力的基础上，允许各州采取灵活措施，实现可再生能源的高效开发利用。

首先，适当提高东部可再生能源 CCER 比例。采用 CCER 抵消碳排放的比例应适度，根据欧洲碳市场经验，该比例控制在 10% 以内比较合理。特别是应该控制东部经济发达地区 CCER 抵消比例，适度扩大中西部欠发达地区 CCER 抵消比例，并限定 CCER 抵消的本地化、数据线和项目类型要求。但是，考虑要促进东部加快开发和消纳可再生能源，建议适当提高东部可再生能源 CCER 比例，限制控制西部地区可再生能源 CCER 比例。

其次，科学设定跨省交易调入电量蕴含的二氧化碳排放量。根据目前考核方法，按照 2014 年二氧化碳排放核算方法，从第 j 个省级电网调入电力所蕴含的二氧化碳排放量 = 当年本地区从第 j 个省级电网调入电量×第 j 个省级电网供电平均二氧化碳排放因子。从第 j 个省级电网调出电力所蕴含的二氧化碳排放量 = 当年本地区电网调出电量×本地区省级电网供电平均二氧化碳排放因子。目前主要采用 2005 年国家温室气体清单的初步数据来核算各省二氧化碳排放因子数据，但是随着近十年可再生能源发电建设和电力结构变化，这个清单已经过时了，应及时更新。

碳交易试点的 CCER 使用限制见表 4-5。

表 4-5　碳交易试点的 CCER 使用限制②

地点	使用限制
北京	使用比例不超过当年配额数量的 5%；至少 50%来自北京辖区的减排项目；但固定设施化石能源燃料燃烧、电力消耗产生的 CCER 不得用于抵消
上海	使用比例不超过当年配额数量的 5%
天津	使用比例不超过当年配额数量的 10%
重庆	使用比例不超过当年配额数量的 8%；来源地限制待定
湖北	使用比例不超过当年配额数量的 5%；来源于湖北省内
广东	使用比例不超过当年配额数量的 5%；至少有 70%来源于广东省内
深圳	使用比例不超过当年配额数量的 5%

六、加强可再生能源证书和节能量证书与碳配额交易的协调

从理论上讲，如果为碳排放交易体系设定恰当的总量目标，碳排放交易自身就能够对减排、节能以及发展可再生能源产生激励作用；但是，由于碳排放交易主要针对参与主体的直接排放，参与主体有可能会为了减少直接排放而选择使用更多间接排放能源（如电力），从而造成节能或提高能效的激励不足。重要的是，由于以下两个原因而需要采取无碳激励措施：第一，鼓励碳排放交易不会降低能耗的燃料转换，因此可能需要专门针对能源节约的无偿政策来满足节能目标；第二，可再生能源技术的成本（尤其是新可再生技术或其市场和供应链都是新的技术）可能比替代燃料更高。为使可再生能源获得更多的效益，需要采取针对可再生能源的具体措施，这意味着对三大交易体系的建立也需要制定一个协调方案。

国务院发展研究中心的研究①指出，三种交易体系分属于节能减排的不同手段，在协同推行的过程中，这些政策工具之间可能会相互影响，并面临三个挑战：第一个挑战是三种政策工具同时实施的范围重叠问题。由于节能、减排和增加可再生能源比例的效果通常是协同出现的，无法简单地将三者剥离开而去单独核算，而作为同时被纳入三种交易体系的企业，就必定面临着如何同时进行碳交易、可再生能源交易和节能交易的问题。第二个挑战是可再生能源替代量、减排量与节能量的互相认可、互相抵扣的机制设计问题。可再生能源替代量、节能量与减排量虽然关系紧密，但却并不对等。节能量交易、可再生能源交易与碳排放交易之间以何种方式、什么样的价格进行单边或者双边抵扣，都是必须要解决的问题。第三

① 王耀东，等. 中国节能量交易、可再生能源交易和碳排放交易协调推进战略研究［Z］. 世界银行能源部门管理援助计划（ESMAP）资助项目，2015-09.

个挑战是节能量的核算问题。

在三种交易制度中，可再生能源交易核算最为简单，碳排放的核算次之，节能量的核算最为困难。如果采用比较粗略的核算方法，仅以每年节约了多少标准煤来核算节能量，这与碳减排量的核算方法太过类似，用同样一种核算方法去核定两种体系是否必要值得商榷。如何做到核算成本的最优化，依然是三种交易体系协调推进面临的重要问题。

（一）制定交易体系的共同原则

协调推进碳排放交易、节能量交易以及可再生能源交易过程中必须充分考虑以下原则：①目标主导原则。必须根据国家总体目标来确定不同交易机制的合理政策目标，再制订具体实现的途径和措施。②机制协调原则。必须保持不同交易机制之间交易规则、交易监管、第三方核查机构、数据统计监测等环节的协调性。③合理有效原则。对协调推进的相关政策进行充分研究和评估，确保合理性和有效性。

从近中期来看，随着碳排放交易试点的成功运行，预计“十三五”时期和“十四五”时期中国将逐步建立稳定的全国碳排放交易市场，同时基于节能量交易试点、可再生能源配额制以及碳市场的运行情况，及时颁布出台相关的节能和可再生能源证书政策，对碳排放交易机制进行补充。从远期来看，碳排放交易覆盖行业和部门在提高能效、发展可再生能源等方面激励不足，需要加强节能量和可再生能源证书交易等相关政策，形成互补机制。

王耀东等提出协调路线图：近期（2015—2020 年）——基于中国统一的能源和碳减排目标，结合碳排放交易试点、万家企业节能低碳行动、可再生能源行动，建立省层面的碳排放交易机制，识别未来节能与可再生能源政策的主要目标、覆盖行业及实施方案等。中期（2020—2025 年）——基于分省层面的碳排放交易市场，逐步完善全国碳排放交易机制，颁布相关节能与可再生能源政策，对碳排放交易机制进行补充，按照一致性和有效性原则调整三种交易机制。远期（2025—2030 年）——进一步优化全国碳排放交易机制，协调节能与可再生能源政策，统一节能减排政策机制，形成具有中国特色的节能减排政策体系。

（二）建立协调的目标制定和调整机制

可再生能源交易、节能量交易、碳配额交易体系最后均实现了节能减排的效果。因此，统筹调整三种交易体系的节能减排目标重点在于实行节能减排目标总量控制。总量控制是指以一定时段内一定区域内排污单位排放污染总量为核心的环境管理方法体系，通常有目标总量控制、容量总量控制和行业总量控制三种类型。中国目前主要采取的是目标总量控制，这是根据环境、气候承受能力而对排放总量实行控制管理的办法。

（三）建立互相认可、互相抵扣的机制

建议可再生能源证书可用于完成节能目标和参与节能量交易。“十三五”规划提出能源消费总量上限，一些省份担心此类上限将会限制其经济增长。一些企业或地区（如东部省份）的节能潜力已经受到限制，如要实现分配给他们的既定目标不仅困难很大而且代价高昂；而其他企业或地区（如东北和西部省份）则具有较大的节能潜力，有可能超额完成其既定的分配目标，但这需要额外的激励来实现。

尽管可再生能源目标需要与总能源消费规划上限目标相协调，但本着敞开口子开发利用可再生能源的基本导向，建议通过省内、省际可再生能源绿色证书交易来实现节能目标和参与节能量交易。相反地，也应研究可再生能源发电配额制与碳交易挂钩的政策，对不能完成可再生能源配额考核目标任务的，可折算为碳排放量，要求企业购买对应的碳排放额度。

（四）研究互相影响下的碳配额、可再生能源证书的价格形成和稳定机制

从长远看，可再生能源证书和/或碳市场可能成为支持清洁能源发展的持续机制，应建立从补贴向可再生能源证书、碳市场交易市场过渡的路径和协调机制。随着中国推进电力市场化改革，中国中期（2015—2025年）将采用市场电价基础上的溢价补贴（FIP）或差价补贴（CFD）并逐

步削减补贴水平甚至停止补贴。可再生能源证书（REC）和碳配额在市场中应具有稀缺性和市场价值。碳市场价格稳定机制既要促进可再生能源发展，也要考虑可再生能源的影响。曾鸣等研究①指出，碳减排政策和可再生能源促进政策的相互作用对电力市场有较大的影响，在有些情况下甚至会有反常影响。这两种政策工具的应用都是为了达到同一个目的，即通过减小传统能源和可再生能源的成本差，支持可再生能源的利用，减少碳排放。

可再生能源发电商同时参与电力市场和可再生能源证书市场，常规能源发电商同时参与电力市场和碳排放市场，其他经济部门（主要是指相关工业部门）也参与碳排放市场。根据排放许可市场和可再生能源市场的相对大小的不同，可再生能源比例的上升可能还会影响碳排放许可价格。如果可再生能源能够得到广泛推广，那么更多的可再生能源进入系统后，碳配额价格也会下降。所以碳市场一方面要促进可再生能源发展，另一方面也要考虑可再生能源的影响，维持碳市场价格水平。

（五）强化协调监管和 MRV 体系

如果未来三项交易制度均覆盖全国范围并且相对独立地运行，为加强协调，中央政府层面可考虑成立一个协调推进委员会或领导小组，统一制定相关政策法规，避免三项交易制度在目标设定、交易主体等方面的重复或冲突，确保交易平台、交易数据、第三方核查机构等制度建设互通、共享、共用。

要加强 MRV 和交易基础设施的协调。对交易主体和对象建立 MRV（监测、报告、核查）机制是三种交易体系成功设计和执行的基石，以确保基础数据完整性、一致性、透明性、准确性，从而为交易体系的透明、协调执行提供保障。构建三种交易体系完整的交易平台，并且为用户提供充分的交易信息。

---

① 曾鸣，朱晓丽，薛松，王致杰. 碳减排政策和可再生能源促进政策的交互影响分析［J］. 华东电力，2012，40（7）：1130-1133.

为实现三种交易机制的有效运转，我们还需要构建一个独立的监管体系，建立由第三方（如电力交易机构、独立核证机构等）实施、政府机构监管的公平公正体系，避免在交易过程中出现节能量的重复认证及第三方认证机构为牟取私利而虚报节能量、减排量、可再生能源利用量的情况。

第五章

全面市场化改革背景下的可再生能源市场机制与扶持政策

COMPREHENSIVE POLICIES AND COORDINATION FOR
RENEWABLE ENERGY TO PROMOTE
ECOLOGICAL CIVILIZATION

一、加快电力市场化改革，有效推动电力转型发展

（一）大规模可再生能源发展阶段要求电力系统转型

1. 新能源发电进入大规模化发展阶段

我国可再生能源发电总装机容量从2010年的2.54亿千瓦增加到2015年底的5亿千瓦，在全国总发电装机容量中的比重从2010年的26.0%增加到2015年的33%；总发电量从2010年的7611亿千瓦时增加到2015年的1.39万亿千瓦时，增长近一倍，在全部发电量中的比重从2010年的19.8%增加到24.8%，其中水电占19.9%，风电和太阳能发电分别占3.3%和0.7%。但风电和太阳能发电正成为增长最快、未来潜力最大的新能源。

2015年全国风电累计并网容量达到12934万千瓦，上网电量1803亿千瓦时，平均利用小时数为1728小时。全国光伏发电累计装机容量4318万千瓦，年发电量为392亿千瓦时（集中式光伏发电量363亿千瓦时），平均等效利用小时数为1133小时。

2. 在局部地区已经成为主力电源并将带动能源转型

我国新能源发电也具有局部集中的特点，在部分地区的比重突破30%，成为重要主力能源。2015年底内蒙古、新疆、甘肃和河北等四个省区的风电并网容量超过1000万千瓦，“三北”地区风电累计并网容量达到10449万千瓦，占全国风电并网容量的81%。全国光伏发电也集中在西北地区，西北五省区（新疆、青海、甘肃、宁夏、内蒙古）累计光伏发电装机容量2048万千瓦，占全国光伏装机容量的59%。

这些地区风电、光伏发电对煤电气电造成实质影响。分布式并网光伏发电容量330万千瓦，主要分布在东中部城镇的经济开发区和小区，部分

集中在光伏应用示范区（小区），初步实现能源自给（并开始影响供电流向、配电网管理）。在德国，预计最早到 2022 年，风电、太阳能发电将占可再生能源发电量的 70%，与水电、生物质发电的总出力超过德国总电力负荷的时间将超过 200 小时（但也有相当长时间只能满足部分负荷），能源转型的核心挑战是如何通过电力系统转型实现波动性风电和太阳能发电与电力需求平衡。

3. 全面电力转型必须推动传统火电转为灵活调节电源和备用电源①

可再生能源进一步发展有赖于全面推进电力转型、全面资源优化配置。随着可再生能源开发利用规模不断增加，可再生能源已从补充化石能源供应的阶段，进入到大范围增量替代、区域性存量替代阶段，与整个能源电力体系的关系不断深化复杂。可再生能源项目在项目布局、电力市场空间、输电通道利用等方面与传统化石能源的矛盾冲突不断增加。大规模水电、风电和太阳能发电并网消纳的核心矛盾已从调峰问题升级为市场空间竞争、电力系统转型问题。原来以常规电力为基础的电力运行机制和市场体制对可再生能源发电的制约作用日益突出，如果要实现 2020 年、2030 年可再生能源发电目标，在保障火电发电小时数的基础上为可再生能源电力增加市场消纳空间的方式已难以为继，必须在全国电力市场和能源系统层面统筹解决，特别是转变煤电发展和运行方式，否则可再生能源发展目标将难以实现。

越来越多的研究机构认识到，我国煤电与新能源发展是相辅相成的，煤电逐渐从电量提供主体向容量提供主体转变，在新能源发展上持续扮演着重要角色。

首先，在电量上煤电为新能源“让路”，利用小时数下降将成为趋势和常态。

其次，随着新能源加速发展和用电结构调整，系统对调峰容量的需求将不断提高，煤电是当前技术条件下规模最大、最经济可靠的调峰电源。

---

① 元博，冯君淑，程路，黄瀚．国网能源研究院能源战略与规划研究所．煤电由电量主体向容量主体转变［N］．中国经济时报，2015-11-20.

目前，我国系统中可选的调峰电源主要包括水电、气电、储能和煤电等。水电中抽水蓄能电站调节性能优良，但受站址资源条件约束和审批建设缓慢影响，发展速度和总量有限。两部制电价在一定程度上完善了抽水蓄能电站价格形成机制，但收益问题制约着各方投资抽水蓄能电站的积极性。虽然气电也有较强调峰能力，但我国天然气资源相对缺乏，价格一直居高不下，按比价关系计算是煤价的3~4倍。并且，目前已建和在建的燃气电厂大部分为联合循环供热机组，调峰容量有限。储能装置调峰响应速度快，但经济性较差，大规模实际应用还需相当长时间。我国目前煤电机组的技术调峰能力一般可达到机组容量的50%左右，新建机组的技术调峰能力更强，且在煤耗方面不会有太大损失。从系统角度来看，煤电作为调峰电源具有技术和经济上的优势，我国在一定时期内仍要以煤电作为主要的调峰容量提供主体。

最后，煤电可以成为新能源发展的重要支撑，随着电源结构调整将逐步转变角色，担当容量提供主体。从世界范围来看，新能源的快速发展也在倒逼调峰电源建设和改造。即使到2050年德国新能源比例高达80%，依然需要5000万千瓦左右的火电容量来保障系统的安全稳定运行。长期看，我国10亿千瓦以上煤电未来将更多扮演容量提供者的角色，与新能源的发展相互支撑。

总的来说，我国煤电发展一方面要控制规模，另一方面要面向需求转变定位，充分发挥煤电的支撑作用，关键是要逐步建立健全市场机制，激励现有煤电机组参与调峰、备用等辅助服务，逐步将煤电发展成为市场容量提供主体，真正成为我国能源电力转型的支撑电源。

（二）电力市场化滞后对新能源发展和电力转型的制约日益显现

相对于我国新能源电力的快速发展，传统电力系统转型和电力部门市场化进程相对缓慢，近年来逐步显现出对新能源发电的制约作用，突出表现为弃风限电问题，严重地影响了项目投资收益，对后续发展开发产生了极大影响。持续推动风电等新能源发电持续加快发展，必须解决电力体制改革滞后和不协调的问题。

1. 电力体制改革严重滞后导致严重弃风限电

长期以来，我国电力市场建设缓慢，电价和发用电计划由政府确定，虽然推动了电力供应持续增加，但也导致传统电力粗放式发展道路、规模扩张式经营模式、与清洁可再生能源的矛盾日益尖锐，近年来严重限制了水电、风电和太阳能光伏发电的并网消纳和持续健康发展，导致每年弃水、弃风、弃光限电量达到数百亿千瓦时（见图 5-1）。

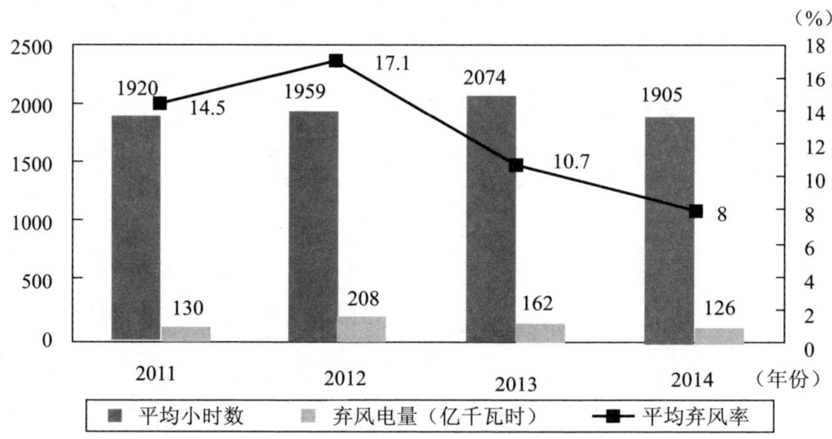

图 5-1　2011—2014 年全国风电平均利用和弃风情况

数据来源：国家能源局

2014 年，我国弃水弃风弃光损失电量约 400 亿千瓦时。仅云南、四川两省总弃水电量已超过 200 亿千瓦时；在全国风电利用小时数同比减少 160 小时的情况下，累计弃风电量仍高达 126 亿千瓦时；由于光伏发电初具规模，全国弃光现象总体不太严重，但甘肃省酒泉、敦煌和青海格尔木等部分地区弃光仍然存在，局部地区弃光比例超过 20%，远高于欧美国家小于 3%的弃风率。

2015 年全国弃风、弃光电量分别达到 328 亿千瓦时和 47 亿千瓦时，甘肃弃风率为 39%、弃光率为 31%，新能源合计 37%。新疆弃风率为 32%、弃光率为 26%，新能源合计 31%。

2. 计划电量和单一电量固定电价限制了市场在资源配置中的决定性作用

我国电力发展长期延续计划经济特征，在2002年电力体制改革后电力运行主管部门和地方政府有关部门更加强化了年度上网电量分配权和干预权，将以往的非约束性年度预控目标逐步变为了约束性指标。一些地方还进一步将年度电量指标分解为基数电量和非基数电量，对非基数电量进行各种形式的价格干预。在基数电量分配上，长期以来各地普遍采用了“大平均分配”的方式。各类电厂年运行小时数主要依据年发电计划确定，各地经济运行主管部门甚至对每一台机组下达发电量计划，由于火电年度电量计划为刚性计划，火电企业和地方政府不愿意让出火电电量空间，存在为了完成火电量发电量计划而让可再生能源发电为火电让路的情况。这种“计划”方式，不能适应新能源的波动性特点和需要，无法保障可再生能源发电优先上网（见表5-1）。

表5-1　电力市场体系与计划体系对比

市场体系			计划体系	
市场环节	交易目的	市场执行机构	计划体制环节	承担机构
目前市场	形成次日功率曲线的电量	交易中心	日生产计划	调度中心计划处
实时平衡市场	每日前预计不符的功率或电量热差	调度中心	实时调度控制	调度中心调度处
城镇服务市场	调频、调压、黑启动、备用	目前为交易中心、实时调度中心	辅助服务补偿机制	在国家能源局市场监管司主导下，调度中心调度处具体执行
中长期合约市场	电量或电量合约（发用电合同转让）注：财务结算合同或实物交割合同	交易中心	年度发用电计划，大用户直接交易、跨省区电能交易（电网代理）注：均为实物交割合同	各地跨运行部门做计划，电网公司发装部、交易中心根据计划确定合同，调度中心计划处确定大的潮流走向

续表

市场体系			计划体系	
市场环节	交易目的	市场执行机构	计划体制环节	承担机构
容量市场	容量招标	交易中心	分地区电力电量平衡制度和五年规划	能源局电力司
金融市场	金融避险产品	可为交易中心，也可为期货交易所	电力价格调整制度和普遍服务义务	发改委价格司和国有企业

资料来源：唐俊，陈大宇．推进我国电力市场建设的思考［J］．中国电力企业管理，2016（7）．

自 2002 年厂网分开以来，上网电价、销售电价及购销价差等都由我国政府主管部门实施管制和监督。我国的电价管制，在上网电价方面主要体现为标杆电价，先后出台了煤电、风电、光伏发电甚至核电的标杆电价，保障了电力企业收益，减少了风险，先后推动了煤电、风电和光伏发电迅速发展。但是，上网电价和销售电价均由政府预先设定，市场配置资源的作用受到限制，不能反映并适应电力市场供需关系，难以调动电力供需双方提高新能源消纳能力、促进市场供需平衡。值得注意的是，政府定价体制还导致煤电具有固定收入驱动力和地方政府推动力，各传统能源电力企业普遍走规模扩张型发展道路，进一步挤占新增市场空间，既制约了新能源发展，也影响了电源协调发展。

在目前执行政府定价、缺乏现货电力市场、辅助服务和容量市场机制情况下，无法达到如国外现货市场那样引导灵活性资源合理投资和运行的效果，火电作为主力电源没有释放灵活性，也没有实现系统的资源优化配置。我国电源结构以常规火电为主，火电调峰深度和速度都不及水电、燃气机组，目前我国火电机组（热电机组）的调峰服务远低于国际水平，仍沿用 20 世纪 80 年代初的火电调节指标进行运行考核，大量中小火电机组、热电机组仍旧采用传统技术方案和运行方式，技术潜力没有充分释放，远低于丹麦等国际领先水平。同时国际经验证明，需求侧响应是增加电力灵活性的重要手段，但我国需求侧响应还处于研究示范阶段，未能发挥真正作用。

3. 市场割据和机制薄弱导致跨省消纳难

未来随着西南和“三北”地区水电、风电、太阳能发电开发规模继续增长，市场消纳空间逐渐成为西部可再生能源消纳的最大瓶颈，仅靠本地运行调度优化已经不能解决市场消纳问题，需依赖更大范围市场消纳。

从中长期来看，我国能源资源与消费中心逆向分布的特征将更加显著。应对这些挑战，必须调整电源布局，优化电力流规模和流向，推动东部地区消纳西部清洁可再生能源电力。我国风能、太阳能资源丰富，但所在区域消纳能力有限、跨区外送消纳能力不足，新能源难以在全国范围优化配置。根据目前风电项目前期进展状态估计，2020 年全国风电装机容量很可能达到 2.5 亿千瓦，其中“三北”风电基地新增装机容量近 1 亿千瓦。我国太阳能发电规模有望达到 1.5 亿千瓦，其中西部地区太阳能发电装机容量约 8000 万千瓦。根据消纳能力分析，送至负荷中心的风电规模需达到 1 亿千瓦左右，太阳能发电跨区消纳需求约 4600 万千瓦；水电仅国网范围就需要跨省区外送消纳 6300 万千瓦，主要送电华东、华中地区。

我国“十三五”以后西电东送的电力流结构应由以“水、火”为主向“水、火、风、光”并重转变，促进新能源的高效消纳和可持续的电力供应。我国清洁能源主要分布的西部、北部也是我国煤炭资源的富集区，考虑水电存在“丰余枯缺”的季节性特点，以及风电、太阳能发电出力具有波动性和不确定性，将煤、水、风、光电进行统筹安排可以实现大范围的资源优化配置。同时，以可控性的煤电电力流来配合清洁能源电力流，可以满足平滑线路功率、输电调峰、满足直流通道最低输电容量等要求。但是，必须优化输电通道格局和运行方式，避免以可再生能源名义建设更多输电端煤电基地，而是优先、有效满足西南水电和“三北”风电、西部太阳能发电等清洁能源高效输送消纳。

长期以来，省级以下电力工业采取双重领导甚至地方为主的模式。2002 年电力体制改革以来，受价格管制等诸多因素和不同利益方的制约，省区间自主交易平台的建设举步维艰，一波三折。近几年不同省份出现的“窝电”与“缺电”局面，也直接影响风电等新能源的发展。跨省跨区电力交易面临电力市场条块分割的屏障，而且电网输送通道难以满足可再生能源电力发展需求。现行价格机制也制约新能源电力跨省交易。例如，根据可再生能源（除水电）的现行电价政策，电网企业按照当地火电脱硫标杆电价向风电企业支付上网电价。如果开展了可再生能源跨区跨省消纳，有可能出现风电的上网电价（送端省份的火电脱硫标杆电价）加上跨区跨省输电费之后的落地电价高于受端省份的火电脱硫标杆电价，这使得受端省份缺乏消纳清洁能源的意愿，阻碍了清洁能源的跨区跨省大范围消纳。电网环节尚未形成合理的输电价格机制，也限制了清洁能源跨区跨省消纳与交易的开展。电网各个环节过度依赖跨区跨省交易电量层层加价，造成了较高的电价水平，不利于促进清洁能源跨区跨省消纳和交易。

4. 统购统销模式和售电侧管制直接制约分布式发电市场空间

电网公司的独买独卖交易模式、与调度和输电的三位一体管理模式在世界主要国家中几乎绝无仅有。分布式项目受制于准入、市场垄断、基础设施垄断。以“自发自用、余电上网、电网调节”为特征的分布式发电是高效的利用方式，但长期以来分布式发电受到封闭式电力体系、管理体制、运行机制和现行《电力法》有关条款的制约。工业企业实际用电成本比上网电价高一至两倍，东部地区商业企业用电价格大都在 1.2 元以上，用户侧分布式发电具有一定优势。在发达国家非常普遍的分布式屋顶光伏发电、小规模风力发电等在我国举步维艰。例如，许多屋顶光伏项目陷入困境，本可用 380 伏电压直接使用的分布式光电装置，却因“供电专营”的规定，被要求原地升压至 10 千伏以上入网计价，再降回 380 伏按销售价格结算，无端增加了大量输变电投资。

2013 年以来，国务院研究确定促进光伏产业健康发展的政策措施提出，着力推进分布式光伏发电，鼓励单位、社区和家庭安装、使用光伏发电系统，对光伏发电规划与配套电网规划进行协调，建立简捷高效的并网服务体系。国家电网公司发布了关于加强分布式光伏发电并网服务工作的意见，提出了分布式发电的范围、简化流程和减免费用等措施，为分布式光伏发电的发展奠定了基础。

5. 辅助服务市场缺失未能调动灵活系统资源

适应大规模新能源并网的辅助服务机制有待建立，只有市场价值才能让风电预测发挥作用。调峰服务不足，存在基荷思维，电价单一。由于风电属于波动性电源，其大规模接入电网对电力系统调峰、调频、调压和旋转备用等辅助服务提出了更高要求。迫切需要建立辅助服务机制，提高常规电源参与辅助服务的积极性，实现大规模风电的并网与消纳。风电的大规模发展，必须依靠电力系统内所有环节的深度参与和协作。我国尚未建立适应风电、太阳能等新能源发电的辅助服务市场。现行的辅助服务管理办法仅考虑了常规电源的辅助服务，并未将风电纳入。

随着风电控制技术水平的不断提高，逐步具备了风电参与系统辅助服务的条件。为了尽可能满足风电等清洁能源的全额收购，火电、水电等其他发电机组承担了大量的调峰、备用等辅助服务，增加了生产成本。现行的辅助服务管理办法无法实现对这些发电企业的合理补偿，缺乏促进灵活电源建设的电价机制①。以抽水蓄能电站建设为例，抽水蓄能电站具有调峰调频、事故备用、黑启动等多种功能，且响应速度快、调节范围广，是系统良好的灵活电源。在我国东中部地区，具备优质的抽水蓄能备选站址。但由于缺乏独立的抽水蓄能电价，在功能定位、投资方式和电价机制方面都存在严重妨碍抽水蓄能电站健康发展的问题。

6. 电网垄断和服务不足不利于市场主体自由公平交易

在市场经济下，市场应该发挥配置资源的基础性作用。我国电力市场建设的目标是统一开放、竞争有序的电力市场体系。交易是电力市场的核心，电力调度应该服务于交易。

但是在目前市场交易和严格监管缺失情况下，电网企业垄断着代表公共权力的电力调度权，通过下属的电力调度机构行使相应职权：一是组织和协调电力系统运行；二是通过发电计划和利用小时数安排支配各市场主

---

① 我国电源结构以煤电为主，调峰能力较差，电网调峰矛盾突出。风电等随机性、波动性电源大规模并网运行增加了系统调峰需求，迫切需要加大灵活电源的建设力度。

体利益关系；三是影响法规政策实施。电网企业借助交易调度权制约发电企业并垄断输电和售电权，维系其独家买卖电的市场强势地位，不利于市场主体自由公平交易。

由于电网企业拥有独家买卖电的特权，发电企业（生产者）和电力用户（消费者）不能实现市场主体地位，供给、成本变动和价格信号不能及时传导，市场机制基本失灵 。此外，电网企业没有形成促进公共服务的激励约束机制。目前我国电网企业的收入仍然是全部来自发电环节与终端销售环节之间“价差”。新能源“自发自用”1 度电，则直接导致电网企业减少 1 度电的价差收入。因此，在电网企业应得收入总量及其保障机制尚未落实的情况下，电网企业不愿接受千家万户自建的分布式新能源发电量。因此，电网购售电价差经营模式与分布式新能源发电具有直接利益冲突，电网企业没有形成促进公共服务的激励约束机制。

7. 现代电力市场体系和建设路径有待进一步清晰

我国现代电力市场建设经历了长期探索。直购电是长期以来我国电力市场建设的主要突破口。

2002 年 2 月，国发〔2002〕5 号提出直购电。2004 年 3 月，国家电监会和国家发展改革委推出指导大用户直购电试点文件《电力用户向发电企业直接购电试点暂行办法》(电监输电〔2004〕17 号)。2009 年 11 月，为进一步规范和推进电力用户与发电企业直接交易试点工作，国家电监会下发了《电力用户与发电企业直接交易试点基本规则（试行）》（电监市场〔2009〕50 号)。

最初实行直购电的主要理由是作为电改的突破口：逐步放开售端市场份额，打破垄断，变电网企业“独买独卖”为“多买多卖”；促进输配电价改革，完善电价形成机制；探索“管住中间、放开两头”的改革路径。但是，在实际试点中，电力监管机构、地方政府、发电企业、电网企业和用电企业对直购电试点工作的期望和诉求各不相同，对政策的理解和如何执行方面存在较大差异。在地方政府的主导下，直购电一度成了支持高耗能产业“优惠电”的代名词，直购电实践与直购电愿景“渐行渐远”，故被相关部委叫停多次。

2015 年，经济新常态、重启电改等各种背景交织，全国各地直购电如火如荼地开展起来。但是，目前推行的直购电很大程度上由市场操纵，例如对企业和用户进行选择性准入，直接指定发电企业、用电行业和单位，成为一种可以给目标用户实施精准“优惠电”的廉价而又正当的手段。各地出台的直购电实施方案中，一般就直购电规模进行了预设，有的省出现直购电规模与优先发用电计划冲突的现象。

但是，直购电不是真正的电力市场。世界上还没有哪个国家把中国式的直购电作为一种市场模式进行推广，因为其自身存在严重的缺陷和问题，被业界戏称为“伪市场”。即便是英国的电力库模式比直购电更加接近市场化，但也因为存在严重的缺陷而被彻底抛弃。直购电的主要问题是：没有现货市场的价格发现机制；无法有效规避发用电合同双方的风险；直购电量难以开展实时的安全校核，缺乏市场化的实时电力电量平衡机制，无法真正满足电力物理属性要求；对于偏差电量无法提供有效解决手段；难以解决节能发电调度的问题。直购电实现不了电力市场化改革所要追求的目标，还会伤了市场，因此它不是电力市场的终极方向，仅仅是一种过渡方式。

直购电也不利于支持新能源发展。在非现货市场，新能源不具有与用户开展电力直接交易的先天条件。从市场机制上讲，可以开展新能源与其他发电（如火电）的发电权交易。事实上，只有现货市场才能给新能源参与市场竞争提供机制上支持。近期我国新能源参与大用户直购电的全部电量成交价为-325 元/兆瓦时，这与国外现货市场某一时段新能源报价出现负报价完全不同，两者有本质的区别。

中长期加现货市场才是现代电力市场建设根本方向和支持可再生能源的重要保障。当下的市场是一只“残缺的手”，目前市场（直购电、发电权置换、外送电市场）模式选择以及规则设计既难以满足现代电力市场建设需要，对可再生能源也是不利的。新能源（电力）市场化出路在哪里？那就是中长期交易加现货市场才是现代电力市场的必然选择，现货市场才是电能的最终市场。但是，现货市场模式取代直购电市场模式还有相当长的路要走。可以预见，直购电模式仍然是许多地区的近期主要选择。必须认识到直购电的缺陷，不断努力去完善和规范直购电市场，防止给电力市场化改革带来负面影响，加快建设中长期交易和现货市场。

可喜的是，本轮电改明确提出了“电力市场建设”的总体要求，即具备条件的地区逐步建立以中长期交易为主、现货交易为补充的市场化电力电量平衡机制，逐步建立以中长期交易规避风险、以现货市场发现价格、交易品种齐全、功能完善的电力市场，条件成熟时，探索开展容量市场、电力期货和衍生品等交易。

（三）建立促进灵活性的开放竞争现代电力市场体系

各方面已经普遍认识到，不全面深化电力市场改革、建立有效的现代电力市场体系，就难以推动电力行业发展方式转变和电力结构优化，就难以持续提高可再生能源发电水平。

2015 年 3 月颁布的《关于进一步深化电力体制改革的若干意见》（中发〔2015〕9 号）（以下简称“9 号文”）明确指出，我国电力行业发展面临一些亟须通过改革解决的问题，特别是交易机制缺失，售电侧有效竞争机制尚未建立，发电企业和用户之间市场交易有限，市场化定价机制尚未完全形成，有的配套改革政策迟迟不能出台，使得新能源和可再生能源开发利用面临困难，无歧视、无障碍上网问题无法得到有效解决。

为此，9 号文提出，深化电力改革要全面实施国家能源战略，坚持节能减排，加快构建有效竞争的市场结构和市场体系，推动电力行业发展方式转变和能源结构优化，提高发展质量和效率，提高可再生能源发电和分布式能源系统发电在电力供应中的比例。

1. 中国新一轮电力改革背景下可再生能源电力的机遇和挑战

2015 年 11 月 26 日，国家发展改革委发布了《关于推进电力市场建设的实施意见》《关于有序放开发用电计划的实施意见》《关于推进售电侧改革的实施意见》等电力体制改革配套文件（以下统称《实施意见》），标志着2015年3月颁布的“9号文”进入实施阶段，形成推进电力市场化改革、加快电力绿色低碳转型的新驱动力。

这一轮电力改革在吸收借鉴国内外电力市场建设经验教训的基础上，更加重视构建有效竞争的市场结构和市场体系，按照“管住中间、放开两头”的体制架构，有序放开输配以外的竞争性环节电价，有序向社会资本开放配售电业务，有序放开公益性和调节性以外的发用电计划，形成主要由市场决定能源价格的机制。《关于推进电力市场建设的实施意见》明确要求建立公平、规范、高效的电力交易平台，引入市场竞争，打破市场壁垒，无歧视开放电网；具备条件的地区逐步建立以中长期交易为主、现货交易为补充的市场化电力电量平衡机制；逐步建立以中长期交易规避风险、以现货市场发现价格、交易品种齐全、功能完善的电力市场；在全国范围内逐步形成竞争充分、开发有序、加快发展的市场体系。

电力市场改革将推动建立起一个完全竞争的电力市场，使电力系统成为一个有机整体发挥出最大效益，支撑电力绿色革命。一个具有多种灵活电源、需求侧响应技术广泛应用、以可再生能源电力，特别是风电和光电为核心的电力系统，需要一个完全竞争的电力市场，这个电力市场在发挥风电、光电最大作用的同时，能够让提供辅助服务的其他所有电力产品都获得其应有价值。电力市场改革将使得巨量的煤电装机为系统提供充裕的调峰资源。如果煤电机组在系统中的角色能够实现从当下的“供电”转变为“调节”，机组年满负荷运行降到2000小时以内（丹麦煤电机组通常运行在铭牌容量的20%～100%，有时甚至更低），同时享受调峰价格，则将为供给侧的电力绿色革命提供充裕的系统保障。

当前的重点任务是加快完善配套实施细则，着力推进电力市场建设、交易体制改革、发用电计划改革、售电侧体制和输配电价改革。取消发电量计划管理制度，通过竞争方式安排各类机组发电次序，发挥可再生能源发电边际成本为零的优势，实现经济调度和节能环保调度相统一，确保可再生能源优先上网。探讨引入容量电价和辅助服务价格，改变传统火电行业的规模扩张驱动和发展模式，使其转变为灵活调节电源。加快推进售电侧改革，放开配售电市场准入，推动分布式发电企业、公用事业企业等各类市场主体从事售电业务，投资运营配电网。打破市场割据，推进跨省区电力市场交易和融合，在更大范围内消纳可再生能源电力。改革和规范电网企业运营模式，保障电网公平无歧视开放，电网企业按照政府核定的输配电价收取过网费。深入推进试点示范，“十三五”期间取得突破性进展，2030年前全面建成新型现代电力市场体系。

2. 近期建立可再生能源优先发电和保障收购制度

上一轮电力改革启动以来，由于电力市场建设停滞，电力运行仍基本延续计划体制，地方政府有关部门更加强化了年度上网电量分配权和干预权，将以往的非约束性年度预控目标逐步变为约束性指标，在电量分配上普遍采用“大平均分配”的方式，不但使可再生能源全额保障性收购难以落实，也不利于清洁高效火电机组优先发电。在电力需求增速放缓甚至电力需求下降的地区，在原有存量市场中为可再生能源发电挖掘市场空间越发重要。

本轮改革的电力市场建设实施路径主线是有序放开发电计划、竞争性环节电价，不断扩大参与直接交易的市场主体范围和电量规模。非试点地区按《关于有序放开发用电计划的实施意见》开展市场化交易，试点地区根据本地情况另行制定有序放开发用电计划的路径，在坚持清洁能源优先发电的同时推动常规电力和清洁能源电力参与市场竞争。一方面，通过建立优先发电制度，优先安排风能、太阳能等可再生能源保障性发电，兼顾资源条件、理顺均值和综合利用要求，合理安排水电发电，保障清洁能源发电、调节性电源发电优先上网。另一方面，通过有序放开发电计划、竞争性环节电价，通过直接交易、电力市场等市场化交易方式逐步放开其他的发电计划，不断扩大参与直接交易的市场主体范围和电量规模，使电力电量平衡从以计划手段为主平稳过渡到以市场手段为主，也使常规电力不再享受政府定价和电量市场保障，倒逼传统发电企业改变规模扩张发展模式，更注重市场供需和结构调整，更多提供灵活调节辅助服务。在优先发电制度下，可再生能源也可进入电力市场，规划内的可再生能源优先发电的优先发电合同可转让，形成可再生能源参与市场竞争的新机制。

（1）落实可再生能源优先发电制度，制定可再生能源优先发电计划

按照《可再生能源法》关于可再生能源发电全额保障收购制度的要求，在完成电力改革和取消发电量计划前，建议按照弃风弃光电量比例不得超过经济合理范围（参考国内外情况，建议3%~5%）的原则确定风电、太阳能发电量计划，对该部分发电量实施全额保障收购制度。同时，取消火电的发电量完成计划的考核。

（2）评估修订火电运行规范，切实释放电力系统灵活性

在实践中，未来需要在充分挖掘电力系统灵活资源潜力、理顺环保政策与市场机制关系的基础上，进一步明确调峰调频电量、热电联产机组、高效节能和超低排放燃煤机组进入优先发电计划的边界条件，确保避免走上长期以来可再生能源优先发电难以落实的老路。例如，有关环保文件中提出适当提高能效和环保指标领先机组的利用小时数，燃煤机组排放基本达到燃气轮机组排放限值的，应适当增加其下一年度上网电量。但是，在电力市场化改革、建立优先发电制度、完善辅助服务的方向指引下，应更多使清洁高效燃煤机组等通过释放灵活性、提供辅助服务、参与市场竞争的方式，而不是简单提高利用小时数的方式予以支持。

（3）坚持在优先发电权基础上参与市场交易，坚决避免反向购买发电权

新一轮电力改革提出鼓励发电企业和用电企业进行直接交易，鼓励探索发电权交易，这也是电力市场化的方向。为确保落实可再生能源优先收购制度，2015年12月28日，国家能源局发布《可再生能源发电全额保障性收购管理办法（意见征求稿）》，明确电网企业根据国家确定的上网标杆电价和保障性收购利用小时数，结合市场竞争机制，通过落实优先发电制度，全额收购规划范围内的可再生能源发电项目的上网电量。

专栏 5-1 大用户直接交易与可再生能源市场空间

2015 年 11 月，甘肃省发展和改革委员会、甘肃省工业和信息化委员会、国家能源局甘肃监管办公室发布了《关于印发〈甘肃省 2016 年电力用户与发电企业直接交易实施细则〉及组织实施 2016 年直购电工作的通知》(甘肃发改商价〔2015〕1189 号)。2015 年 11 月，国家能源局甘肃监管办公室发布了《关于开展甘肃省 2016 年新能源发电企业替代自备电厂发电交易的通知》(甘监能市场〔2015〕163 号)。根据甘肃省公布的《2016 年电力电量平衡报告》，2016 年省内各电源发电量共计 920 亿千瓦时，其中火电 520 亿千瓦时，水电 300 亿千瓦时，新能源发电 100 亿千瓦时，即火电参与直接交易后，全省可再生能源仅得到 100 亿千瓦时的发电空间，可再生能源发电空间被严重挤占。

从深层次看，上述甘肃电力交易实施细则与国家发展改革委和国家能源局《关于印发电力体制改革配套文件的通知》(发改经体〔2015〕2752 号)(以下简称电改配套文件)精神严重不符。电改配套文件《关于有序放开发用电计划的实施意见》中第三条第（二）款中明确规定“纳入规划的风能、太阳能、生物质能等可再生能源优先发电”。风、光发电是作为各类发电机组第一序位的电源，各地在安排年度发电计划时，应率先充分预留发电空间。其中，风电、太阳能发电应按照资源条件全额安排发电。而事实上，按照甘肃交易方案，新能源发电企业需要向火电企业购买发电计划量，而兜售发电计划给可再生能源发电企业则成为拥有自备电厂的高载能企业的生财之道。

资料来源：甘肃省新能源企业联合会. 关于甘肃新能源企业参与“甘肃省 2016 年电力用户与发电企业直接交易”和“新能源发电企业替代自备电厂发电交易”有关问题的函［Z］. 2015-12.

3. 关键是建立现货市场，引导电力系统运行

综观全球电力市场改革，都以现货市场（日前和日内）为核心。这是因为电力系统在不同的运行状态、不同时段下电能市场价值是不同的，现货电价能够及时地反映当前备用资源的稀缺情况。例如，当现货电价较高时，说明当前备用资源相对较少，灵活性资源价值上升；当现货电价较低时，说明当前系统备用资源充裕，灵活性资源价值下降。

现货市场体系通常包括实时市场和日前市场。实时市场（5~15 分钟）能够最真实反映电力作为商品的时空特性，从而确定出以最经济的方式保持电力系统实时供需平衡的调度指令，产生最真实的电力结算价格信号，为实现资源优化配置（中长期交易、电源规划、电网规划等）提供准确信号。但实时市场的出清价格可能随时间的变化相对比较剧烈。日前市场交易主体提供了规避实时市场中的价格波动性风险的工具。依据日前报价形成的日前机组组合，可以用最经济的方式（基于安全约束的机组组合）确定次日开机计划可以满足系统安全运行的要求。另外，条件成熟时，日前市场可以组织电能量和辅助服务的联合出清，更真实地反映出辅助服务的机会成本价值，进而升级传统化石燃料机组的经营模式，促进新能源的消纳。

现货市场是促进可再生能源消纳的重要途径。国际电力市场建设实践显示，没有现货市场，就没有现代电力市场；现货市场不仅是发展中长期合约、电力期货市场的重要基础，也是引导建设灵活电力系统、激励调峰调频服务和需求响应、消纳高比例波动性可再生能源发电的必然要求。国外电力市场通过可现货市场价格引导灵活性资源进行投资规划。一方面，现货价格的波动可反映不同时段电力系统的供需形势，从而有利于投资者判断当前系统容量充裕度水平，引导电源规划投资；另一方面，节点边际电价的现货定价机制能够引导电源与负荷的投资选址，从而实现系统灵活性资源的优化配置。

目前欧美领先国家在日前、日内现货市场的基础上，普遍建成了 15 分钟、5 分钟的实时现货市场，通过市场手段最大程度消纳风电、光伏发电

等波动性发电。同时，在促进可再生能源消纳方面，国外区域电力市场多鼓励可再生能源发电直接参与现货市场报价，并按照一定标准提供补贴，如美国得州、加州以及北欧电力市场，西班牙实施的可再生能源溢价机制（FIP）和英国拟实施的可再生能源差价合约机制（CFD）。表 5-2 是不同区域市场的现货市场机制对比。

表 5-2　国外不同区域市场的现货市场机制对比

区域	美国 PJM	美国得州	美国加州	英国	北欧
现货市场模式	日前市场+实时市场	日前市场+调整阶段+实时市场	日前市场+小时前市场+实时市场	日前市场+日内滚动平衡机制	日前市场+现货平衡市场+实时调整市场
日前市场交易标的时段	1 小时	1 小时	1 小时	1 小时、0.5 小时	1 小时
日内调整措施	—	调整阶段 QSE 可提交或改变自身交易计划和辅助服务计划	小时前市场可对日前交易计划做出调整	平衡市场可针对实时阶段提交每 0.5 小时的 Bid 和 Offer	Elbas 可在日前交易基础上提交 1 小时为单位报价
关闸时间	前一天 18：00 前	实时运行前 1 小时	实时运行前 1 小时 15 分钟	实时运行前 1 小时	实时运行前 1 小时
实时经济调度间隔	5 分钟	5 分钟	5 分钟	—	1 小时

资料来源：张粒子．灵活性报告［R］．

现货市场是我国新一轮本轮电力改革的重要突破和亮点。我国目前的上网电价采用的是政府定价的模式，其价格水平在较长一段时期（以月为单位）内不发生变化，上网电价无法反映短期（如小时、天）的供需形势变化，从而缺乏有效的价格信号反映灵活性资源的价值。我国这轮电力改革的重点任务之一是建立有效竞争的现货交易机制，包括日前、日内、实时电能量交易和备用、调频辅助服务。不同电力市场模式，均应在保障安全、高效、环保的基础上，按成本最小原则建立现货交易机制，发现价格，引导用户合理用电，促进发电机组最大限度提供调节能力。例如，针对日内发电计划，以5~15分钟为周期开展全电量竞价（分散式市场为部分电力偏差调整竞价），形成竞价周期内的发电曲线和结算价格（分散式市场为发电偏差调整曲线和电量调整结算价格）、辅助服务容量、辅助服务机构等。激励煤电、天然气发电机组以及新能源发电、储能装置参与实时平衡调节，并可在市场电价上形成补贴机制。

专栏5-2 现货市场对优先消纳可再生能源的作用

1. 日前市场对交易标的时段的细分和日内阶段的调整机制有利于提高电力系统的灵活性

在日前交易阶段，各市场的交易标的一般均以1小时为单位，英国日前市场甚至有以0.5小时为单位的交易，标的时段的细分使得系统在负荷预测时其预测曲线和实际负荷曲线更接近，从而减小日前交易曲线与实时成交曲线的偏差，降低实时阶段系统的调节偏差和灵活性资源的需求，提高电力系统的灵活性。同时，各区域市场在日内的调整机制其本质均是对日前的交易计划进行调整，美国区域市场成员一般采用调整日前交易计划的方式，英国、北欧市场成员在日前交易计划基础上提交上调或下调报价，从而进一步降低实时阶段系统的调节偏差和灵活性资源的需求，提高电力系统的灵活性。

2. 关闸时间的缩短有利于提高电力系统的灵活性

随着现货市场的不断成熟，目前各区域市场关闸时间（即实时运行阶段起始时间）较晚，一般均在实时运行点前1小时（早期英国市场关闸时间为3小时）。这使得市场成员以及系统运营商在系统实时运营前有足够的时间通过日前市场、日内市场、小时前市场等方式调整交易计划以不断减小计划的交易曲线与实时成交曲线的偏差。这一方面使得各类灵活性资源能够通过电能量市场不同阶段的现货交易发挥各自的优势；另一方面也降低了实时阶段系统的调节偏差和灵活性资源的需求，从而提高了电力系统的灵活性。

3. 较短的实时经济调度间隔有利于提高电力系统灵活性

美国的各区域市场的实时经济调度间隔均为5分钟，这使得系统运营商能够根据当前发电出力与负荷需求的变化及时迅速地发出相应的调度指令，调用当前系统的灵活性资源，从而保障电力系统的实时供需平衡，提高电力系统的灵活性。

4. 美国的节点边际电价机制和欧洲的统一日前市场均有利于提高电力系统灵活性

美国的区域电力市场一般采用节点边际电价作为现货定价机制，如上文所分析，节点边际电价机制将有利于科学合理地引导电源与负荷的投资选址，从而实现系统灵活性资源的优化配置。而欧洲各国在Nord Pool的基础上，将日前市场交易扩大到目前19个国家的范围，通过日前统一电力市场实现更大范围的电力资源优化配置，提升电力系统的灵活性。

4. 有序推进中长期交易，扩大可再生能源电力消纳市场

电力中长期交易，主要是指符合准入条件的发电企业、售电企业、电力用户和独立的辅助服务提供商等市场交易主体，通过自主协商、集中竞价等市场化方式，开展的多年、年、季、月、周等日以上的电力交易。中长期交易品种包括电力直接交易、跨省跨区交易、合同电量转让交易、辅助服务交易等。各类交易品种的衔接主要体现在交易的组织次序上。年度交易首先要确定次年国家指令性和政府间协议的跨省跨区电量合同，其次确定优先发电合同，再次开展年度双边交易，最后开展年度集中竞价交易；月度交易要在年度合同分解到月合同的基础上，首先开展月度双边交易，其次开展月度集中竞价交易。特殊情况下，为了保障可再生能源消纳和电力平衡，可开展临时交易与紧急支援交易①。

① 电改文件起草专家解读《电力中长期交易基本规则（征求意见稿）》［N］. 中国能源报，2015-12-09.

现货市场是实现电力资源优化配置、发现电力时空价值的核心环节，中长期市场则是市场成员规避价格波动风险、提前锁定基本收益的重要手段，两者缺一不可。实际的市场运行中，市场成员在中长期市场中签订的合约电量往往会存在执行偏差或与现货市场交易进行衔接和协调的问题，也要同步建立中长期合约交易偏差电量的处理机制，以确保电力市场的平稳有序运行。

欧美成熟电力市场的探索过程和实践显示，中长期购电合约不仅是大规模电力市场的稳定器，也为新能源发电提供了稳定市场、吸引了投资、降低了资金成本。美国大量风电项目通过购电合约（PPA）进入本地和周边电力市场，通过确保上网电量来享受生产税抵扣（PTC）和可再生能源证书（REC）市场收益。2014 年，美国 PPA 价格已经降低到每度电 2. 35 美分，相比 2009 年降幅达 66%。

近年来我国持续探索实践直购电和跨省跨区交易，本次电改的《实施意见》进一步明确要求建设中长期市场（包括日以上电能量交易和可中断负荷、调压辅助服务交易等），建立相对稳定的中长期交易机制，鼓励市场主体间开展直接交易，自行协商签订合同，或通过交易机构组织的集中竞价交易平台签订合同。一定范围内资源优化配置的功能主要通过中长期交易、现货交易，在相应区域电力市场实现。为此将构建区域电力市场，包括在全国较大范围内和一定范围内资源优化配置的电力市场两类，促进市场化跨省跨区交易；完善跨省跨区电力交易机制，以中长期交易为主、临时交易为补充，通过竞争方式进行跨省跨区买卖电。具体地，在全国较大范围内资源优化配置的功能主要通过北京电力交易中心（依托国家电网公司组建）、广州电力交易中心（依托南方电网公司组建）实现，它们也负责落实国家计划、地方政府协议，促进市场化跨省跨区交易。

2016 年初国家能源局发布了《关于做好“三北”地区可再生能源消纳工作的通知》（国能监管〔2016〕39 号），提出了“做好可再生能源发电直接交易工作”的要求，“鼓励可再生能源发电企业作为市场主体积极参与市场直接交易并逐步扩大交易范围和规模，鼓励超出可再生能源保障利用小时数的发电量参与市场交易”。《关于有序放开发用电计划的实施意见》提出，跨省跨区送受电中原则上应明确可再生能源发电量的比例。国家能源局发布的《电力市场运营基本规则（征求意见稿）》和《电力中长期交易基本规则（征求意见稿）》对于中长期合约执行过程中的偏差电量，均采取了市场化的方式（现货市场或预招标方式）来进行处理。其根本目的是既要引导市场成员理性参与市场交易，尽量确保合约完成，又要赋予市场运营机构多样化的手段来调用安排资源，确保电力电量平衡。在已经建立了较为完善的现货市场的地区，双方可以现货市场结算价格作为参考，通过双边协商的方式进行中长期交易。相较于集中平台，中长期交易通过双边协商完成，更有利于交易条款灵活化，交易品种多样化，帮助市场交易主体规避风险。对于中长期标准化合同（包括期货、金融输电权等），可以通过集中平台进行交易，进而降低交易主体的协商成本。

因此，与现货市场结合的中长期交易机制为可再生能源直接、更大范围地参与电力市场提供契机。随着我国西部可再生能源基地建设进程，建议加快推进中长期市场和跨省跨区交易的机制化、规范化，推动转变行政主导电力计划，打破市场壁垒，扩大电力市场消纳范围，特别是要打破目前以邻为壑、以省为主体的电力市场管理方式，有序推进跨省区电力市场交易，在更大范围内优化电力资源、消纳可再生能源电力。可积极探索西南水电、“三北”风电和太阳能发电通过中长期合同、跨省跨区交易实现市场化交易和跨省跨区消纳。可以采取以下三个方面的措施：一是在优先发电制度下安排优先发电电量时，预留充足的可再生能源发电空间，该部分电量按政府定价收购。二是在偏差处理机制中推荐采用预招标方式确定提供上调服务和下调服务的机组，可再生能源的实际发电能力超过其优先发电的合同电量时，通过调用机组下调服务，促进可再生能源的消纳，该部分超发电量要参考市场价格进行结算。三是可再生能源消纳存在临时性困难的省（区），可与其他省（区）通过自主协商方式开展临时跨省跨区交易，即送出地区可再生能源企业与有消纳能力地区火电企业直接交易合同电量。

在实践中，要避免简单将直购电、替代发电等同于中长期交易。目前，各地开展的大用户直购电有致命缺陷：没有现货市场的价格发现机制；无法有效规避发用电合同双方的风险；缺乏市场化的实时电力电量平衡机制，无法真正满足电力物理属性要求；无法提供对偏差电量的有效解决手段。2015 年甘肃陆续出台了几个关于新能源参与直接交易的政策和细则文件，大力推动可再生能源直接交易，以期通过市场交易解决当地极其严重的新能源限电问题。但这套交易机制只能降低电价，不能解决消纳问题。甘肃新能源替代发电上网电价最大降幅 350 元/兆瓦时，最小降幅 120 元/兆瓦时。2015 年新疆新能源替代发电上网电价 50 元/兆瓦时。实践显示，在没有落实优先发电权益或建成现货市场的情况下，新能源参与直购电不能增加新能源的发电空间。尽管《可再生能源全额保障性收购管理办法》拟出台，但没有更清晰的让渡机制，对发电权矛盾也无甚实质缓解。保障收购和市场交易机制之间脱节，直接交易对可再生能源的消纳自然也难以起到多大的促进作用。

5. 推进售电侧改革，推动可再生能源参与直接交易

一方面，售电企业作为市场交易主体，从电力批发中长期市场和现货市场中购买电能量；另一方面，售电公司作为零售商，向中小电力用户（包括部分不愿意自己直接参与电力批发市场的大用户）出售电能量。在整个电力市场运行过程中，售电企业充当了中小电力用户和电力批发市场之间的媒介，帮助中小电力用户避免直接面对电力批发市场中的价格波动；另外，售电企业代表中小电力用户参与电力批发市场，将中小电力用户的需求反映在电力批发市场的供需环境中，促进市场的交易流动。

售电侧改革有利于推动分布式可再生能源发电以及大型可再生能源发电项目参与直接交易。“9 号文”和《实施意见》提出，鼓励社会资本投资配电业务，逐步向符合条件的市场主体放开增量配电投资业务，多途径培育市场主体；允许符合条件的高新产业园区或经济技术开发区组建售电主体直接购电，鼓励社会资本投资成立售电主体，允许拥有分布式电源的用户或微网系统参与电力交易，鼓励供水、供气、供热等公共服务行业和节能服务公司从事售电业务；允许符合条件的发电企业投资和组建售电主体进入售电市场。上述售电侧改革已经吸引了很多企业，可望加速推进分布式发电发展，并通过增加多元化购电市场主体推动大型可再生能源发电项目参与电力直接交易。

长期来看应着眼建立适应分布式发用电的开放型电网运行管理体制，支持分布式发电和智能电网应用的开放、包容式电力市场。一要明确支持分布式能源发电的上网电价政策，形成鼓励千家万户建设分布式能源发电的政策体系；二要形成可再生能源发电自由上网的电力管理体制，实施输电、配电、供电三者利益相分离的管理体制，输电和配电企业为公用事业单位，按过网的电量收取过网费用，输送的电量越多，收取的费用就越多，得到的利益也越多。放开经营供电环节，鼓励有实力的企业参与供电环节的经营，通过市场竞争的方式提高电力服务水平，形成有利于分布式可再生能源发展的电力管理体制。特别是随着分布式用户侧可再生能源的大规模开发，电网潮流走向将从以往的“输电网向配电网”变为双向流动，输电网和配电网的界限将更加模糊。在输电网与配电网协调规划的基础上，应使输配电网管理的层级适合扁平化、网络化电力系统，保障发电和用电的开放、竞争。要规定并监督电网对所有用户和发电企业公平、无歧视开放。

6. 建立全系统视角、公平分担共享的辅助服务市场机制

由于电力目前尚无法实现大规模存储，使得电力系统需要满足发电和负荷电力的实时平衡，依靠辅助服务来保证可靠性和实现基本的电力传输。国内外关于辅助服务的定义和分类各有特点，目前国际上公认的辅助服务大致可以分为七类：调节和负荷跟踪（或是快速电能市场）用于正常运行情况下的电力平衡；旋转备用、非旋转备用和替代备用只在发生事故等特殊情况下参加间歇响应，但要保持具有随时响应的能力；还有两种附加辅助服务类型，即电压支持和黑启动。随着国际上电力市场结构的重组，各主要电力市场越来越重视这些服务的有偿使用，并逐渐形成了辅助服务市场。虽然辅助服务市场增加了电力系统的复杂度，但同时也为发电企业等市场主体提供了额外收入，可以有效激励其共同参与保障系统安全运行和交易顺利交割。不过，辅助服务市场的报价均应基于电能市场的现货价格，因此辅助服务的市场化应以电能现货市场为前提。

我国目前没有建成电力市场，电价机制主要是针对电量交易的电量电价，但随着风电、太阳能发电等波动性电源建设以及大规模灵活负荷应用，一部制电价越来越不能同时满足电力发用电的灵活性和容量充足的安全性要求，越来越显示出其局限性。上一轮电力改革以来，我国开展辅助服务探索，实行基本辅助服务和有偿辅助服务，近年来在风电比重较大、调峰调频压力大的地区探索辅助服务补偿机制。在窝电较为严重的东北地区，先后颁布了《东北区域电网发电企业辅助服务补偿暂行办法》《东北区域并网发电厂辅助服务管理实施细则（试行）》以及《东北区域跨省调峰辅助服务市场交易及补偿监管办法》等一系列管理办法，为辅助服务补偿工作提供了政策支撑。管理办法首创了机组日前调峰报价制度，鼓励有意愿、有能力、成本低的火电机组积极主动参与深度调峰，为低谷时段风电、核电释放了上网空间，同时将风电、核电纳入市场范畴。

我国现有辅助服务机制一定程度上提升了我国电力系统灵活性，但仍存在着明显不足。随着“两个细则”的出台实施，使得承担辅助服务较多的发电企业能够获得一定补偿，而承担较少或不承担辅助服务费用的发电企业需要支付辅助服务费用，这在一定程度上提高了发电企业提供辅助服务的积极性，从而使得系统能够获得更多的灵活性资源，有利于提高我国电力系统灵活性。然而，现行的辅助服务机制仍存在着一定的不足：一是调峰服务矛盾突出；二是辅助服务成本分摊及回收机制有待改进；三是对于非旋转备用的补偿不足。因此，辅助服务供给仍然远远不能满足需求，而且辅助服务供应的权责利仍然有待规范。

国际上普遍认为，供应充足和公平分担共享的辅助服务是现代电力系统和市场的核心要素，也是风电、太阳能发电等波动性新能源发电实现大规模并网消纳的重要支撑。国际成熟电力市场普遍引入辅助服务，建立电量、辅助服务市场机制。目前美国 PJM、美国得州、美国加州、英国以及北欧均建立了较为成熟的辅助服务市场作为电能量市场的补充与配合。并通过现货市场（日前市场、日内市场/小时前市场）或单独设立的各类备用市场来获得其所定义的各类运行备用资源，具备不同响应能力、爬坡速度以及调节容量的备用资源也会根据自身的实际情况选择参与提供不同类型的备用资源并提交报价。这就使得系统运营商在系统短期及实时运营过程中拥有充足的灵活性资源以调节供需，从而保障电力系统安全稳定运行。

专栏 5-3　辅助服务的国际经验

从总体上看，美国区域市场（PJM、得州、加州）与欧洲区域市场（英国、北欧）在辅助服务分类及有功服务获取方式上存在一定的差异。

从对辅助服务的分类来看，欧美的辅助服务市场主要关注各种有功服务的获取与交易机制。尽管具体技术要求有所差异，但都遵循按响应时间分类的原则，从快到慢依次将有功服务分为一次调频（频率保持）、二次调频（频率恢复）和三次调频（经济调度原则下的替代备用）等三种频率调节服务。

从有功服务的获取方式来看，有功服务按容量和电能量分别获取。有功服务容量的获取方式包括强制提供、双边市场、集中市场、预先签订合同，以及上述方式的混搭。

资料来源：张粒子．灵活性报告［R］.

《实施意见》提出，按照“谁受益、谁承担”的原则建立电力用户参与的辅助服务分担共享机制，积极开展跨省跨区辅助服务交易。建议针对我国目前辅助服务分类和获取方式存在的问题，借鉴国际经验，并结合我国电力市场建设的进程，在现货市场建立之前，完善我国辅助服务补偿机制可以沿用现行“两个细则”的思路，对部分辅助服务要求强制提供，但技术规范和补偿标准需要进一步完善。在现货市场建立后，在现货市场开展备用、调频等辅助服务交易，中长期开展可中断负荷、调压等辅助服务。

但是，考虑到辅助服务是整个电力系统层面需要解决的问题，建议在落实可再生能源优先发电制度、可再生能源发电全额保障收购制度的基础上，建立全系统视角、电力用户参与的辅助服务分担共享机制，通过建立健全辅助服务交易机制，使得火电、气电、负荷和新能源可以发挥自身优势参与市场交易，既获得高价值辅助服务收益，又促进大规模新能源并网消纳。

7. 中远期探讨建立容量市场机制

目前只有美国 PJM 和英国建立了容量市场机制。美国 PJM 容量市场运行已经近 20 年，已较为成熟，保障了美国 PJM 电力系统的容量充裕，对提升其电力系统灵活性起到了重要作用。在未来的 10 年中英国约有 1/4 的电厂面临退役，因此英国电力市场在保障电力系统装机容量充裕度方面面临着较大压力。英国容量市场从 2014 年开始起步，主要目标是为在实现其低碳化能源战略的同时保障未来长期系统容量的充裕。首先，容量市场能够通过增加发电商未来收益的确定性，促进发电机组的建设，大幅改善供电的可靠性；其次，容量市场有助于降低用电高峰时期的电价，提高能源的经济性；最后，容量市场通过补偿灵活容量，为间歇式低碳能源的并网提供支持。英国容量市场的设计包含容量定额、资格和拍卖、交易、交付、支付 5 个阶段。

我国目前没有容量市场。但是针对持续电站建立了两部制电价。2014 年国家发展改革委发布《关于完善抽水蓄能电站价格形成机制有关问题的通知》（发改价格〔2014〕1763 号），进一步完善抽水蓄能电站价格形成机制，在电力市场形成前抽水蓄能电站实行两部制电价。

首先，两部制电价中，容量电价主要体现抽水蓄能电站提供备用、调频、调相和黑启动等辅助服务价值，按照弥补抽水蓄能电站固定成本及准许收益的原则核定。逐步对新投产抽水蓄能电站实行标杆容量电价。

其次，电量电价主要体现抽水蓄能电站通过抽发电量实现的调峰填谷

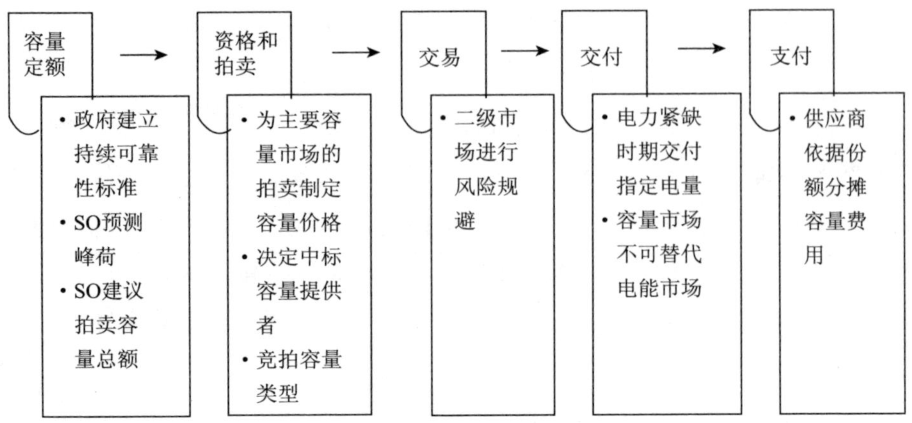

图 5-2 英国容量市场阶段

效益。主要弥补抽水蓄能电站抽发电损耗等变动成本。电价水平按当地燃煤机组标杆上网电价（含脱硫、脱硝、除尘等环保电价，下同）执行。

最后，电网企业向抽水蓄能电站提供抽水电量的电价按燃煤机组标杆上网电价的75%执行。另外，为推动抽水蓄能电站电价市场化，在具备条件的地区，鼓励采用招标、市场竞价等方式确定抽水蓄能电站项目业主、电量、容量电价、抽水电价和上网电价。在电力市场化前，抽水蓄能电站容量电费和抽发损耗纳入当地省级电网（或区域电网）运行费用统一核算，并作为销售电价调整因素统筹考虑。

对于我国未来电力市场的容量市场设计，英国和美国 PJM 的容量市场机制对我国的适用性主要可以从可靠性、可行性、经济效率和公平性四个角度进行分析。综合来看，美国 PJM 的容量市场机制更适合我国未来容量市场的模式选择。考虑到目前我国电力需求状况，多数地区都呈现供大于求的状况，发电侧容量资源充裕，因此可以考虑在中远期市场方案设计中，电力供需形势基本处于均衡状态的条件下，建立容量市场。

8. 加快建立完善独立交易（调度）机构和电网企业输电监管机制

电网垄断的本质是自然垄断与行政垄断权力的交织结合，要破除附着在电网自然垄断特性上的准行政垄断权，关键是分离和独立建立交易机构，建立电网企业输电经营服务和单独监管机制。国家发展改革委 2014 年颁布了《关于深圳市开展输配电价改革试点的通知》（发改价格〔2014〕2379号），2015年5月批复同意了《内蒙古西部电网输配电价改革试点方案》，以在上述试点地区建立独立的输配电价体系，完善输配电价监管制度和监管方法，促进电力市场化改革，为其他地区输配电价改革积累经验，实现输配电价监管的科学化、规范化和制度化。为在2030年前在全国全面建立新型现代电力市场体系，应力争在2025年前全面建成电网公共服务平台、独立交易调度机构和单独监管体制。

加快建立完善独立交易（调度）机构。交易平台和电力调度具有较强的公共产品属性，本质上是一项公共行政职能，应由独立第三方或政府主导。当前电网公司的购售电和交易平台职能可以独立出来，分别成立购售电公司和交易中心，而电网公司保留电网投资运营职能和系统运行（调度）职能。将电力交易机构从电网中分离出来，独立于电网、电厂和用户，受政府和所有相关方的监督，负责电力市场规则制定、竞争报价、合约执行、电费结算等。电力调度可仍由电网企业行使，但要受到独立监管，主要从技术角度负责电力交易的安全校核。以新能源为代表的能源技术革命对电网调度各环节工作提出更高要求，需要加强调度运行体制机制的创新，不断提升调度运行的管理水平，以适应大电网发展的要求。一是建立“独立交易职能”，强化专业执行职能的调度组织架构，增加调度中立性和执行力。二是扩充和强化调度运行专业管理职能，整合与实时调度运行和变电设备集中监控密切相关的工作，实现对电源调度的全过程管控和多专业协调。

加快建立电网企业输电经营服务和单独监管机制。目前对电网的监管体系存在问题，行业监管方面，监管职权设计较分散，成本和运行调度专业监管薄弱，社会和公众监督缺乏；在所有权监管方面，国资委对国有企业的考核重在保值增值，缺少对公共责任履行情况的考核。有效的电力市场建设的基础是加快建立电网企业输电经营服务和单独监管机制，政府对电网企业的管理和定价方式应与其他从事竞争性业务的发电企业有原则区别，采取“准许成本加合理收入”模式，根据电网企业经营的资产量、输电量、运营成本和提供公共服务以及普遍服务的需要，单独核定其准许收入总量，通过向用电户收取度电过网费形式来实现。电网企业应“只负责传输电力，不参与买卖电力”，其应得收入与发电企业和电力用户的交易和收支隔离开来。政府监管应该对于垄断企业的战略目标、业务范围、服务标准和成本规则进行限定和规范。要改变电网监管和业绩考核模式，逐步将电网获利模式由目前依靠购销电价差转变为收取过网费或核定准许收入。要加强市场化条件下的开放、公平、公正调度监管。

逐步改进和完善电网监管方式，确保电网的公平准入、公平调度，通过加大信息公开力度增强透明度。首先，信息披露制度有利于市场效率的提升。通过电力市场运营机构披露的信息（如系统风电预测、负荷预测、检修计划等），市场交易主体可以对市场运行状态作出更准确的判断，调整自己的运行计划和报价，减少在信息不对称情况下的无序运行，进而提升整个市场的效率。其次，信息披露制度有利于市场的公平竞争。无歧视的信息披露规则可以使市场成员（无论与市场运营主体有什么关联关系）公平地获得信息，从而不至于使自己在市场竞争中处于不利地位。最后，信息披露制度有利于市场的健全完善。信息披露制度可以让市场成员以及第三方机构有渠道了解市场运行状态，并根据市场运行状态对市场规则提出相应的意见和建议，从而不断健全完善电力市场。

9. 在可再生能源电力消纳问题突出的地区推进省区级电改试点

稳妥推进与试点突破相结合是我国妥善处理“发展、改革、稳定”关系的基本经验。按照《实施意见》，国家发展改革委、能源局将会同有关省区拟定区域电力市场试点方案，省级政府提出省市场试点方案经国家发展改革委、能源局论证后实施；在取得经验后在其他地区推广电力市场体系，进一步放开竞争性环节电价，取消销售电价和上网电价的政府定价，放开发用电计划。目前，电力体制改革已经进入实施阶段，并启动若干省市级电力改革试点。

“十三五”期间应在可再生能源电力消纳问题突出的地区推进省级、区域电改试点，把促进可再生能源电力消纳的市场机制和政策措施作为试点方案及全面推进电改的重要任务。第一，把风能、太阳能发电等作为一类优先保障，落实全额保障性收购制度；第二，建立充分反映电力供需和市场价值的现货市场，调动全系统灵活资源促进电力电量平衡；第三，适时改革可再生能源发电补贴机制，把可再生能源固定上网电价（FIT）转变为市场电价+溢价补贴（FIP）或差价合约机制（CFD），实现市场竞争机制与扶持政策的结合；第四，建立全系统视角、电力用户参与的辅助服务分担共享机制；第五，探索西南水电、“三北”风电和太阳能发电通过中长期合同、跨省跨区交易实现市场化交易和跨省跨区消纳；第六，推动分布式电源或微网系统参与电力交易和售电。通过上述举措，既推动当地可再生能源电力消纳，也为全国电力改革和可再生能源电力消纳做出示范、积累经验。

二、能源资源环境市场联动改革发挥合力

（一）煤炭煤电价格市场化改革和成本全覆盖不到位

经过40年的改革开放，一些行业已经实现了市场化，一些产业链演化为准市场产业链，但不完全市场产业链的存在成为影响中国经济稳定增长和结构调整的重要阻力。今后必须摆脱条块束缚，对改革进行顶层设计，进行以问题为导向的全产业链市场化改革，将计划与市场相交织的产业链，改造为市场对资源配置起决定性作用的产业链①。

能源、电力和资源环境（碳市场）是产业链改革不完整的典型领域。我国能源价格改革的重点是市场化。价格改革可以促使企业更加注重效率，改善当前资源浪费的情况，充分发挥价格的杠杆作用。但仍需要加强和改进对能源行业的价格监管，并且要加强市场机制建设，让市场在价格形成中发挥主要作用。从目前我国能源价格改革进展情况看，煤炭价格已经相对市场化，电力、天然气价格进一步调整后将会实现相对市场化。在纵向，要深化“煤电”全产业链市场化改革。煤炭、电力、运输三个领域均存在计划与市场并存的双轨体制，相对来说电煤并轨的难度最小。取消计划煤后，电力体制正在成为造成煤电矛盾的主要原因，国家应当再加快推进电力改革，从根本上化解煤电矛盾。随着电煤并轨，原本与计划煤对应的计划电量存在的基础已彻底消失，应当坚决取消。②

但值得指出的是，当前煤炭价格形成机制尚未充分反映其资源稀缺程度，其环境外部性成本更是远未体现。目前我国采取的“从量定额”的煤炭资源税征收办法使得税负与价格水平脱钩，尽管2011年资源税税率有所

① 范必．从“点式改革”到“链式改革”［J］．新世纪周刊，2014（42）：72-72.

② 李铁冰．电煤并轨让市场配置资源［J］．能源，2012（11）.

上调，但资源税在整个资源收益中比重仍然较小，煤炭的资源税率为每吨0.3~5元不等。资源税没有起到调节级差的效果，更远不能反映资源稀缺性。例如，山西煤炭企业的资源税税额标准为每吨3.2元，税额却未及当前价格的2%，煤炭价格高企时更是低于1%，远低于国外8%~10%的水平。近年来各级政府陆续对煤炭开采征收煤矸石排放费、矿井水排放费、矿山环境恢复治理保证金等环境税费，但是，这些环境税费加起来也才每吨几十元（见表5-3）。

表5-3　中国化石能源外部成本的估计①

机构	成本预测（亿美元）	成本预测（亿元人民币）	描述	类型
IMF（Coady，Parry，Sears & Shang，2015）	21340	135610	税后（包括煤炭外部成本）	消费者和外部成本
	17340	110200	所有化石燃料的大气污染外部成本	外部成本
	4330	27520	所有化石燃料的温室气体外部成本	外部成本
	16300	103610	税后（包括煤炭外部成本）	消费者和外部成本
	13290	84460	所有化石燃料的大气污染外部成本	外部成本
	3560	22630	所有化石燃料的温室气体外部成本	外部成本
GSI（2015）	1630~6510	10440~41720	煤炭消费的温室气体排放的社会成本	外部成本

① Richard Bridle，Clement Attwood，IISD，Coal and Renewable in China，2015-09.

续表

机构	成本预测（亿美元）	成本预测（亿元人民币）	描述	类型
中国环规院 2014	330	2120	煤炭导致大气污染的健康损失	外部成本
NRDC（2014）	1630	10400	煤炭生产消费的综合环境和健康损失	外部成本

下面以煤炭发电为例进行度电的外部成本分析。煤炭的环境外部成本是煤炭在生产、运输和消费过程中对环境造成的各种损害的成本，主要包括对资源、生态系统、气候变化、空气质量和人体健康等的不利影响。此类环境成本即使在正常的司法制度和市场制度下，依然会发生。燃煤发电环境外部成本评估边界涵盖从煤炭生产、煤炭运输到电站运营等多个环节对外部环境造成的影响，主要包括以下三个方面：

（1）煤炭生产和运输

包括煤炭的开采、运输等环节对环境产生的影响，主要是考虑在上述过程中对外部的大气、水、生态系统等造成的损害。

（2）燃煤发电

主要考虑的是煤炭用于火力发电时产生的主要污染物包括二氧化硫、氮氧化物以及颗粒物（PM10、PM2.5）等，这些污染物会对人体健康、农业等产生很大危害。

（3）温室气体排放

温室气体排放主要是二氧化碳排放。温室气体排放被认为是引起气候变化的主要原因。国内外在上述三个方面采取了多种方法进行研究，用于测算燃煤发电对外部环境的真实影响并进行货币化，本书通过梳理和综述相应的环境价值评估方法，对火力发电的环境外部成本给出相应评估。

1）煤炭生产和运输

参考国内燃煤发电环境外部成本的研究可以看出，在煤炭的生产和运输阶段对煤炭的外部性有较为成熟的研究，在具体的环节方面由于采用的方法和考虑的因素不同，研究的结果仍然存在差异，但总的结论仍然在一定的区间之内，见表5-4。结合上述分析结果，我国燃煤发电在煤炭生产和运输环节的环境外部性成本约为0.048487元/千瓦时。

表5-4 国内燃煤发电环境外部成本评价综述

环节	项目类别	《火力发电的环境外部成本的货币化核算》（2005—2007年平均）（元/千瓦时）	《煤炭环境外部成本核算及内部化方案研究》（2014年）（元/吨）	《2012煤炭的真实成本》（2014年）（元/吨）
煤炭生产和运输	生产	0.13922	68	66.3
	煤矿资源	0.12831	—	11
	水资源	0.01091	—	33.46
	矿区职工健康损失	—	29.24	0.58
	其他	—	38.76	21.26
	运输	—	52	27.8

2）燃煤发电环境成本

火力发电过程中产生的主要污染物包括二氧化硫、氮氧化物、烟尘以及颗粒物。这些污染物会对人体健康、作物、建筑物等产生很大危害。由于脱硫除尘等装置已经包含在火力发电生产成本之中，本报告核算的环境污染损失是指未经处理排放到环境之中的污染所带来的损失。燃煤发电带来的环境影响很多，但由于数据的限制和计量的困难，不可能将每种影响都进行货币化。环境污染对人体健康的危害是最重要的环境危害。综合国内外研究，我国2012年燃煤发电导致的全国过早死亡人数约为13万人，人体健康损失在1000亿元左右，参考《电力统计年鉴》当年火力发电能源投入情况可知，2012年单位火力发电造成的环境外部成本为0.026227元/千瓦时。

3）燃煤发电温室气体排放成本

二氧化碳排放主要来自火力发电所使用的化石能源的燃烧。参考《中国可再生能源协同效益分析》以600兆瓦燃煤火电机组进行分析的相关结论，全生命周期内温室气体排放量约为1024吨/吉瓦时，且约90%发生在电站运营阶段。二氧化碳排放对环境的影响主要是全球性的温室效应及其带来的危害，具体包括冰川融化，海平面升高，陆地面积缩小，脆弱物种灭绝，全球范围内热浪、风暴、洪水和干旱频繁发生，进而对经济社会带来严重影响。

二氧化碳排放引起的气候变化问题非常复杂，同时受到数据和方法等多方面的制约，目前尚难以直接核算二氧化碳带来的环境损失。因此，估算二氧化碳排放造成的环境损失需要采用替代方法。其中，比较常用的是市场价格法。这一方法把对环境造成负面影响的权利看作一种商品，对环境造成负面影响的企业需要以一定的交易价格从市场上购买这种权利，这一价格也可以看作企业行为对环境造成负面影响的影子损失。

就二氧化碳排放而言，这种权利就是碳排放权。目前，我国已经开展7个省市碳排放权交易试点。根据国家发展改革委发布的《中国应对气候变化的政策与行动2015年度报告》，截至2015年8月底，中国7个碳排放交易试点累计交易地方配额约4024万吨，成交额约12亿元；累计拍卖配额约1664万吨，成交额约8亿元。碳价格分别为30元/吨、48元/吨，相较于2014年有所下降。目前由于碳价格在不同年份之间差异较大，且近年来国内碳交易市场的价格偏低，参考当前碳排放交易所试点的价格，保守估计，可采用50元/吨评估温室气体的损害成本。2012年全国温室气体排放的环境成本接近2000亿元，参考《电力统计年鉴》当年火力发电能源投入情况，单位火力发电产生的温室气体造成的损失为0.0512元/千瓦时。但是，随着我国应对气候变化压力和温室气体排放约束增强，碳配额价格需要保持上升趋势。

综上分析，可以测算得出我国燃煤发电的环境外部性成本约为0.1259元/千瓦时，若不考虑温室气体排放则约为0.0747元/千瓦时。温室气体对环境外部性影响最大，可以占到总成本的40.66%。如果不包含温室气体在内，在火电厂运营阶段，燃烧煤炭发电阶段仅对人体健康造成的损害就占总成本的35%，若包含矿区职工健康损害在内，仅人体健康损害可以占总成本的近50%；如果考虑到温室气体的排放也主要在燃煤发电阶段，则燃烧煤炭发电阶段的环境损害成本占比更高（见表5-5）。

表5-5 燃煤发电的环境外部性成本

单位：元/千瓦时

环节	项目类别	《我国可再生能源发展的环境外部性效益评估研究》（2015年）
煤炭生产和运输	生产	0.033156
	煤矿资源	0.003243
	水资源	0.009865
	矿区职工健康损失	0.008621
	其他	0.011427
	运输	0.015331
燃煤发电	人体健康	0.02623
	超额死亡	0.02623
温室气体排放	二氧化碳	0.0512
总计	—	0.125917

（二）统筹推进能源电力改革和资源环境财税价格改革

为切实推动电力结构调整、优先发展可再生能源，在实践中应统筹推进各项电力改革以及资源环境税收和价格改革。考虑到我国西部煤电基地建设冲动仍然强烈而近期资源税仍将保持较低水平，预计煤电（尤其是西部煤电）发电和外送冲动强烈，中长期市场和现货市场煤电交易价格趋于降低，不利于节能减排和产业结构调整，也会增加西部可再生能源发电的补贴资金、市场消纳和输电通道使用压力。为此，应考虑统筹推进可再生能源发电优先上网与灵活参与市场、资源环境税收和价格改革、可再生能源补贴资金投入机制设计相结合，确保电改推动电力行业发展方式转变和电力结构优化。

1. 深化价格市场化改革，完善绿色价格体系

价格改革是市场化改革的关键环节。经过40年市场化改革，我国放开了绝大多数商品和服务价格，以市场为主形成价格的机制基本建立。但是，长期以来，我国生产要素市场价格改革滞后，特别是对能源资源市场化改革采取了较为谨慎的态度，价格主要由政府制定，体制矛盾突出。目前仍有部分资源能源产品和服务价格没有放开。能源资源也是商品，具有一般商品的基本属性，受价值规律和供求关系调节，可由竞争优化配置资源，由供求决定价格。随着我国社会主义市场经济向纵深发展和生态文明建设的不断推进，加快价格改革为市场释放活力、促进绿色发展已迫在眉睫，必须坚定不移推进改革，还原能源商品属性，构建有效竞争的市场结构和市场体系，形成主要由市场决定能源价格的机制，使能源价格涵盖全部成本。

按照中共十八届三中全会《中共中央关于全面深化改革若干重大问题的决定》要求，要完善主要由市场决定价格的机制，凡是能由市场形成价格的都交给市场，放开竞争性环节价格；政府定价范围主要限定在重要公用事业、公益性服务、网络型自然垄断环节，提高透明度，接受社会监督。价格改革指导意见提出，到2017年竞争性领域和环节价格基本放开，政府定价范围主要限定在重要公用事业、公益性服务、网络型自然垄断环节；到2020年市场决定价格机制基本完善，科学、规范、透明的价格监管制度和反垄断执法体系基本建立，价格调控机制基本健全。

重点深化煤炭、石油、天然气等能源资源及产品价格改革，能由市场形成价格的都交给市场；结合资源环境财税改革，建立反映市场供求、资源稀缺程度和环境损害成本的价格形成机制。政府定价要体现资源利用效率高低的差异、生态环境损害成本和修复效益，发挥绿色能源价格的杠杆作用。完善煤炭全产业成本核算体系，实现煤炭开采、生产过程中的生态环境污染外部成本内部化。完善成品油价格调整方式，加快价格调整频率，降低价格调整幅度。理顺天然气与替代能源比价关系，最终建立通过市场竞争、供需双方自主决定价格的机制。推行居民用电阶梯价格。全面

推行燃煤发电机组脱硫、脱硝电价政策，实行差别电价、惩罚性电价政策。

建立覆盖全部成本的煤炭价格机制。煤炭价格目前已实现市场定价，煤炭资源税改革也开始在全国推行，今后要继续完善煤炭交易平台建设、建立覆盖煤炭全成本的价格机制。加快推进煤炭资源税从价计征改革，按照清费立税、兼顾煤炭企业税费负担的原则，建立资源税对煤炭节约和产业调节的长效机制，强化资源税在煤炭价格形成机制中的调节作用。改革煤炭成本核算政策，将煤炭资源有偿使用费、安全生产费用、生态环境保护与治理恢复费用、煤炭转产资金、职业健康费用列支到煤炭成本中去，实现外部成本内部化，在取消不合理收费、基金的基础上逐步实现覆盖全部成本的煤炭价格。深化煤炭价格市场化机制，在国家取消煤炭双轨制的基础上，继续深化完全由市场决定的煤炭价格形成机制，建立健全全国煤炭市场体系，有效发挥煤炭交易中心和煤炭期货市场作用。

2. 强化资源环境税收，加快建立绿色税制①②

从国际上看，排污税、能源税、碳税已经成为世界各国税制的重要组成部分，税制的绿色化程度越来越高，在促进节能减排（解决能源外部性）和形成有利于可再生能源的公平外部发展环境方面发挥着重要作用。具体来看，税制绿色转型对清洁低碳能源、可再生能源发展的促进作用主要表现在以下三方面：

（1）间接激励作用

通过完善资源税、能源税、环境税和碳税等能源环境税费政策，实现化石能源资源环境外部成本的内部化，提高化石能源的使用成本，缩小化石能源与可再生能源之间的成本差距，从而间接起到促进可再生能源发展的作用。

（2）直接激励作用

对清洁能源、可再生能源给予能源税、环境税、企业所得税等方面的

---

① 延林桥，罗宏，冯慧娟．中外能源环境税比较与启示［J］．中国能源，2014（9）．

② 赵勇强，国家可再生能源中心．

优惠，降低可再生能源的成本，减小可再生能源与化石能源在成本上的差距，增强可再生能源的竞争力，直接推动可再生能源加快发展。

（3）资金保障作用

征收资源税、能源税、环境税和碳税等能源环境税费，在实现对化石能源调控作用的同时，还可以取得一定的税收收入。如果将这些增加的税收收入用于加大对资源环境保护和可再生能源领域的财政投入力度，可进一步起到促进可再生能源发展的作用。

相比于中国零散的能源环境税制，北欧国家通过实施积极的税收政策获得了多重红利。税收的绿色水平越高，代表着税制中环境保护的内涵越丰富，也体现该国通过税收对外部性成本内部化的激励越完善。通过表5-6、表5-7、表5-8可以看出，北欧国家的绿色税收占税收总收入的比例远远超过中国，这既说明了我国在能源环境税制建设方面的欠缺，同时也意味着我国的能源环境税收有很大的发展空间。

发达国家的能源税收支出覆盖了节能建筑、节能材料、节能设备和装置、可再生资源利用、废物和污水处理、环保技术和设备研发等方方面面。我国虽对节能技术推广、环保设备和技术研发等有一定的税收倾斜，但覆盖范围窄，作用力度小，以税收豁免为主的作用方式单一等因素都制约着税收支出的调节效果。基于此，我国需要进一步加大对清洁能源和节能环保行业的税收扶持力度，切实做到能源环境税收取之于斯、用之于斯。

表5-6　部分国家（地区）能源环境税和政策实施情况

国家（地区）	政策类别	名称	主要内容
美国	税收抵扣	生产税抵扣、投资税抵扣	生产税抵扣（PTC）和投资税抵扣（ITC）均为税收抵扣政策，分别适用于风电、太阳能发电，相当于风电、太阳能发电获得了额外的收益，但实施中存在连续性不强的问题

续表

国家（地区）	政策类别	名称	主要内容
英国	排放税	气候变化税	气候变化税（CCL）针对工业采用的能源税收体系，企业可以选择签署基准目标来减免部分税收。税收收入一小部分注入碳基金，用于支持可再生能源研发
加拿大阿尔伯塔	排放税	特定气体排放法规	特定气体排放法规（SGER）针对排放显著的主体设立，规定排放主体需要满足的排放强度目标，可以抵消或由排放主体向气候变化排放管理基金支付费用
日本	碳税	二氧化碳税	2012 年开始实施，对煤油气征税
澳大利亚	碳交易	清洁能源未来价格	以立法确定碳价格，再过渡到碳交易制度，税收收入专款专用
丹麦	电力税	公共服务义务税	公共服务义务税（PSO）对电力消费征税
印度	能源税	煤炭清洁能源附加税	针对煤炭的清洁能源附加税种，收入纳入国家清洁能源基金，用于资助清洁能源技术研发
德国	气候基金	能源与气候基金	能源与气候基金（ECF）的来源是欧盟排放交易计划补贴的销售收入

表 5-7 典型国家的能源绿色税收体系

指标	年份	丹麦	瑞典	芬兰	挪威	中国	OECD 国家均值
绿色税收占 GDP 比例	2000	4.80	2.77	3.15	2.89	0.39	1.81
	2010	4.03	2.76	2.80	2.47	0.81	1.65
绿色税收占总税收收入的比例	2000	9.73	5.38	6.66	6.79	3.05	5.59
	2010	8.43	6.03	6.67	5.84	4.2	5.63

资料来源：延林桥，罗宏，冯慧娟．中外能源环境税比较与启示［J］．中国能源，2014（9）．

表 5-8　丹麦、瑞典和中国的能源产品消费税对比

<table>
<tr><th>国家</th><th>能源种类</th><th>税基</th><th>税额（欧元）</th><th>税收优惠</th></tr>
<tr><td rowspan="10">丹麦</td><td rowspan="4">石油</td><td>用于汽车燃料的汽油和柴油、煤油</td><td>0.39/升</td><td rowspan="10">发电厂所用的燃料、企业出口的燃料、公共交通所用的燃料、飞机所用的燃料、外交事务和国际组织使用的燃料均免征消费税</td></tr>
<tr><td>用于其他用途的汽油和柴油、煤油</td><td>0.29/升</td></tr>
<tr><td>含铅汽油</td><td>0.64/升</td></tr>
<tr><td>无铅汽油</td><td>0.55/升</td></tr>
<tr><td rowspan="2">煤炭</td><td>褐煤、石油焦、木质焦、矿井煤</td><td>9.5/吉焦</td></tr>
<tr><td>焚烧废物用煤</td><td>4.27/吉焦</td></tr>
<tr><td rowspan="2">天然气</td><td>天然气</td><td>0.32/标准立方米</td></tr>
<tr><td>作为发动燃料的天然气</td><td>0.39/标准立方米</td></tr>
<tr><td rowspan="2">电力</td><td>居民供热所用电力</td><td>0.05/千瓦时</td></tr>
<tr><td>其他用途的用电</td><td>0.01/千瓦时</td></tr>
<tr><td rowspan="7">瑞典</td><td rowspan="6">石油</td><td>无铅汽油（1 级环境指标）</td><td>0.35/升</td><td rowspan="7">公共交通所用的燃料，风力发电厂生产的电力，能源生产部门所使用的石油、电力均免征消费税</td></tr>
<tr><td>无铅汽油（2 级环境指标）</td><td>0.36/升</td></tr>
<tr><td>柴油（1 级环境指标）</td><td>0.18/升</td></tr>
<tr><td>柴油（2 级环境指标）</td><td>0.21/升</td></tr>
<tr><td>柴油（3 级环境指标）</td><td>0.22/升</td></tr>
<tr><td>加热油</td><td>0.09/升</td></tr>
<tr><td>电力</td><td>制造业用电</td><td>0.005/千瓦时</td></tr>
</table>

资料来源：延林桥，罗宏，冯慧娟．中外能源环境税比较与启示［J］．中国能源，2014（9）．

近年来，我国能源资源环境财税政策和价格形成机制的改革不断推进，对保障能源行业及经济社会可持续发展起到了明显促进作用，但仍存在着突出问题，特别在促进生态文明保护、能源资源节约和清洁利用、可再生能源发展方面仍然存在突出问题。

一方面，没有充分反映资源稀缺程度，化石能源产品的价格制定仍以生产成本为主要考虑因素，所形成的价格水平偏低，不能及时、完整地反映市场供求和资源稀缺程度。当前在能源领域虽然有资源税等税收调节手段来直接体现资源稀缺的特性，但这些税收水平较低，都不足以体现资源的稀缺特性。现行定价机制对资源可再生的能源行业形成了不公平的价格导向，由此形成的经济发展方式必然是粗放的，能源利用的效率必然是低下的，能源产业的发展必然是不可持续的。

另一方面，没有充分反映社会环境损害等外部性成本，能源开发、加工成本和运输环节中产生的对大气、水、土地等生态环境的永久性破坏，以及为维持这些能源持续性利用所付出的个体健康和安全成本，都没有在价格体系中得到明确体现。与化石能源的开采、加工和运输环节相关的地域和人群，付出了更大的环境、健康和未来社会可持续发展能力的代价，而终端能源消费者却没有支付相应的成本，形成了对“负环境外部性”能源产品的隐性补贴，也影响了有正外部性特征的、环境友好型能源产品的市场竞争力和推广应用。

按照“十二五”以来全面推进资源税改革的要求，资源税的主要改革内容包括：在现行对原油、天然气实行从价计征的基础上，对煤炭等矿产资源也实行从价计征的征收方式改革，适度调整税率，提高化石能源的资源税税负。到2020年，我国形成以合并矿产资源补偿费和其他收费后的资源税为核心、部分收费为辅、构成相对简化的资源税费制度。其中，资源税将在全国范围内实现对原油、天然气和煤炭的化石燃料从价计征，且大幅度提高税率水平，能够发挥促进资源合理开发利用的积极作用。2021—2030年，资源税费政策的改革主要是逐步扩大资源税征税范围，根据资源节约利用的需要，适时将水资源、森林草场资源逐步纳入征收范围。同时，在近期2020年基础上进一步提高资源耗竭速度较快的矿产资源的税率水平。

推进成品油消费税政策改革。我国2009年实施了燃油税费改革，取消了养路费等收费，改为提高成品油消费税的税额。目前，国内对成品油采取的是政府定价的方式，消费税税额高低对成品油价格基本不产生影响，因此短期内对成品油消费税调整的可能性不大。根据加强节能减排和应对气候变化的需要，在理顺成品油价格形成机制、不显著影响经济运行和居民消费的情况下，适时逐步提高成品油消费税税率水平。

研究开征碳税。为了应对气候变化和发展低碳经济，以及实现我国的碳减排目标，政府有必要运用碳税、碳排放权交易等碳减排政策手段。而国内目前在碳减排政策的选择上，碳排放权交易先行了一步。由于碳税与碳排放权交易两种政策手段在理论基础、政策手段性质、适用范围、政策效果等多个方面都有所区别，两种政策的不同特点决定了两者之间既有一定的可替代性，也有互补性。由于碳排放权交易政策并不能完全替代碳税，我国仍有必要开征碳税。综合考虑国内应对气候变化的需要、碳排放权交易政策的实施和税制改革情况，以及宏观经济环境和我国参与全球气候谈判的进程等多方面因素，要研究建立与碳交易协调的碳税政策，到2020年建立起相对完善的碳税制度，并与碳排放权交易以及其他能源税收一起共同发挥调节作用，实现2020年的碳减排目标。2021—2030年，可根据国内应对气候变化和碳减排的需要，进一步提高成品油消费税和碳税的税率，并对成品油消费税进行碳税的改造，逐步建立以碳排放调节为主的能源税和碳税制度。

加快实施环境保护税。我国《“十二五”规划纲要》中明确指出：“积极推进环境税费改革，选择防治任务繁重、技术标准成熟的税目开征环境保护税（以下简称环境税），逐步扩大征收范围。”因此，我国近期的环境税改革主要分为以下两个阶段：第一阶段是在“十二五”期间实施排污费改税，将重点污染物纳入环境税的征收范围，即将现行排污费制度改为税收，并选择重点污染物作为税目进行征收。具体来看，现行符合“防治任务繁重、技术标准成熟的税目”要求的主要是二氧化硫、氮氧化物、化学需氧量、氨氮等重点污染物。第二阶段是在“十三五”期间扩大环境税征收范围。在环境税实施一段时间并积累了相关征管经验的前提下，可将上述重点污染物之外的大气污染物和水污染物，以及固体废物和噪声也纳入环境税的征收范围中，实现彻底的排污费改税。同时，根据国内污染物减排的需要，可逐步提高环境税的税率水平，选择对需要重点治理的污染物提高税率水平。2021—2030年，在对大气、水、固体废物等各类污染物全面征税的基础上，根据不同时期的重点污染物调控需要，相应提高其税率水平，增强调节力度。

3. 生产型增值税改为消费型增值税①

我国近年来持续推进增值税改革，但仍然没有完成。2009 年 1 月 1 日，国家全面实行增值税转型改革，允许企业在计算销项税额时抵扣新购进固定资产所含的增值税进项税额。目前，风电企业设备购进费用平均约占总投资的 75%左右，风电场需要 10 年才能抵扣完毕设备全部进项税。增值税转型政策创造了 8～10 年的抵扣期，为风电企业培育了良好的发展环境。增值税转型对地方财力的影响更为深远，增值税转型前风电企业当年生产当年纳税，转型后这些税收将推后 8～10 年实现，地方政府前期巨大的投入不能及时收回。在此期间，由于风电基地增值税为零，城建税和教育费附加也为零，地方财政难以从风电场运行中获得税收收入。风能资源丰富且开发潜力大的地区多为贫困、偏远地区，转型改革很大程度上影响了这些地方持续开发风电、优先调度的积极性。

生产导向而非消费导向的增值税制度制约了跨省电力交易，原因在于：如若某省采取进口电力的方式而不是通过在其境内建立火力发电厂来满足电力需求，将会导致其税收损失。鉴于中国东部和西部之间减排成本差异极大的现实，现行增值税制度是阻碍省际可再生能源电力、碳排放交易机制实现其完整经济效率的障碍。

（三）多途径增加可再生能源市场竞争力和资金投入

1. 变革可再生能源电价定价制度

随着电力市场改革逐步推进，未来实现市场化电力定价机制，建立公平、公开、灵活的电力市场调度机制，以可再生能源标杆电价和燃煤标杆电价为基础的差额补贴形式将会逐步转变为可再生能源市场定价为基础的补贴形式。但需要着重考虑几个问题：一是补贴资金总量的控制，即保证充足合理的补贴资金需求；二是提高补贴资金使用效率，合理分配，对不同发展阶段可再生能源技术实行不同电价政策；三是补贴方式的创新，加强市场引导，多种政策相协调。具体建议如下：

---

① 吴伟刚．增值税转型对风电产业的影响［J］．中国财政，2011（3）．

第一，配合电力体制改革进程，实施可再生能源标杆电价与煤电电价脱钩，以减轻燃煤标杆电价波动对可再生能源补贴资金造成的影响，即将现行的“煤电标杆电价+差额补贴”政策调整为“煤电标杆电价/市场电价+溢价定额补贴”政策，可以预期补贴资金需求总量。定额补贴对优化可再生能源发展布局、抑制局部地区可再生能源投资过热也可起到一定作用。

第二，对处于不同发展阶段的可再生能源技术，采用差别化电价政策。对技术成熟、规模化发展的可再生能源，如陆上风电和大型光伏发电，先期实施定额补贴，并缩短电价或补贴水平调整周期。对前沿、处于示范推广阶段的可再生能源发电，应继续保持稳定的经济政策，继续实施标杆电价机制，提供相对稳定的投资环境，推动其商业化发展进程。

第三，逐步推进招标电价政策的实施。未来政府定价模式将全面转为市场定价机制，差别定价将逐步转变为同质同价，以完全体现电力真实成本和价格。对技术成熟、处于规模化发展阶段的可再生能源项目采取招标方式确定成本和电价，降低补贴水平。

2. 创新补贴资金保障机制，建立央地共同投入机制

现有补贴机制和资金保障机制过度依赖中央财政层面的可再生能源电力附加。从根本上看，当前的补贴机制政策过于僵化，不利于新能源的优化开发、市场化开发和利用。权责利不对等，特别是地方资金投入和发展冲动不匹配，可再生能源项目大部分由地方核准，补贴却由全网分摊，等于“地方请客，中央买单”。行业的补贴依赖仍然较高，也会给企业预期：只要建设可再生能源项目，国家就要给补贴，补贴不够就涨电价，补贴资金即便不到位，财政也会用预拨的方式兜底。

过去10年来，根据可再生能源发电发展形势和补贴需要，约每两年提出调整可再生能源电价附加征收标准，并提出利用财政预拨的办法，解决电网不能及时向可再生能源发电企业拨付补贴的问题。一旦电价上涨不到位，财政预拨后很可能出现收支不能相抵的情况。在未来几年财政增支减收因素增多的情况下，这可能会是一个不小的新负担，需引起警惕。

应当根据需要与可能，保持合理的规模，防止出现敞开口子补贴的现象。可以考虑以下几种方式：第一，采用以补贴定规模的办法，今后新上风电、太阳能发电、生物质能发电项目，应在补贴资金已经明确落实的情况下进行核准，没有落实补贴的项目不能接入电网。第二，补贴规模应与经济发展形势相适应，建议将可再生能源基金征收标准控制在一定水平。第三，按照“经济性、竞争性和有效性”原则，建立单位补贴额度逐年降低的机制。为了提高有限补贴资金的绩效，一种途径是借鉴德国、英国的补贴加速退坡机制和招标机制，如果新能源发电规模显著超出规划，则加大补贴降价速度和幅度；另一种途径是对风能、太阳能发电普遍推行招标定价的方式确定区域或具体项目的补贴水平（或最高价格），从而形成每千瓦时补贴额度逐年、逐批次降低的机制，使现有的补贴资金补贴尽可能多的电量，促进可再生能源上网价格尽快达到常规电力的水平。

另外，结合中期财政预算制度改革，在中央和省级财政建立节能环保、新能源、生态建设项目补助资金的中期财政预算制度，形成稳定的财政资金投入机制。探索政府和社会资本合作投融资新机制，积极推广政府和社会资本合作（PPP）模式，引导社会资金进入关键技术研发及产业化、技术标准制定、技术推广应用、区域配电网基础设施建设等领域，构建政府引导、社会资本广泛参与、市场化运作的可再生能源开发应用新体制。加大国家创新基金、国家新兴产业创业投资引导基金等对节能环保产业支持力度，鼓励多渠道建立节能环保产业发展基金，引导社会投资加大对节能环境产业领域的投入。推动 PPP 模式绿色产业基金发展，以有限的政府资金撬动民间资本股权投资；鼓励单个 PPP 项目支持性政策适用于 PPP 模式的产业基金。

3. 利用资源环境税收和碳定价收入支持可再生能源开发利用

近十年来，对可再生能源的补贴在全球范围内呈现持续增长，但相比而言，化石能源的补贴更为巨大，长此下去，化石能源价格会不断走低，而可再生能源的竞争力则会日益被削弱。因此，当务之急是减少直至取消对化石能源的补贴，并将这一部分资金转投入可持续发展的电力部门。有许多可行的方法能够为可再生能源的发展提供资金支持，主要包括：一是从电价中征收可再生能源附加费，以及从电力消费中回收成本；二是将税费与拍卖的收入专款专用；三是减免可再生能源产业的税务；四是一般性政府支出。

过去十几年，国际上主要通过增加对电力消费的收费增加可再生能源的补贴资金。具体来说有两种方式：一种是将电力消费征收附加费所获得的收入分配给可再生能源项目，另一种是强制要求配电公司从使用可再生能源的电力生产商处购电。这两种方式最终都会将使用可再生能源生产电力的额外成本转嫁到消费者身上。有关的国际案例有许多，德国通过出台《可再生能源法案》（EEG）与建立能源与气象专项基金（EKF），综合运用了附加费与将碳排放津贴拍卖所得专款专用相结合的手段。此外，丹麦政府通过向电力消费征收“公共服务义务税”（PSO）来为可再生能源提供专款专用。丹麦与中国所采用的方法非常近似，唯一的不同点在于丹麦每个季度都会根据各个项目的资金需求来调整相应的税率。美国采用了税赋的方式，通过引入产品税赋抵减（PTC）来为可再生能源生产提供可转让的税赋抵减。英国同时运行着三个项目，一是可买卖票证（RO）系统，二是有赖于向可再生能源所产电能收费的上网电价补贴政策，三是由政府财政支出直接支持的可再生能源产热奖励（RHI）。这些事例都表明有许多筹措资金的方式能够被用于支持可再生能源发展（见表5-9）。

资源环境税收与可再生能源支持资金是节能减排和能源转型的一体两面。统筹资源环境税收和可再生能源资金预算确保节能减排工作取得总体合力、协同效益和最大效果，有利于尽快建立可再生能源与化石能源公平竞争的环境、提高可再生能源的市场竞争力。环境保护税和碳税支持可再生能源的最直接途径，就是能够明确两个税种的收入具有专项用途，且专门用于可再生能源领域。因此，可基于环境保护税的排污费改税性质和排污费收入的专项用途，将碳税作为二氧化碳减排的专门税种，积极争取环境保护税收入的专项用途，形成资源环境税费支持可再生能源的长效机制。

表 5-9　支持可再生能源的碳定价机制案例

国家（地区）	名称（起始日期）	碳定价机制	简介与可再生能源的关系
澳大利亚	清洁能源未来碳价	从对每单位排放征收固定价格逐渐演变为总量控制与交易系统	·这一机制要求责任单位每年交出与排放量相当的排放许可。该机制被分为三个阶段，首先是按照固定价格征费（2013—2015 年），其次是具备价格上限和下限的排放交易机制（2015—2018 年），最后是进入没有价格上限，并且与其他国际碳市场相联系的总量控制与交易系统 ·碳定价的交易所得将被提供给一个名为“清洁能源金融公司”的基金，并专门用于投资可再生能源
加拿大阿尔伯塔省	指定气体排放法规（2007—2014 年）	排放交易系统与碳税的结合	·指定气体排放法规为最重要的排放主体都设置了排放强度目标。受该机制制约的主体必须达到一个特定的排放强度目标，购买排放表现积分，抵消或向气候变化与排放管理基金付款 ·抵消或向气候变化与排放管理基金付款将为提高能源效率与可再生能源计划提供资金
丹麦	公共服务义务税（1998 年）	环境税	·公共服务义务税是一项针对所有电力消费的费用，每个季度都会根据支出承诺来进行调整 ·公共服务义务税产生的收入将由一个名为“电网”（Energinet. dk）的独立非营利机构来收取，这些收入将用于资助各类可再生能源补贴（如风力涡轮机、生物质发电厂、太阳能电池与分散式热电厂）与赞助可再生能源产业的研究与发展
德国	能源与环境基金（2011 年）	碳交易	·能源与环境基金接收欧盟排放交易机制拍卖的收入，并将它用于资助与能源效率、可再生能源与电动交通的发展
印度	煤炭清洁能源附加税	税	·煤炭清洁能源附加税是一项向煤炭征收的税，致力于减少对于碳的依赖性，并促进可再生能源的运用 ·税收将被分配给国家清洁能源基金，用于资助清洁能源技术的运用与研发
日本	全球变暖对策二氧化碳税（2012 年）	税	·全球变暖对策二氧化碳税致力于通过引进二氧化碳税来控制能源（石油、煤炭与天热气）所产生的二氧化碳排放 ·所有的税收都将被用于促进可再生能源的运用与提高能源使用效率

续表

国家	名称（起始日期）	碳定价机制	简介与可再生能源的关系
英国	气候变化税，气候变化协议	税	·气候变化税是一种向电力，以及用于发电的天然气、煤、煤炭与液化气征收的税。它通常只向商业或工业用户征收，而本土的、非商业的慈善机构与小型企业则得到豁免 ·大部分税收将被再循环且用于减少对于竞争力的负面影响，较小的一部分将被分给一个碳信托机构以用于可再生能源的研究与发展
美国	生产税收抵免，投资税收抵免	以税收抵免为形式的补贴	·生产税收抵免与投资税收抵免都是为可再生能源发电与可再生能源投资提供直接减税的税收抵免，同时避免了资金的代收代付过程

专栏 5-4　德国能源与气候基金

德国探索通过财政政策的资金收入与支出两方面来支持可再生能源，最相关的工具是能源与气候基金（EKF）及欧盟排放交易机制（EU ETS）。它的资金来自欧盟排放交易机制的收入，它的资源将被用于资助能源效率、可再生能源与电动交通领域的项目。因为它直接体现了污染者支付原则（通过使用欧盟排放交易机制的收入）与可再生能源技术推广应用（RETD）的支持。

EKF 成立于 2011 年，是在德国核能退出的大背景下设立的，此后作为一个独立于联邦预算的特别基金而存在，目的是将整合新的资金资源用于支持德国能源系统发展转型，主要资金来源于欧盟排放交易机制（ETS）框架下拍卖排放许可的收入。建立 EKF 的另一个动机是通过设立 EKF 将支持资金从一般性预算中适度分离，这部分资金将较少受到高度政治化的预算政治变幻的干扰，从而确保那些环保的、可靠的、经济可负担的能源供应项目能持续不断地得到资金。

目前，EKF 的资金主要来自欧盟排放交易机制（ETS）。欧盟排放交易机制发起于 2005 年，在 2013 年 1 月至 2020 年进入第三交易期。

尽管在第一交易期和第二交易期的大部分排放许可是根据历史排放水平（追溯）免费发放的，但从第三交易期开始会对越来越多的排放许可进行有偿拍卖。目前，88%的待拍卖排放许可是依据成员国在通过欧盟排放交易机制的 2005 年核证排放量比例来分配的。拍卖通常由各国政府指定的拍卖平台实施。位于莱比锡的欧洲能源交易所（European Energy Exchange）是德国的拍卖平台，其拍卖德国相应的排放许可份额所得收入将被纳入能源与气候基金（EKF）。

财政部负责 EKF 的资金管理，与环境部和经济部共同协商提出初步方案，通过年度预算与中期财政计划进行资金投入及使用分配，每年与一般性年度预算立法一同由内阁和议会批准。该项基金的管理与其他联邦预算遵循同样的原则，EKF 的内部预算制定过程与在一般性联邦预算下制定一个单独预算项目的过程非常相似，并没有带来很多额外的管理支出。能源与气候基金法强调，该基金将被用于支持“环保、可靠和价格合理的能源供应与气候保护项目”。根据该法有关规定，该基金将用于支持能源效率、可再生能源、储能和电网、建筑保温现代化、国家和国际气候保护、电动交通工具及项目等领域。事实上，德国联邦政府所有用于电动交通发展项目的经费都来自 EKF。在 2013 年分配给 EKF 的 10.83 亿欧元资金中，1.6 亿欧元被用于支持可再生能源技术调配（RETD）（Kindler，2013），包括资助可再生能源建筑供暖设施的市场激励项目。

总体上看，将对可再生能源的支持计划捆绑在一个单独的、集中管理的基金上是一种很有前途的政策选项，可以使其资金更持续和稳定地被用于可再生能源，从而提高投资的安全性，加快可再生能源的部署。在现实中，EKF 的设计与实施仍存在一些影响机制有效性的缺点，最突出的是，资金来源由于欧盟排放交易机制的波动与长期低价而打折扣，难以保证资金投入稳定性，收入与支出需要之间很难完全匹配，需要投入额外的政府资金来补足资金缺口。从德国能源和气候基金的经历中可以得出一些经验教训：基金应有一个固定的资金来源，应当有一个长期的、独立于一般性预算计划的内部预算；对基金宗旨负责的政府机构应承担管理基金的责任；来自环境财政手段的收入也很有可能发生变化，为了维持稳定的资金来源，或许需要额外的政府财政支持。

4. 衔接碳市场和绿色电力证书市场

绿色电力证书指对绿色发电企业的单位上网电量（如每兆瓦时）颁布的证书。绿色电力证书发放和使用有两种思路：一种是美国等国家的方式，将合格发电量的绿色证书发放给发电商，由售电商购买绿色证书进行履约，确保其售电的一定比例是绿色可再生能源电力。另一种是我国最新提出的思路，将合格发电量的绿色证书发放给发电商，由缺乏足够绿色证书的发电商购买进行履约，确保其发电量的一定比例是绿色可再生能源电力。第二种方式主要是要求化石能源发电企业成为承担证书约束性购买目标的责任主体，有效协调化石能源发电和新能源发电之间的利益分配。该方式消解风电、光伏发电补贴对政府的财政压力，在不增加政府财政负担的条件下，给风电、光伏发电企业以必要的经济补偿。该方式也符合公众对燃煤电厂污染加以约束的共识，对销售电价造成的压力较小。

绿色电力证书预期价格。针对不同可再生能源发电量和上网电价的情景，若风电、光伏发电与火电达到平价，则证书价格为 81~91.6 元/兆瓦时，火电平均每千瓦时需增加成本 0.06~19 元。

然而，推行绿色电力证书机制需要建立较为复杂的证书交易系统平台，且往往需要凭借独立的第三方机构（非电网企业和发电企业）核发证书和开展具体交易。第三方机构需要在每份绿色电力证书上标注发电技术、发电容量、生产时间和生产序列号等信息，且必须确保证书交易的透明公开。此外，与碳交易市场类似，绿色电力证书交易市场一旦建立，证书价格将由市场供需决定，有必要通过合理的市场机制设计降低证书价格的剧烈波动，以确保向市场释放合理、稳定和可预期的光伏项目投资信号。

三、打破行业垄断和隔离，构建开放竞争的能源生产消费模式

（一）电力、燃气和热力行业垄断和隔离经营不利于电力转型

我国开放竞争的能源市场体系尚不健全，市场化的竞争格局还没有形成。目前我国电网、天然气市场整体呈现相对垄断的格局，电网投资运营主要由国家电网和南方电网公司垄断，油气管网设施建设和运营主要集中于少数中国石油和中国石化等，绝大部分电网和主管油气管网都处于高度垄断经营状态，各类发电企业、电力用户以及民营资本仍然难以投资管网基础设施。一些领域的价格双轨制阶段还没有完全结束，一次能源和二次能源价格体系的协调机制也没有完全建立。当前我国的能源价格仍然实施政府定价或间接的控制。

按照党的十八大提出的完善社会主义市场经济体制的新要求，统筹考虑能源安全、市场效率和产业竞争力，充分发挥市场配置资源的基础性作用，稳步推进能源市场化改革，优化产业组织结构，有效区分竞争性业务和非竞争性业务。竞争性业务要有效引入多元竞争，优化市场结构，扩大对外开放，非竞争性业务加强公平接入和普遍服务的监管，强化市场监管，尽快建立起产业协调发展、市场结构合理、宏观调控科学、市场监管有效、与我国国情相适应、统一、开放、竞争、有序的新型现代能源市场体系。

（二）打破行业垄断，扩大电网和热力燃气管网准入

大力破除电力、燃气和热力市场垄断，分离自然垄断业务和竞争性业务，放开竞争性领域和环节。实行统一的市场准入制度，在制定负面清单基础上，鼓励和引导各类市场主体依法平等进入负面清单以外的领域，推

动能源投资主体多元化。加快实施电力、热力、油气行业全产业链改革，竞争性环节引入竞争。

推动电网投资主体多元化和统一监管下的运营，推进天然气、热力管网业务从上下游一体化企业中分离出来，推进各级电网、管网、储气库、LNG 接收站等基础设施的公平开放。建立完善电网、天然气管网企业的公共监管制度，促进公平竞争，实现管输成本的独立核算，对自然垄断性环节加强监管，形成“管住中间、放开两头”的监管模式，从根本上理顺电力、天然气价格机制。

（三）打破行业隔离，构建开放融合的综合能源服务体系

打破电力、燃气、热力等不同能源品种和行业之间隔离经营界限，推动多能源品种集成优化，实现能源多渠道供应和多层次优化。改进常规能源转换和利用技术，实现能源多品种、多用途的系统开发。研发和示范风水互补、水光互补等能源生产技术集成和耦合。示范推广可再生能源电力制氢储氢、电供热储热技术，促进就地消纳。推动电动汽车提供储能服务，优化充电网络和充放电时序，提供电力需求侧响应服务，促进可再生能源消纳与电力资源优化配置。

打破不同部门、产业和地区相互分割的屏障，构建电力、热力和燃气供应共享平台和综合能源服务体系。鼓励智能电网、微电网、微能源网、能源互联网的商业模式创新和推广。鼓励建立各种产业联盟推动市场化发展，促进形成统一规范的技术和产品标准，构建多方共赢的市场运作模式。

以电力系统为中心，带动能源系统综合优化。以互联网技术为引擎，以可再生电力、燃气冷热电三联供为核心，应用储能、热泵等技术，构建能源综合开发利用体系。统筹推进电网、燃气、热力管网设施建设，构建协调融合的现代能源资源平台，实现多能互补、便捷转换和梯级利用。

促进能源开发利用向园区、城市层面综合优化。打破不同企业、机构、产业部门乃至社会服务体系之间的屏障，推动工业、建筑、交通的能

源基础设施融合和能源生产利用综合优化。积极利用固体有机垃圾、有机废水生产沼气供应周边工商业或居民，或者提纯制造甲烷进入城市燃气管网。建设城镇综合能源系统，实现新城镇、新能源、新生活。新建产业园区应置入系统能源优化、循环经济概念，优化园区产业、企业布局，发挥系统集成效应，提高整体能源利用效率。

（四）大力发展“互联网+”智慧能源，通过互联网促进能源系统扁平化

大力发展“互联网+”智慧能源，通过互联网促进能源系统扁平化，逐步建成开放共享的能源网络，发展能源共享经济和能源自由交易，推进能源生产与消费模式革命。探索互联网与能源领域结合的模式和路径，鼓励将用户主导、线上线下结合、平台化思维、大数据等互联网理念与智能电网增值服务相结合。依托示范工程开展电动汽车智能充电服务、可再生能源发电与储能协调运行、智能用电一站式服务、虚拟电厂等重点领域的商业模式创新。

完善技术标准体系，推动电力、互联网、通信网、广播网融合，打造智能电网、能源网和物联网，全面推动居民、商业、工业和交通领域的智能节能、需求侧响应、系统优化。构建以智能电网为配送平台，以电子商务为交易平台，融合储能设施、物联网、智能用电设施等硬件以及碳交易、互联网金融等衍生服务于一体的绿色能源网络。

四、积极发展绿色金融，促进可再生能源成本下降

建立系统完整的生态文明制度体系，必须建立吸引社会资本投入能源发展转型、生态环境保护的市场化机制。在目前短期价格体系未能充分反映污染项目负外部性和绿色项目正外部性的情况下，如何抑制对污染性行业的过度投资，吸引足够的社会资金配置到绿色产业、发展绿色经济，是建设“生态文明制度体系”的关键，也是我国经济结构转型面临的一大挑战。

近年来，有关部门开始深入研究支持环境服务业发展的金融政策，在引导绿色信贷方面做了许多卓有成效的工作，但距建立完整的绿色金融体系尚远。目前各方面政策呈碎片化状态，许多相关研究还停留在概念层面。

我国亟须建立一个“绿色金融体系”，引导社会资金投向与社会福利最大化相一致的绿色项目，降低污染性项目的投资回报率，提高绿色项目的投资回报率，提升投资者和企业的环境责任感和消费者对绿色消费的偏好，使资金从污染性行业逐步退出，更多地投向绿色、环保行业。

（一）绿色金融的兴起

通常来说，有三大类为可再生能源项目集资的策略，分别是借贷、资产抵押与这二者的结合。在中国，国有银行一向为可再生能源项目提供相对低息的贷款。而在全球范围内，据彭博社估计，2013 年，大型机构利用自身资产进行资产负债表投资是可再生能源的最主要融资方式，次要方式则是无追索权的项目融资。在中国，可再生能源的融资主要通过大型能源公司的资产负债表投资来完成。在过去，这类投资的融资多借助国有银行的低成本信贷，如今也出现了一些其他融资形式，如采取结构化贷款与发

行债券。同样需要注意的是，国有银行之外的其他金融机构也逐渐增加了它们的投资与参与度。

“绿色金融”是近年来金融发展重要趋势之一，各国政府期望通过金融体系差别化服务来推动绿色和可持续性经济的发展。“绿色金融”意味着在决策时要充分考虑环境因素，减少乃至停止对污染项目的支持，加大对治理环境项目的扶持。“绿色金融”与可持续发展相辅相成，将环境因素纳入金融机构风险评估体系，需要通过政府相关政策加以引导和管理。而传统的金融体系只关注直接的经济效益，强调利益最大化，追求短期高额回报，而忽视项目投资对环境的中长期影响，不将污染物排放、温室气体排放等因素纳入考量范围。

绿色金融体系将结合传统金融体系与绿色发展的社会需求，绿色项目通常在短期内增加项目的运营成本，拉长投资周期，融资规模加大，绿色项目的外部性环境收益在传统金融体系中无法有效界定。在实体经济中，完全依靠市场机制自发转向“绿色金融”是很困难的，必须通过政府的政策手段进行介入和引导，首先将不明确的环境外部性成本转化为可量化可计算的内部性成本，如排污权、碳排放权等负外部性公共产品的定价和交易。

“绿色金融”体系的发展和创新，重点在于明确绿色项目风险和收益的关系，通过政府这只“有形的手”的宏观调控作用和管理水平，使绿色项目的收益可以匹配其风险，将社会资本合理地引入可持续发展领域，促进技术经济的转型，实现人类和地球的和谐发展。

（二）绿色金融对可再生能源发展的重要性

当前世界能源发展的潮流正向着绿色低碳环保的方向前进，能源供应模式的转变已经在全球范围内掀起了新的技术浪潮，以可再生能源为代表的新能源技术将成为未来能源供应的主力之一，这已经成为多方面的共识。而我国可再生能源的发展也一直紧跟世界的脚步，并且成为世界可再生能源市场发展的重要组成部分，而实现可再生能源大规模发展需要大量的资金支持。目前，我国可再生能源市场的投融资规模在急速扩大。

2013 年，我国可再生能源融资额达到 2630 亿元，同比增长 113%，远高于美国、英国等国家。2014 年，投资额高达 5370 亿元，占到全球的近三成。按照规划，到 2020 年，我国风电的装机容量目标是 2.1 亿千瓦以上，未来每年新增装机容量平均在 2600 万千瓦以上，需要年新增投资近 1900 亿元人民币。光伏发电 2020 年的规划目标是 1 亿千瓦以上，今后每年新增装机容量平均在 2000 万千瓦左右，需要年新增投资 1800 多亿元。仅风电、光伏发电未来每年投资就近 4000 亿元，“十三五”期间，总投资近 2 万亿元。

将可再生能源发展纳入绿色金融体系中，不仅可以保障可再生能源行业的健康可持续发展，还可以提高社会对可再生能源行业发展的关注度，引导社会经济资源向绿色低碳经济结构转型，重视并且提高可再生能源行业在环保雾霾治理方面的作用，促进社会的绿色低碳可持续发展。可再生能源资产性质为初始投资巨大的重资产，与化石能源不同，后期运营不受燃料成本波动等影响。在可再生能源成本中，融资成本是重要组成部分，长期低成本的信贷支持将大大降低可再生能源的成本，降低发展过程中的补贴强度。能否建立符合可再生能源特性的绿色金融体系是可再生能源发展的关键。

（三）可再生能源在绿色金融体系中的现状

“绿色金融”这个概念目前在全球范围内还没有一个严格明晰的定义，关于“绿色”的概念还在不断扩充和调整。“绿色金融”的范围在很大程度上受到政府政策的影响。“绿色”产业本身就体现出环境治理、可持续发展等外部性作用，这些产业往往环境效益明显，但经济效益与传统行业相比存在一定的制度缺陷，特别是新兴行业处于发展初期，很多政策还在磨合，导致与传统行业相比，风险及不确定性加大。因此在绿化金融体系的过程中，政府的政策制定尤为关键。目前我国“绿色金融”体系中，可再生能源产业的地位和作用不够明确，也造成了可再生能源项目的融资困难。有些银行并未将可再生能源项目列入其“绿色金融”扶持计划。

金融机构缺乏对可再生能源项目的深入认识。很多金融机构对其了解很少，甚至完全不了解。有些只是从媒体上得到信息，并没有专业团队对可再生能源项目进行风险评估。整个可再生能源产业链的风险也并不相同，但常常被金融机构以整个产业链的最高风险评估来对待。如弃风限电问题主要发生在“三北”地区，而广东省不存在弃风限电问题，可广东省的风电项目申请贷款就受到了银行在弃风限电方面的质疑，无法获得相应的资金支持。投资者对风险的把控不明，使得项目获得资金的条件较高，从而拉高了项目综合融资成本。

我国可再生能源获得资金渠道极其有限，绿色金融体系不够完善。尽管存在政策资金、银行贷款、债券、定向增发等形式，但是现实中大部分可再生能源项目仍然通过银行贷款获得资金。其他的金融机构，如证券公司、担保公司、保险公司、金融租赁公司等机构，从资金收益要求上来看要高于银行，而可再生能源项目尚未建立起成熟且具有吸引力的商业模式，也就无法从上述渠道获得资金支持。

现有政策不能体现可再生能源项目的环境效益。可再生能源项目属于环境友好型项目，其环境效益却无法体现在投资人的经济收益中。可再生能源项目初期建设投资成本高，项目收益比较单一，主要依靠国家补贴资金扶持，市场环境不够成熟，无法独立与常规能源竞争。现有政策还不能将可再生能源的环境效益内部化。在发电上网环节，可再生能源和传统电力主体间的矛盾日益严重，无法实现可再生能源的全额保障性收购，弃风限电的情况日益严重，可再生能源项目的投资收益无法得到根本保证。

可再生能源项目的政策风险阻碍了绿色金融的发展。以风电和光伏发电项目为例，可再生能源附加费的发放一直滞后和拖欠，使发电企业不能及时得到现金回流，企业盈利能力大大下降。许多小型的生物质发电项目因为补贴发放不及时而无法正常运营。在没有稳定可预期的政策保障的情况下，可再生能源的融资渠道无法打开。

（四）扶持可再生能源绿色金融的保障政策和措施

我国在制定可再生能源的绿色金融扶持政策时应充分考虑到市场在资源配置中的作用，围绕金融资本的运作规律来设计相关政策，通过政策引导来降低可再生能源的投资风险，保障可再生能源项目的盈利能力，提高可再生能源项目的经济收益，将可再生能源项目的环境外部性效益内部化。

打造健康市场投资环境，保障资金投资收益。首先，加快电力市场的改革，建设以可再生能源发电为主导的电力市场机制，彻底解决弃风、弃光限电消纳问题。可再生能源技术主要用于发电，目前弃风、弃光等问题已经严重影响了可再生能源的发展，使得可再生能源项目的投资风险不断加大。只有实现可再生能源发电全额保障性收购，降低可再生能源发电项目的投资风险，才可以获得更多资金支持。

减少行政干预，实现可再生能源发电电费附加实时结算。以目前的电网能力，完全可以实现可再生能源电费附加资金的实时结算，应尽量减少电费结算难度和结算周期，使补贴发放及时到位，实现可再生能源项目的盈利预期，降低可再生能源项目的投资风险。

保障可再生能源政策调整的可预知性。目前，各种金融机构对可再生能源项目的不信任主要来自两方面：一方面是电力市场，另一方面是电价下调预期。从国际经验看，可再生能源电价补贴下降是必然的趋势，但是我国对可再生能源电价调整的政策中没有制定出具有周期性、规律性和可计算性的政策规范，或可供金融机构专业团队进行风险评估的数据参考，也导致在对可再生能源项目进行风险评估时，无据可依，不断提高可再生能源项目的融资成本。以日本为例，日本的可再生能源电价每年会在固定时间进行公布，对于可再生能源电价的计算和调整都由专业的第三方机构负责。我国电价政策缺乏类似的规律性制定过程，每次电价调整过程中都有各种消息满天飞，使整个行业动荡不安，非常不利于企业和金融机构进行长期规划。保证电价调整的规律和规范，可以降低企业经营风险，更好地帮助企业和金融机构做好风险控制，有利于绿色金融吸纳可再生能源项目。

完善信息数据平台，加强政府部门之间、政府与第三方机构间的协调合作。公开行业数据信息，建立稳定的跨部门合作协调机制，确保绿色金融政策的统一性和稳定性。需要国家发展改革委、能源局、财税部门、环保部门、金融机构以及社会中介机构等多方主体进行合作。行业技术信息公开、行业标准以及违法违规处置等，必须充分借助社会监督、社会评估的力量，及时反馈执法和政策落实情况，提高政府工作效率，不断提高可再生能源市场的置信度，打造安全可靠的投资环境。

推进财税政策、货币政策、信贷政策与产业政策的协调配合，强化对金融机构开展绿色金融业务的激励和约束，特别是针对可再生能源项目的相关金融政策。不断优化设计货币政策结构，将常规货币政策工具与绿色金融和可再生能源项目挂钩，以进一步发挥货币政策定向微调的功能。制定专门的“可再生能源”绿色信贷促进政策。在调整央行资产结构时，增加“绿色”“可再生能源”等因素。将环境相关风险纳入评估金融稳定性的指标体系和模型，制定一个绿色宏观、微观评估框架，以及一套标准化的环境评估方法，以使监管机构和政策制定者能够测量、评估企业与环境政策目标的相关活动。在银行监管政策中融入绿色金融内容，强调可再生能源的可持续发展的重要性。加快发展绿色债券市场，促进保险业对可再生能源项目的积极作用。强化财政政策在支持可再生能源项目融资方面的作用。

支持开展收费权质（抵）押等担保贷款业务。探索利用供热、发电、污水垃圾发电、产气等预期收益开展质押贷款业务。研究探索投贷结合、信用担保、信用保证保险等创新型金融服务。探索碳金融对可再生能源开发与应用的支持。

（五）在可再生能源领域创新应用绿色金融工具

绿色金融体系的运行最终要落实到具体的金融工具上。常见的绿色信贷、绿色保险、绿色债券和绿色风险投资基金等，都是通过金融合约的创新设计，缩小绿色项目高风险和低收益的差距，缓解市场失灵，降低绿色金融的外部性，形成“以商业可持续的绿色金融支持经济可持续发展”的机制。目前中国人民银行、国家发展改革委和银监会都陆续出台了相应的绿色金融指导文件，在方向和制度建设上为金融机构提供了政策依据。

1. 绿色信贷

绿色信贷是实现当前银行储蓄与未来绿色项目收益跨期配置的金融工具。《绿色信贷指引》（以下简称《指引》）于2012年由中国银监会正式发布，至今已走过第三个年头。《指引》旨在推动银行业金融机构以绿色信贷为抓手，积极调整信贷结构，有效防范环境与社会风险，更好地服务实体经济，促进经济发展方式转变和经济结构调整。多数金融机构制定了各自信贷环境风险控制的管理体系和办法，有些银行在授信审批中实行“环保一票否决制”等举措，以确保在贷前、贷中和贷后管理的各个环节纳入对环境与社会风险的考量。具体而言，绿色信贷产品包括清洁发展机制（Clean Development Mechanism，CDM）项下融资、合同能源管理（Energy Performance Contracting，EMC）融资、节能减排技改项目融资、节能减排设备供应商买方信贷融资等。

但是，国内银行仍然缺乏主动对授信过程涉及环境社会风险考量的信息披露，并且参考国际做法实时更新相应的绿色标准及评估体系，银行要及时掌握相关变化，同时做好贷款后检查授信项目的环境和社会合规情况，看是否符合之前的贷款环境条款。

另外，以可再生能源特性为基础的信贷模式还非常少见，大部分银行贷款仍以抵押担保的模式运作，未来还需要设计出相应的绿色电力项目融资新模式，引导商业银行建立完善绿色信贷机制。通过再贷款、财政贴息、担保等机制来支持绿色信贷，充分发挥征信系统在环境保护方面的激励和约束作用。

2. 绿色债券

绿色债券是募集资金专项支持绿色产业项目的一类特殊债券。绿色债券既可以使发行人和投资者实现双赢，也符合我国经济结构转型期的国情。

第一，绿色债券提供了新的融资渠道，满足发行方的融资需求。

第二，有助于缓解主要依靠银行信贷支持造成资金期限错配的问题。之前绿色项目主要依靠银行信贷来融资，而银行负债端的期限较短，一般只有6个月左右，而可再生能源等绿色项目技术类型复杂、投资期限一般较长，如果银行通过发行绿色金融债券来筹集长期资金，再用于绿色信贷，或者由绿色企业直接发行期限比较长的绿色债券，对接项目期限，就会缓解这方面的压力。

第三，绿色债券的发行可以用较低的融资成本为绿色信贷和投资提供资金来源。如果有一批专业的投资于绿色债券的投资者，其对绿色债券的投资需求比较大，银行或企业一旦发行绿色债券，价格就会比较高，融资成本就会比较低。此外，如果财政和监管政策对绿色债券进行支持，包括税收、贴息、审批的便利等，则可以进一步降低融资成本。

第四，为投资者带来创新的投资方式。投资于绿色债券可以满足投资方积极致力于清洁能源、环境保护、控制温室气体排放目标的愿景，与此同时还能为其带来可靠回报。此外，在全球提倡可持续发展的时候，绿色债券尤其受到重视，基于其本身的优势，可以为投资者带来较高的流动性和收益性。

第五，助推经济结构转型。“十二五”以来，推动经济结构转型，实现可持续发展已经成为国内经济发展的主旋律，绿色债券可以引导资金流向那些绿色经济公司，实现资源合理优化配置，作用于经济结构的转型升级。

第六，对发行人形象有正面影响。发行绿色债券与政府的宏观号召、可持续发展、下一代规划保持一致，发行人通过绿色债券的发行向社会宣传了重视绿色环保的市场形象。

近年来，国际绿色债券市场发展十分迅速，已经成为国际上普遍使用的为绿色产业融资的债务工具。从全球数据来看，自2007年问世以来，绿色债券发行量逐年递增，在2013年之后出现爆发式增长。2014年约为366亿美元，2015年前半年的发行量约为140亿美元。截至2015年6月10日，绿色债券市场存量约为659亿美元。

由于巴黎气候大会的举行，气候债券倡议组织预计绿色债券发行量会大幅增加。从绿色债券的发行人构成来看，2013年之前，发行人包含开发性银行、市政府、商业银行，其中多为多边组织、跨政府金融机构。但是从2013年开始，一般公司也开始发行绿色债券，到2014年成为绿色债券的第二大发行人，2015年上半年公司主体已经成为第一大类发行人。低碳方面的风能、太阳能行业的企业是绿色债券的潜在发行人，智能电网等也均被普遍认可能够被纳入绿色框架。

在国内，一些金融机构和企业也尝试发行过募集资金用于绿色相关领域的债券，对发展中国绿色债券市场进行了有益的探索和尝试。虽然我国早期没有官方发布绿色债券的概念，但是市场上带有绿色债券性质的产品并不鲜见，所有募集资金用于垃圾焚烧、污水处理、低碳等项目的城投债、公司债、中期票据、短期融资券等均有绿色概念。

2014年5月8日，中广核风电有限公司发行碳收益票据“14核风电MTN001”，发行规模10亿元，期限5年，该债券的浮动利率挂钩发行人特定风电项目碳收益率，以推广低碳概念。

真正被冠以“绿色债券”名义的债券发行始于2015年。2015年1月，兴业银行以绿色债券申报、以金融债券获批发行债券300亿元，资金由该行环境金融事业部用于节能环保项目并定期报告披露。

2015年7月，金风科技完成3亿美元境外债券发行，票面利率2.5%，期限3年，为中资企业发行的首单绿色债券，所筹资金用于投入再生能源项目。

2015年10月，农业银行在伦敦证券交易所发行等值10亿美元的绿色债券，是中资金融机构发行的首单绿色债券，也是亚洲发行体发行的首单人民币绿色债券。但由于缺乏统一的政策，这些探索还没有达成市场普遍共识，相关机构发行的债券也没有成为投资者公认的绿色债券。

2015 年以来，绿色债券相关政策开始落地。2015 年 4 月，绿色金融委员会成立，其主要职责是推动绿色金融产品创新和落地，并负责国内绿色债券政策指引的研究。2015 年 7 月，北京市金融局、中国人民银行营管部、北京节能环保中心等 16 家企业共同成立绿色债券联盟，试图帮助环保类企业在国内外发行债券，增加融资渠道。2015 年 9 月 21 日，中共中央、国务院发布的《生态文明体制改革总体方案》中首次明确了建立我国绿色金融体系的顶层设计，并将发展绿色债券市场作为其中的一项重要内容。2015 年 12 月 22 日，中国人民银行就发行绿色金融债券有关事宜发布公告；同日，中国金融学会绿色金融专业委员会发布《绿色债券支持项目目录（2015 年版）》。这些文件的出台，标志着我国绿色债券正式启动。

为促进中国绿色债券市场发展，人民银行结合国际经验和国内实践，制定发布了有关公告，对绿色金融债券进行了规范，同时明确了鼓励绿色金融债券发行的优惠政策，希望通过这些政策和制度安排，推动我国绿色金融债券市场的快速发展。公告采用了政府引导和市场化约束相结合的方式，在绿色产业项目界定、募集资金投向、存续期间资金管理、信息披露和独立机构评估或认证等方面对绿色金融债券进行了引导和规范，主要包括以下内容：

首先，强调募集资金只能用于支持绿色产业项目。发行人可按照公告所附的《绿色债券支持项目目录》筛选项目，也可参考其他的绿色项目界定标准。对债券存续期间募集资金管理进行明确的规定。要求发行人应按照募集资金使用计划，尽快将资金投放到绿色产业项目上；为确保募集资金流向可追溯，要求发行人开立专门账户或建立台账。此外，为降低发行人成本，允许发行人在资金闲置期间投资于信用高、流动性好的货币市场工具及非金融企业发行的绿色债券。

其次，严格信息披露要求，充分发挥市场化约束机制的作用。相对于普通金融债券，绿色金融债券信息披露要求更高，发行人不但要在募集说明书中充分披露拟投资的绿色产业项目类别、项目筛选标准、项目决策程序、环境效益目标，以及发债资金的使用计划和管理制度等信息，债券存续期间还要定期公开披露募集资金使用情况。

最后，引入独立的评估或认证机构。鼓励发行人聘请独立机构对所发行的绿色金融债券进行评估或认证；要求注册会计师对募集资金使用情况出具专项审计报告；鼓励专业机构对绿色金融债券支持绿色产业项目发展及其环境效益影响等实施持续跟踪评估。应及时向市场披露第三方的评估认证意见和专项审计报告。

国家发展改革委办公厅 2015 年 12 月印发《绿色债券发行指引》（发改办财金〔2015〕3504 号），确定了绿色债券的适用范围和支持重点。现阶段重点支持第 4 类新能源开发利用项目，包括水能、风能、核能、太阳能、生物质能、地热、浅层地温能、海洋能、空气能等，以及第 12 类的低碳发展试点示范项目，包括低碳省市试点、低碳城（镇）试点、低碳社区试点、低碳园区试点的低碳能源、低碳工业、低碳交通、低碳建筑等低碳基础设施建设及碳管理平台建设项目。

建议参照《绿色债券发行指引》的规定，允许分布式项目实施主体以集合形式发行绿色债券。《绿色债券发行指引》规定，“对于环境污染第三方治理企业开展流域性、区域性或同类污染治理项目，以及节能、节水服务公司以提供相应服务获得目标客户节能、节水收益的合同管理模式进行节能、节水改造的项目，鼓励项目实施主体以集合形式发行绿色债券”。可再生能源项目也具有此类项目规模小、分布分散的特点，建议参照《绿色债券发行指引》的规定，允许分布式项目实施主体以集合形式发行绿色债券。

发展绿色资产证券化（Asset Backed Security，ABS）。资产证券化是将预期具有稳定现金流的资产，通过特殊目的载体（Special Purpose Vehicle，SPV）发行资产支持证券的方式筹集资金，是一种盘活存量、灵活高效的创新型融资方式。资产证券化的发起人既可以是可再生能源项目业主等企业（绿色企业资产证券化），也可以是为绿色项目提供绿色金融支持的银行类金融机构（绿色信贷资产证券化）。通过资产证券化，企业既可以通过出售应收账款（如风电设备、光伏设备组件销售的应收账款）获得更多流动资金，降低企业资产负债率，也可以通过出售未来电费收入的收益权（如风电项目、水电项目的电费收益权），提前实现投资收益，提高资金利用率。银行也可以通过资产证券化盘活存量绿色贷款，从而获得更多可以投向绿色行业的资金。对于投资者来说，绿色资产证券化也为他们提供了更多的投资标的，可以分享绿色行业的发展成果。

3. 绿色专项基金

支持各级财政发起成立可再生能源产业投资发展基金，吸引民间资本入股并参与管理运营。利用各类金融资源，成立可再生能源担保基金，为可再生能源企业融资提供担保服务。大力发展股权投资基金和资产证券化业务，支持符合条件的可再生能源及相关企业到包括区域性股权市场在内的多层次资本市场挂牌上市和发债融资。支持符合条件的可再生能源企业发行公司债券、发行项目收益债用于加大创新投入。支持面向可再生能源企业创新需求的金融产品创新，探索建立可再生能源知识产权质押融资市场化风险补偿机制。

4. 绿色银行

探索建立绿色银行体系，充分发挥绿色银行在绿色信贷和投资方面的专业能力、规模效益和风控优势，推广商业银行设立生态金融事业部的经验。绿色银行可通过发行绿色债券、央行再贷款等形式进行债权融资。

专栏 5-5　美国康涅狄格州绿色银行

美国奥巴马政府积极推行清洁能源政策，一些国会议员于 2009 年和 2014 年两度提出《绿色银行法案》，旨在建立准公共性质的金融创新机构，利用公共资金和新型金融工具撬动社会资本，共同投资于清洁能源和能效项目，促进美国绿色产业和经济的发展。虽然联邦层面建立全国性绿色银行的动议尚在审议之中，但是不少州政府已经积极展开了建立州绿色银行的行动。康涅狄格州政府于 2011 年成立的清洁能源融资和投资机构（Clean Energy Finance and Investment Authority, CEFIA）是美国第一家州立绿色银行。在 CEFIA 的影响下，纽约州于 2013 年建立了计划投资额为 10 亿美元的绿色银行，加利福尼亚、马里兰等州的绿色银行也正在筹备之中。

CEFIA 的总体目标是“支持州长和立法机关的能源战略，实现更清洁、更便宜和更可靠的能源供应，同时创造就业机会、支持当地经济发展”。CEFIA 是在有着 10 年运行经验的康涅狄格州清洁能源基金（CCEF）的基础上成立的。该清洁能源基金每年从工业、居民电力用户交纳的电费附加费（目前标准是每度不低于 0.001 美元）中获得约 3000 万美元资金，这部分资金是 CEFIA 公共资金（约每年 4000 万美元）中的最主要的、较稳定的来源。CEFIA 其余资金来源包括联邦和州政府拨款（2012 年和 2013 年每年约获得 1000 万美元）、慈善捐赠、投资收益、向社会资本募集的资金等。

根据州立法机关授权，CEFIA 将开展三类项目：①终端用户可再生能源电费抵扣项目。设立一个价值 10 亿美元、15 年期的基于市场的机制，为抵扣州内终端用户使用零排放和低排放可再生能源的电费提供资金支持。②并网可再生能源项目。支持输配电公司从不超过 30 兆瓦的并网零排放可再生能源项目购电，或者拥有并经营此类项目。③能源节约绩效合同。与州立（包括各市级）公共机构签订标准化的能源节约绩效合同，取得政府“以身作则”的效果。CEFIA 支持多种类型的清洁能源开发利用，包括太阳能、风能、地热、潮汐、生物能等非传统能源，废热回收、能效、能源存储和配送，以及汽车替代燃料等。截至 2015 年，CEFIA 的活动主要集中在住宅、机构和商业部门的小型项目上。

CEFIA 针对清洁能源项目面临的投资阻碍，开发了一系列有针对性的创新融资产品，将投资者和项目（终端用户）进行匹配。下面主要介绍四类产品。

产品一：智能 E-贷。

该产品的目的是支持居民用户节能或使用可再生能源。在美国，传统住宅项目由于规模小、贷款期长、难以证券化，很难获得金融机构投资。智能 E-贷并不直接提供贷款，而是通过风险分担的方式，与地区银行和信用社合作，撬动后者提供低息（4.49%~6.99%）、无抵押、长期（5~12 年）贷款。CEFIA 要求银行承担其投资组合的最先发生的一定比例亏损（通常是 1.5%），以使其保持尽责，自己则承担之后的损失。贷款行入账的每一笔贷款，将由 CEFIA 在“贷款损失准备金账户”拨入储备金。

产品二：住宅太阳能融资租赁项目。

该项目专门用于太阳能，其基本内容是：业主零首付租赁太阳能发电或太阳能热水器设备，按月支付按揭（最长 20 年），并可选择在 5 年后购买此太阳能系统。CEFIA 与股权投资者及多个金融机构通过伙伴关系结构，与业主达成租赁关系。第一期融资项目利用国家能源计划拨款的 350 万美元作为贷款损失准备金，以及来自 CEFIA 的 760 万美元债权和股权投资，并从本地四家银行贷款人中吸引到 4000 万美元私人资本，向采用美国 FICO 信用评价模型得分在 640 或以上的房主提供融资。CEFIA 的参与带来了信用增级，使银行更愿意参与伙伴关系结构。同时，CEFIA 遴选符合资质的设备商并通过保险公司提供 20 年质量保险，再加上大量的宣传，增加了对住宅用户的吸引力。在美国，屋顶太阳能在技术和市场上都已较为成熟，CEFIA 对业主、设备商的“把关”和优惠的利率，事实上确保了业主从一开始就享受正现金流（每月节省的电费大于融资租赁费），从而将坏账风险减至最低。

产品三：太阳能借贷产品。

太阳能贷款是一个为期15年的贷款产品，可用于资助安装符合CEFIA要求的太阳能光伏电池板。它不需要任何房屋产权或房屋抵押。在试点期间，该贷款产品只能通过选定的电池板安装商提供。住宅太阳能贷款规模小、期限长，难以从传统的金融市场中找到投资者。因此，CEFIA将目光转向众筹市场。众筹是一种通过在线平台筹集大量个人的小额资金的金融工具。2014年，CEFIA与太阳能众筹平台Solarmosaic和贷款申请平台Sungage Financial达成合作协议。由CEFIA提供一笔初始的500万美元资金承诺，而众筹网站将向投资者提供15年期、收益率约为5%的贷款池投资。通过众筹模式，CEFIA从大量参与者中汇聚资金，尤其是能够吸引认同和看好太阳能行业的投资者。

产品四：康涅狄格州资产评估清洁能源项目（C-PACE）。

C-PACE帮助商业、工业和多人口住宅业主为其建筑的智能能源升级提供长期的融资。C-PACE允许业主自愿评估它们的物业，资助其中符合条件的能源效率和清洁能源改进项目。C-PACE项目所提供的资本是由物业抵押担保的，因此可以从社会资本筹集低利率、长期的资金，而不要求政府融资。CEFIA已经为C-PACE建立了4000万美元资金池，自行开展项目。平均每个项目融资70万美元，最高融资200万美元。同时，CEFIA可以将这些贷款打包出售给机构投资者。CEFIA是所有C-PACE项目的管理者，在全州推行标准化的管理。C-PACE最长贷款期为20年，采用分期还款方式，每半年还款一次，与州物业税同时缴纳，从而有效简化了还款管理，降低还款不及时的风险。而且，即使在贷款期内物业转手，还贷责任也可以通过物业税自动转移给新业主。

资料来源：朱寿庆，等．绿色银行的国际借鉴［J］．中国金融，2015（20）．

5. 绿色保险

目前绿色保险大多数针对环保污染，针对可再生能源项目的保险并没有体现绿色保险的内涵。目前我国针对可再生能源保险的品种较少，应该尽快组建国家级的可再生能源数据系统，为相应的险种开发提供一手数据。未来在可再生能源相关保险服务的帮助下，可减少可再生能源项目在投资过程的风险，特别是施工建设、运营维护及发电量方面的风险，以应对极端天气等自然灾害风险。

支持保险机构发展与绿色能源生产消费、可再生能源项目建设、技术创新和产业化相关的保险业务。积极发展能源开发利用活动相关生态金融和环境风险规避办法，探索新业态、新产品和新模式。制定和出台涵盖能源部门的环境污染责任强制保险条例，细化和出台有关财税和行政许可支持政策，建立专业风险评估机制和损失确定标准，构建环境污染责任保险与绿色信贷的联动机制。明确银行的环境法律责任，允许污染受害者起诉向污染项目提供资金的、负有连带责任的贷款性金融机构。建立强制性上市公司环保信息披露机制，使市场价格充分反映企业环境行为的真实成本与价值，为上市公司环境风险评估和准确估值提供基础，引导资本市场将更多的资金配置于绿色产业。

第六章

促进生态文明和市场化改革的能源治理与协调机制

COMPREHENSIVE POLICIES AND COORDINATION FOR RENEWABLE ENERGY TO PROMOTE ECOLOGICAL CIVILIZATION

一、面向可再生能源的能源转型的治理挑战与要求

（一）能源转型中的能源治理和协调机制面临的挑战

改革开放以来，按照深化经济体制改革和发展社会主义市场经济的要求，我国政府职能转变取得了明显成效。但总体上来看，政府职能转变尚未到位。政府职能“越位”“错位”“缺位”现象还在一定程度上存在，对经济增长、微观经济和市场资源的直接管制或配置职能强，促进可持续发展和生态环境保护、市场体系建设、提供政府公共服务的职能弱。

在能源领域，中国现有能源管理体制是以保障能源供给为核心甚至单一任务、从原有计划经济体制演化而来的。长期以来中国建立了基于资源勘探管理、生产项目和管网投资建设管理、产运销价格制订（或指导）、生产运输运行调控等各环节的分部门管理体制，以及基于煤炭、油气、电力电网、核电、新能源等各类能源品种的分业建设管理体制。一方面，政府长期通过行政手段控制着各类行业的微观运行，近年推进简政放权、项目审批下放后仍没有形成完善的市场体系和严格监管体系；另一方面，政府还没有形成促进能源系统转型和有效市场竞争的管理体制和监管体系，甚至依赖具有垄断经营特征的大型电网、油气企业开展公共基础设施规划、发电和燃气项目入网管理、标准规范制定等工作，一定程度上导致政府监管职能和能力弱化，抑制市场发挥决定性作用。

总的来看，当前中国能源管理的“保供给、轻环保”目标、计划经济特征、传统管理架构已严重制约了其促进能源系统转型的效力，现代监管体系的缺失、权责不对等，甚至有责无权严重制约了维护市场开放公平竞争的能力，也阻碍着能源系统向可再生能源转型。

因此，生态文明建设中可再生能源发展战略政策的协调机制的核心是更好处理政府和市场的关系，转变政府职能，创新能源管理和监管方式，

建立健全能源法治体系，关键是建立统筹能源系统转型的综合管理体系，以及与综合管理相配套、与市场化改革协调的现代专业监管体系，发挥引导、协调和规范作用，从而理顺能源转型战略、市场机制、行业管理的关系，形成生态优先导向的能源治理体系、法治轨道和制度保障。

（二）生态文明建设和市场化改革导向的能源治理与协调机制要求

随着中国经济发展模式向社会主义市场经济体制的全面转型，以及能源发展的重心由保障能源供给安全转向促进能源可持续发展，中国亟待深化能源管理体制改革。党的十八大以来，我国把生态文明纳入“五位一体”总体布局，全面深化改革，特别指出经济体制改革的核心问题是处理好政府和市场的关系，使市场在资源配置中起决定性作用并更好发挥政府作用；转变政府职能是深化行政体制改革的核心，总要求是“简政放权、放管结合、优化服务协同推进”。党的十九大进一步提出，加快生态文明体制改革，建设美丽中国；加快完善社会主义市场经济体制，打破行政性垄断，防止市场垄断，加快要素价格市场化改革，发挥国家发展规划的战略导向作用，健全经济政策协调机制；深化机构和行政体制改革，转变政府职能，深化简政放权，创新监管方式，赋予省级及以下政府更多自主权。推进科学立法，建设法治政府，推进依法行政。

中国能源管理体制改革的重要任务是按照“推进绿色发展，壮大清洁能源产业，推动能源和生产消费革命”的要求，适应市场化改革，切实转变政府职能和对能源发展转型的管理方式，从经济性管理为主转为社会性管理为主；加快建立“三个清单”，强化宏观引导、市场监管、促进资源环境保护的职能。在加快建立市场化价格形成机制，引导企业投资和能源电力系统运行的同时，减少政府部门对具体能源电力的项目投资、价格和运行的直接管理，转为更加注重制定执行战略规划、政策法规、市场规则、标准规范的事中事后监管，加强中央与地方协同的宏观综合管理和微观专业监管，建立统筹能源系统转型的综合管理体系和维护市场开放公平竞争秩序的现代专业监管体系，实现“权力与责任同步下放、调控与监管同步强化”，创造统一、公平、公正、公开的竞争性市场环境，强化具有行政垄断和自然垄断性质的企业治理改革与垄断监管，释放能源企业、用户和广大居民等市场主体在投资建设、生产消费绿色清洁可再生能源方面的巨大潜力。

二、生态文明建设下的能源气候环境综合治理

（一）建立能源气候环境变化的一揽子计划和战略

中国未来能源发展战略制定和能源体系建设必须着眼长远，抓住全球能源转型和科技变革的机遇，把可再生能源放到长期能源战略的关键位置，加强顶层设计，推动实现能源生产和消费革命。2016 年中国政府颁布的《能源生产和消费革命战略（2030）》首次正式明确提出 2050 年非化石能源占比超过一半的远期目标。近期快速技术产业进步、丰富国际实践经验和本书的“低于 2℃情景”分析显示，通过能源供需两侧变革、释放系统灵活性、让市场和制度创新发挥激励作用，中国 2050 年可再生能源占一次能源比重目标可提升到 54%以上。为此，中国应顺应绿色低碳发展的人类共识和全球趋势，贯彻“创新、协调、绿色、开放、共享”的新发展理念，以 2050 年可再生能源成为主导能源、全面实现能源革命、建成现代能源体系为目标，采取系统视角，坚持目标导向、问题导向、行动导向，以市场改革和制度建设为核心，推动高比例可再生能源情景落实到可再生能源发展战略体系。

制定面向 2050 年的能源气候环境一揽子战略。中国应按照生态文明建设纳入五位一体总体布局的要求，切实强化资源、环境、生态“三线”约束，并以此严格控制化石能源生产和终端消费的规模、布局和方式，特别明确煤炭开采、终端散煤退出和替代、煤电装机规模控制和清洁灵活性改造路径；按照《巴黎协定》确定的各国自主减排贡献、全球五年盘点、不断提高目标的机制，确定各能源部门深度减排温室气体和削减煤油气消费的长期战略目标和路径。

在《能源生产和消费革命战略（2030）》提出的推动非化石能源跨越式

发展、2050 年占比超过一半的战略目标基础上，制定实施高比例可再生能源发展路线图，通过持续优先开发利用可再生能源，推动可再生能源在 2030 年前从区域增量替代进入全面存量替代化石能源的能源革命转折期，到 2050 年形成以可再生能源为主的新型能源体系，可再生能源在一次能源消费中的比重达到 60%左右，可再生能源发电量占总发电量的比重超过 85%，实现我国主体能源更替和开发利用方式的根本性改变，根本上化解能源资源和环境约束、保障能源安全、实现经济社会可持续发展。

建立能源、资源、环境保护等相关部门协调一致的权力清单和责任清单，明确各类能源的绿色开采、生产和消费活动监管的责任主体。完善科学决策制度，对重大能源规划和发展项目加强科学论证、环境影响评价，引入社会监督。探索能源、资源、环境部门的大部制改革，从三者管理相互孤立、脱节转变为既相互制约又相互协调的综合管理体系。

（二）落实“三线”约束和“多规合一”的能源建设布局与集成规划

在能源规划中树立底线思维，严格执行资源消耗上限、环境质量底线、生态保护红线（“三线”约束），将各类能源开发利用规模和强度限制在资源环境承载能力之内。落实主体功能区规划，健全能源开发利用的空间规划体系，按照生产、生活、生态空间的资源环境容量和生态承载力优化能源开发利用格局，避开重点生态功能区、生态环境敏感区和脆弱区等。

按照“生态主导、保护优先，合理布局、不碰红线，严格准入、限制开发，示范先行、分步推进”的原则，合理确定规划建设规模、布局和时序，采取生态修复补救措施，确保对生态系统和环境敏感区的组成、结构和功能不产生明显不利影响，不导致荒漠化、生物灭绝和生态功能丧失等生态风险。充分发挥土地利用总体规划的统筹管控作用，严格保护耕地和生态用地，控制新增建设用地，加大节约集约用地力度，严格执行建设用地标准，促进土地利用模式和经济发展方式转变。结合可再生能源用地特点，探索未利用地的高效利用方式。

调整完善绿色能源生产规划，依据大气质量、水资源等条件确定煤炭、油气开采和火电建设规模及布局，依据流域生态保要求制定水电开发格局；对资源消耗和环境容量接近或超过承载能力的地区能源建设项目，及时采取区域限批等限制性措施；按照优先开发利用可再生能源的原则，系统研究制定能源电力系统规划，控制煤电建设规模并逐步转为灵活调节和备用电源，为可再生能源留下市场空间。

协调制定实施分布式能源生产消费规划，在市县探索推进城乡建设、环境保护、清洁能源开发供应规划协调制订和市县“多规合一”，根据环境质量标准和污染物排放总量控制目标设定燃煤利用、燃油机动车规模，统筹规划和有效落实工业、建筑、交通部门的终端电力替代和可再生能源利用方案；把分散式风电、分布式光伏、地热能等新能源纳入城乡空间规划体系，与城乡发展规划、土地利用规划、控制性详细规划相衔接，促进分布式能源高效开发利用；推进园区城区能源系统优化、梯级循环利用，从源头引领能源转型。

有序推进可再生能源。水电要严格贯彻生态优先原则，统筹水电建设和运行。深入开展水电开发规划的生态环境影响评价，建立水电开发生态环境保护标准，明确生态红线和不宜开发河流。停止审批区域生态环境影响严重的水电项目。贯彻生态优先原则，综合考虑防洪、生态、供水、航运和发电需求，以三峡水库为核心，推进长江上游水库群联合调度，适当增加枯水期下泄流量。加强风电和太阳能发电基地和项目的生态影响评估与布局规划。一些风能、太阳能资源好的山地、荒地被列入生态严控区，一些项目陆上和光伏风电项目选址受到限制，或受国土规划调整、征地、林业用地审批缓慢、配套电网设施建设进度不匹配以及部分地市明确不发展风电等因素影响而停工甚至拆除，针对这些日益突出的问题，要结合生态保护红线等工作，提前做好建设项目的生态环境评价，避免在生态红线等禁止开发区新建风电场、太阳能电站。海上风电项目涉及海事、航运、海洋功能区划、海洋环境保护、军事等多个领域，前期工作协调难度更大，审批环节多而烦琐、耗时长，更需要深入细致开展科学评价和细致规划，避免后期严重生态环境影响或被迫拆除的经济损失。

专栏 6-1　生态保护红线划定工作

2017 年 2 月中办、国办印发《关于划定并严守生态保护红线的若干意见》（以下简称《若干意见》），这是党中央、国务院在新时期新形势下做出的一项重大决策，是推进国土空间用途管制、守住国家生态安全底线、建设生态文明的一项基础性制度安排。该意见要求科学划定、坚守底线。统筹考虑自然生态整体性和系统性，开展科学评估，按生态功能重要性、生态环境敏感性与脆弱性划定生态保护红线，并落实到国土空间，将生态保护红线作为编制空间规划的基础。强化用途管制，严禁任意改变用途，生态保护红线原则上按禁止开发区域的要求进行管理。严禁不符合主体功能定位的各类开发活动。在责任划分和具体实施上，要求部门协调，上下联动，加强部门间沟通协调，国家层面做好顶层设计，出台技术规范和政策措施，地方政府落实划定并严守生态保护红线的主体责任，确保划得实、守得住。

环境保护部、国家发展改革委会同有关部门，于 2017 年 5 月底前制定并发布《生态保护红线划定指南》，明确水源涵养、生物多样性维护、水土保持、防风固沙等生态功能重要区域，以及水土流失、土地沙化、石漠化、盐渍化等生态环境敏感脆弱区域的评价方法，原则上评估的基本空间单元应为 250 米×250 米网格的精度（有条件的地区可进一步提高精度）。识别生态功能重要区域和生态环境敏感脆弱区域两类空间的分布并进行叠加划入生态保护红线，涵盖所有国家级、省级禁止开发区域，以及有必要严格保护的其他各类保护地等。省级政府推进生态划定工作，以县级行政区为基本单元建立生态保护红线台账系统，制定实施生态系统保护与修复方案。环境保护部、国家发展改革委会同有关部门组织对各省（自治区、直辖市）生态保护红线进行技术审核并提出意见，报国务院批准后由各省（自治区、直辖市）政府发布实施。目标是2020年底前，全面完成全国生态保护红线划定，勘界定标，基本建立生态保护红线制度，国土生态空间得到优化和有效保护，生态功能保持稳定。

（三）共建共享能源环境气候国土等基础信息平台

加强能源环境气候基础数据库共建共享，建立全国统一的能源生产消费排放信息平台。目前我国能源、环境、气候部门都开展了主要针对化石能源的消费统计、监测、报告和评价工作。以气候部门为例，2016年《国家发展改革委办公厅关于切实做好全国碳排放权交易市场启动重点工作的通知》（发改办气候〔2016〕57号）请民航局、地方主管部门针对其提出的拟纳入全国碳排放权交易的参与企业名单，组织开展历史碳排放报告与核查工作，为出台并实施全国碳排放权交易体系中的配额分配方案提供支撑。该通知指出全国碳排放权交易市场第一阶段将涵盖石化、化工、建材、钢铁、有色、造纸、电力、航空等重点排放行业，参与主体初步考虑为业务涉及上述重点行业的企业。随着能源环境气候各领域的数字化监管体系不断完善，应推进各类国土属性和生态红线信息共享，促进可再生能源建设项目合理布局和生态环境保护。风电和地面光伏电站建设的用地有着严格的限制，一般只允许在荒地、滩涂或者废弃土地等几种类型的土地上建设，林地、草地等类型的土地使用风险正在增加。但是，目前多个光伏企业在项目开发中都遇到了一地两证的困扰，即该土地在国土资源部门被划为荒山荒地，但在林业部门却显示为林地。

2015年8月，国家林业局准备将国务院确定的重点国有林区林权登记资料移交给国土资源部。同时，国家林业局计划将掌握的其他林业土地资源数据根据需要与国土资源部共享。此次两部门数据交接的大背景是国务院此前批准国土资源部在地籍管理司加挂成立不动产登记局，指导全国土地、房屋、林地、草原、海域不动产登记工作。国土部计划将国土、林业、农业、住建以及海洋五部门的数据资料统一整合到不动产登记局，纳入国土资源部搭建的不动产统一登记信息平台。

根据国土资源部此前下发通知，2016 年基本完成各级不动产登记数据整合建库，2017 年基本建成覆盖全国的信息平台的总体部署。不动产登记局对五部门功能的整合和信息共享，无疑是对地面光伏电站建设用地申报的一次利好。此次信息共享和统一登记，将在一定程度上消除部门信息壁垒，统一土地属性，便于地面光伏电站建设用地申报。虽然改革的方向令人欣喜，但政策的落地实施效果还有待证实，市、县级不动产登记职责和机构整合工作仍然滞后。未来需要继续推进国土、生态红线等基本信息统一共享。

三、建立中央、地方政府分工协同的能源治理体制

生态文明建设和能源转型不但需要制定国家战略，更需要各级政府贯彻落实生态文明建设和能源生产消费革命的工作部署。我国是单一制国家，中央政府统一领导包括能源领域在内的各项工作，但省、市（县）等地方政府也在能源环境气候等领域具有管理职责和职能。中国能源转型发展既要坚持全国一盘棋，也要充分考虑地方实际情况，授权和推动地方政府承担责任，发挥地方积极性。为此，需要不断完善中央和地方政府关系，有效推动能源转型和可再生能源开发利用。

（一）央地政府关系的基本原则：法治、效率、外部性、激励相容

中央与地方政府关系的基本原则[①]：①法治原则。一方面，中央与地方事权的划分必须在宪法和法律所规定的原则、规则下进行；另一方面，及时把通过实践检验的可行标准、机制、办法上升为法律。②效率原则。中央与地方在划分公共事务管辖权时应尽量坚持效率原则，在同等条件下，由效率最高的一级政府来提供该公共产品。③激励相容原则。探索使中央与地方的改革激励相一致，从而保证国家意志的有效贯彻，使地方政府成为促进地方经济社会协调发展的“帮助之手”。

强化中央政府宏观管理、制度设定职责和必要的执法权。涉及国家主权、促进经济总量平衡和区域协调发展、保障要素自由流动、维护生态环境安全等领域的事务，必须完整集中到中央，减少委托事权，以加强国家统一管理，确保法制统一、政令统一、市场统一。要强化中央政府宏观管理职责和能力，推进宏观管理目标制定和政策手段运用机制化，增强宏观

① 薛澜，等．中国公共治理体系改革研究［Z］．清华大学公共管理学院，2016.

调控前瞻性、科学性、协同性，通过制度供给、制度导向、制度创新来解决制度空白、制度缺陷和制度冲突。要强化中央在关系全国统一市场、生态环境安全等领域的执法权，合理配置机构，提高行政效能。进一步简政放权，最大限度减少对微观事务的管理。

省级政府作为地方行政建制的最高层，处于中央与地方关系的重要关节点，应当在中央统一领导下和国家统一制度框架内，有针对性地加强区域管理和统筹协调。要根据具体情况和实际需要用好地方立法权，统筹好区域内经济社会发展，促进基本公共服务均等化，但所制定的地方性法规和规章不得与国家法律和行政法规相抵触。维护好市场统一和公平竞争。要加快政府职能转变，对直接面向基层、量大面广、由下级政府管理更方便有效的事项，一律下放到下级政府和基层管理。强化市县政府执行职责。市县政府直接面向基层，必须强化执行职责，严格依法行政。较大的市制定地方性法规时应限于城市管理方面的具体事项。

专栏 6-2　中央与地方事权和财政关系

事权划分是现代财政制度有效运转的基础和支撑，明确政府间事权划分才能相应界定各级政府的支出责任，实施相应的预算管理。2013 年以来的本轮财税体制改革提出，按照政府间事权划分的“外部性、信息复杂程度和激励相容”三原则，“通过完善不同层级政府特别是中央和地方政府事权法律制度，建立各级政府分工合理、职责明确、各司其职、各负其责、控制有力、运转高效的国家权力纵向配置与运行机制”。一是强化中央政府宏观管理、制度设定职责和必要的执法权。二是强化省级政府统筹推进区域内基本公共服务均等化职责。三是强化市县政府执行职责。除中央事权外，将具有地域管理信息优势但对其他区域影响较大的公共产品和服务，如跨区域重大项目建设维护等作为中央与地方共同事权，规定由地方组织实施，中央和地方共同承担支出责任；将地域信息性强、外部性不显著并主要与当地居民利益直接相关的事务放给地方，增强地方政府的责任与活力，满足差异化公共服务偏好。

资料来源：楼继伟．推进各级政府事权规范化法律化［N］．人民日报，2014-12-01（07）．

（二）明确中央与地方政府发展可再生能源的责任、事权和财力

《关于深化行政管理体制改革的意见》提出："中央政府要加强经济社会事务的宏观管理，进一步减少和下放具体管理事项，把更多的精力转到制定战略规划、政策法规和标准规范上，维护国家法制统一、政令统一和市场统一""整合完善行业管理体制，注重发挥行业管理部门在制定和组织实施产业政策、行业规划、国家标准等方面的作用。"

在上述原则和指导意见下，中央政府负责强化宏观管理（全局，跨省）和专业监管体系顶层设计与实施，特别是经济、能源和气候环境等主管部门要同步推进能源管理体制改革和能源环境市场体系建设，例如在全面放开煤电、风电等能源项目投资准入的同时，必须建立起反映市场供需和资源环境成本的市场交易及价格形成机制。国家能源主管部门和监管机构要通过战略规划和考核等手段强化全国总量目标引导和结构调控，建立推动技术产业创新和全国资源优化开发的基本公共财政投入和税收优惠政策，规划并组织建设相互连通的跨省跨区能源管网，制订实施确保开放公平竞争的基本市场规则，加强能源管网和调度机构等垄断性环节的严格监管。

省级以下能源主管部门要结合本地区具体情况，组织各方制订更有针对性、实效性的本地可再生能源目标实施机制、详细规划、行动计划、实施方案和经济激励政策，为企业和居民投资开放利用可再生能源创造良好条件。特别是针对目前新能源过于依赖中央，地方政府激励、投入和信息优势发挥不足的问题，应健全责任、事权和财力三方面的地方政府工作机制。

四、整合形成推动能源系统转型的综合能源管理体制

（一）打破能源品种分类管理模式，探索可再生能源引领系统转型的管理方式

如前所述，我国长期以来围绕保障能源供给，实行基于煤炭、油气、电力电网、核电、新能源等各类能源品种的分业建设管理体制，条块分割严重。按照“落实三线约束、统筹空间布局、打破市场分割”的原则，理顺能源领域的宏观综合管理职能，有效整合或协调不同能源品种的资源开发利用战略、规划、政策与市场规则，做好能源发展规划与经济社会发展、自然生态环境保护、国土空间布局、城乡基础设施建设等战略规划与政策的衔接，优先布局生态环境友好的可再生能源发电、供热和燃料设施，促进可再生能源与传统煤电油气产品的多能互补、开放竞争、逐步替代。

（二）建立科学的规划机制、程序和方法

首先，建立“统一、公共、开放”规划的工作机制。例如，借鉴美国和欧洲的经验，由政府委托的、具有中立角色的电力系统独立运营机构（ISO、TSO 等）或其他独立研究规划机构，组织各类发电企业、电网企业和电力用户代表，并吸收生态环境领域代表，进行公开透明的规划工作。

其次，坚持系统效益最大化原则进行科学规划，改变针对孤立的项目、基地和通道的评价规划方法；特别是针对可再生能源电力消纳问题，要改变针对火电、核电、水电、风电、输配电网等各类电源和电网通道的分类规划机制，组织开展省或区域层面的电力系统评价规划，在更大范围释放电力系统灵活性，降低化石能源消费。

最后，加强管网等公共基础设施引领和支撑作用，坚持“合理布局、适当超前、分步实施”原则，实现“电源开发促进电网建设，电网建设引导电源开发”。特别是适应各类集中和分布式新能源及电动汽车等新型负荷的快速发展，加强可再生能源基地输电通道的规划建设，加快城镇配电网规划建设和转型升级。

（三）强化发展规划的绿色低碳发展约束

要形成在绿色低碳发展理念指导下和严格环境质量标准及排放控制约束条件下的电力系统规划理念和方法。国内电力系统规划优化包括电力资源配置优化、电源结构优化、电源布局优化、电网结构优化。与美国WEEC的电力系统规划的4项核心内容（可靠性、经济性、法规、环境）相比，我国缺少环境优化的内容，没有把生态与环境约束作为确定电力系统发展规划的硬性指标。电力资源配置优化过程中非水可再生能源资源的地位也不明确。建议今后通过规划程序等手段，在电力系统规划中确立生态与环境约束下的可再生能源优先发展的规划理念和方法。

加大电力和环境规划的整合。电力规划将在改善空气环境的全国性行动中发挥主要作用。在规划过程中将污染物排放作为一个重点考虑因素。首先，它需要规划者明确并重视发电方案生命周期内与预期环境政策相关的成本。电力系统规划者应该对空气质量标准的修订和提升有所预期，并在决策制定过程中考虑实施更严格的政策对电厂成本产生的影响。例如，即使有些控制措施只是在数年后可能实施的空气质量标准下才会被需要，规划者仍需将这些措施的安装成本折算入电厂资源成本中，作为风险管理的一种手段，这种方法将有助于提高对清洁资源的依赖。其次，规划过程应揭示不同情景下的总成本和排放量，这将使电力、环境和其他政策制定者真正权衡投资成本和空气质量改善之间的关系，使中国的环境目标成为电力和其他行业能源决策的重要推动力。

（四）电力电网规划方法要适应可再生能源特性和需求

在新能源发电大规模发展的背景下，电力系统和电网规划的内涵、目标、模式与方法将发生显著变化。如何实现电力系统和电网建设投资经济性与新能源并网消纳有效协调，将成为规划的核心问题。协同新能源大规模发展的电网规划的根本目标是使电网能够合理消纳新能源，充分发挥新能源低碳、节能与减排的效益。新能源的消纳并不是指不惜一切代价完全接纳新能源，而是寻求系统消纳新能源的各方面影响因素的均衡，在新能源消纳能力与系统投资运行成本之间进行合理的折衷。

需要注意的是，制约电力系统接纳新能源的因素可能是多方面的，规划当中需要对多因素进行通盘考虑。对于电力系统规划而言，新能源的合理消纳包含两层含义：一方面，系统具有足够的灵活性，能包容新能源出力的剧烈波动，减少新能源限电情况；另一方面，系统消纳新能源并不造成电力系统过多的成本负担，即系统因消纳新能源而增加的投资与运行费用不出现明显的上升。对于电网规划而言，其优化过程必须着重考虑与其他因素的相互协调。不同的网架结构将直接影响系统的新能源消纳能力，同时，网架结构也将影响系统其他灵活电源的运行方式，进而间接影响新能源消纳能力。

传统电力规划方法和准则未能充分考虑波动性电源特性及优先消纳需要，需要系统研究改进有关规划方法以及标准。例如，美国联邦能源监管委员会（Federal Energy Regulatory Commission，FERC）要求今后制定和修改有关电力系统可靠性标准时必须要认真考虑波动电源（VER）的特点和需求，并启动修改有关标准规范。美国还探索应用了可再生能源区规划方法。

专栏 6-3　美国可再生能源区规划方法

近年来，美国西部地区开始采用一种利于消纳可再生能源的电网规划方法，叫作“可再生能源区规划方法”。这套开发方法用于将公用事业规模可再生能源开发引导至最可能具有最高成本效益的区域。其目标是最大限度地提高能量传递（兆瓦时），同时最大限度地减少所需的容量（兆瓦），进而确保将电力交付至负荷点所需的任何超高压或特高压输电具有较高的利用率。在实践中，确定可再生能源区及其相关输电建设计划的步骤如下：

第一，完成可再生能源资源评估。理想情况下，评估应模仿一个典型气象年的每小时风能和太阳能输出，并反映地理空间差异，有足够的空间精确度来确定发电利用率相对高的区域。它还应该找到已知的地热潜能。

第二，利用可再生能源资源评估的信息，确定发电利用率和发电量较高的研究区域。通过地理信息系统分析、开发和应用环境筛选，来排除会让项目开发变得不切实际的已知敏感栖息地和地形特征。

第三，设定开放期，在此期间可再生能源开发商可提供具体研究区域的商业利益的实际证明。①

第四，对将研究区域与最大商业利益互连的输电情景进行生产成本建模和经济分析（在可再生能源区经济分析中，通常结合使用成本效益分析与生产成本建模）。

第五，从研究区域中选择筛选出的发展潜力密度最高、商业利益最大和系统生产成本降低潜力最大的区域作为可再生能源区。

第六，批准所选可再生能源区的输电建设计划。

在美国，可再生能源区政策已经用于解决电网内和跨区域输电问题。得克萨斯州开发了一系列新的 345 千伏线路，可支持优质风区，缓解拥塞，并提高了整个电网的电压稳定性。在美国西部，规划重点在于 500 千伏或更大的直流线路，以将优质风电长距离输送到主要负荷中心，同时不影响沿线的中间网络。

由于我国非水可再生能源电力发展时间短、发展速度快，导致工程基

① 输电开放期为输电供应商对有兴趣在规定的时间内采购输电服务的投标人发出投标建议请求的时间。价格可能是投标人提交的价格，或者可以在建议请求发出之前预先设定。

础性研究薄弱。目前在基础数据和评价方法上还都不能为在电力系统规划中准确充分反映可再生能源电力的特性和影响提供支撑。我国目前正在制定与修改电力系统可靠性标准，但由于基础理论、基础数据和工程研究成果的匮乏，波动电源的特性在当前制订的标准中难以得到反映。当可再生能源电力以较高比例进入电力系统时，系统面对的不仅是昔日的随机波动负荷，同时也要面对随机波动电源。建议政府主管部门加强对与波动电源特性相关研究的支持，明确要求涉及电力系统规划、系统可靠性标准制定或修改时应考虑波动电源的特性，同时吸收一批研究可再生能源电力特性的专家进入相应的标准化委员会。

五、与综合能源管理相配套、与市场化改革同步的现代专业监管体系

（一）树立现代专业监管理念

我国滞后的监管体系制约了能源转型和市场化改革进程，要配合战略规划和市场体系建设工作，尽快建立健全微观层面的事中事后专业监管体系，负责能源战略、规划和竞争政策的具体贯彻落实和监测监督，特别是对垄断和竞争性环节的成本监审、价格管理、开放准入、竞争秩序维护等进行严格监管。

各级能源主管部门和监管机构在制定有关市场准入和运行规则时，应严格贯彻公平竞争审查制度。要不断健全创新监管组织体系，可借鉴“回应性监管”的国际成熟实践，建立由政府监管、行业和企业自我监管、第三方监管共同组成的“大监管”，构建多方合作机制，使政府从市场监管唯一主体转变为监管组织协调部门，推进监管主体和监管手段策略多样化。要根据现代竞争市场体系、跨部门多能互补、智慧能源等新模式新业态的要求，丰富技术和经济监管手段，形成数字化、标准化、规范化的专业监管方式和工具，确保监管方式方法公平公正和监管信息透明公开。

（二）放宽市场主体投资权，弱化前置性投资项目审批

随着竞争和垄断环节进一步被厘清，竞争环节的行政化行为必须转变为企业的市场化行为，推进与市场化改革相适应的投资和运行管理制度改革，“放松经济性管制，加强社会性管制，健全标准规范约束”，将控制、干预转变为引导、服务，建立“市场为主、政府引导、法律规范”的投资管理体制。

因此，要稳步推进投资管理改革和核准权力下放，逐步精简前置性行

政审批，放宽清洁能源电力领域的市场主体投资权。除关系国家安全和生态安全、战略性资源开发、全国重大生产力布局的大型水电等项目外，全部由企业依法依规自主决策，政府不再审批。特别是随着中小型可再生能源项目的普遍建设，要适应可再生能源项目的规模相对较小、布局分散、投资建设运营主体多元的特点，理顺简化管理流程，完善横向到边、纵向到底的项目管理服务平台，最大程度上促进和保障吸引全社会投资可再生能源项目，尤其是要积极推动当地民间资本参与可再生能源投资，培育和发展多元化投资经营主体。

（三）健全倒逼能源转型的能源资源和生态环境监管体系

建立覆盖全面、科学规范、管理严格的能源资源总量管理和全面节约制度；反映市场供求和资源稀缺程度，体现自然价值和代际补偿的能源资源有偿使用和生态补偿制度；以改善环境质量为导向，建立监管统一、执法严明、多方参与的能源开发利用活动环境治理体系。

加快建立能源生产消费全链条环境保护监管制度，推进煤炭、油气资源按质量分级、梯级利用，严格能源项目水资源论证和取水许可制度，完善水电项目流域综合治理和生态用水保障机制。

健全能源活动环境影响评价制度，完善污染物和碳排放许可证制度和总量控制制度。在重大项目立项、实施、后评价等环节切实加强环境影响信息公开，完善公众参与和社会监督机制。利用卫星遥感、无人机、大数据等现代科技手段创新监管方式，提高监管效能。

对煤炭油气矿区、水电项目流域、大型风电光伏基地、生态敏感区域周边开展全天候、全场域、全要素监测，建立资源环境承载力监测预警和生态风险防控机制。

（四）加快建立与现代电力市场配套的专业监管体系

从国外经验来看，电力市场在电网接入、批发市场、零售市场方面都需要严格监管，完善的监管机制是保障电力市场正常运行的基础。输配电网公开和无歧视开放是可再生能源并网的首要问题，只有实现输电网无歧视开放，才能谈及可再生能源并网的其他问题。电网应向所有发电商提供公平、公开的准入，即无差别无歧视的开放接纳电力，关键措施是建立电网基础设施和交易调度等公共服务平台的合理组织架构和监管体系，这也是各国推进能源转型、电力市场化改革所共同关注和重点解决的问题。例如，美国 FERC 888 号令责成公用事业企业对其发电和输电业务从功能上进行拆分，并鼓励成立独立系统运营机构（ISO）。后来的 FERC 2000 号令确立了区域输电组织（Regional Transmission Organization，RTO）的最基本特征和功能、建立程序，鼓励拥有输电网的公用事业企业自愿建立区域输电组织（Regional Transmission Organization，RTO）。FERC 890 号令要求输电商向客户开放输电规划过程，就未来的系统规划与客户协调，与客户分享必要的规划信息，以增加客户充分利用新建发电资源的能力，促进输电网的高效利用。

而我国目前的电网企业不但拥有输配售业务，也仍然掌握着电网接入、输电通道使用、电力电网系统规划的主导权，缺乏公共性、透明性和相关方广泛深度参与。中国应进一步落实电力改革 9 号文精神，收回电力企业（特别是电网企业）拥有的公共权力，上收本应由政府行使的电网规划、标准、并网准入等行政权，使电网回归到企业的本来角色。推动电网企业输配电业务与售电业务分开，成立与经营性业务分离的独立系统运营机构。要完善电网企业和交易调度机构的公共治理机制，引入公共和社会监督力量，包括政府、电力行业相关方、独立专家等独立董事代表，确保输电电网企业公开透明地开展输电规划、交易调度服务和信息披露等工作。

六、强化新能源发展及体制变革的法律法规体系

（一）强化立法先行和协调立法修法

20 世纪末，中国在可持续发展的理念下开始了能源立法，于 1995 年首先制定了第一部能源法律即《电力法》，其中，“国家鼓励和支持利用可再生能源和清洁能源发电”的内容直接表达了在能源利用中，鼓励和支持发展利用可再生能源和清洁能源的理念。此后相继制定了《煤炭法》《节约能源法》和《可再生能源法》等，均体现了可持续利用能源和能源转型的思想。其中，《可再生能源法》是我国能源转型立法的重要代表。生态文明建设是党的十八大根据我国“环境资源约束强化”的现实提出的确定和指导未来我国发展方式的重要思想，生态文明建设的思想主张无疑成为我国今后能源立法的思想基础。应在法律层面对转变过去违背自然规律、破坏生态系统的传统化石能源为主的能源发展方式做出新的有力的制度安排，从战略的高度做好可再生能源利用的长远发展指引。

而且，能源立法与改革必须相辅相成。中共十八届四中全会明确了立法与改革的关系。一方面，立法与改革有内在的冲突，立法是稳定，改革是变动。另一方面，立法与改革相辅相成、互为条件，没有立法，改革就会缺少动力，要在这两者之间找到平衡点。能源领域的改革措施，也要于法有据。电力体制改革“9 号文”出台以来，国务院法制办提出了如何处理电力体制改革与电力法的问题的要求，要坚持把立法决策和改革决策结合起来，从法律制度上落实和体现改革决策。

但是，目前中国能源法治化进程和法律体系建设仍然明显滞后于生态文明理念、能源行业发展和重大改革，而且大多为行政法规、部门规章（地方政府规章），法律效力不足。能源领域的基本法“能源法”、作为监

管工作的重要法律支撑的“能源监管条例”至今尚未出台。特别重要的是，随着市场化改革，原有能源电力领域相关法律的修改一直滞后，电力等专门法的计划经济色彩浓厚，严重不适应能源转型发展和市场化改革需求，在实践中甚至还阻碍了能源转型发展。

因此，必须把推动能源转型发展、支持新能源发展及体制改革纳入法治化轨道，形成可再生能源发展和体制变革的法律秩序。法律规范以权利和义务为机制调整相关方的行为。一方面，科学立法要求坚持“权利优先”的原则，在立法过程中客观地认识并合理地加以确认和保护可再生能源及相关方的权利。另一方面，从过去注重“立权”转变为更加注重“立责”，科学合理地配置权力与责任，对能源管理和监管机构必须授予必要的权力，明确承担的责任，规范部门和地方政府规章的权限范围。

中国应强化协调推进立法修法。在推进可再生能源法的实施和修改工作的同时，必须同步甚至更早推进“能源法”、《电力法》等基础法律和重要相关法律的立法和修法。“能源法”等基础法律要明确可再生能源的战略和优先地位，建立有利于可再生能源发展的框架。《可再生能源法》要更加具体化、增强可操作性。应加强法治与改革的相互结合和相互促进，在把《可再生能源法》的要求落实到改革措施上的同时，针对《电力法》不适应新形势的内容进行修法、法律解释、适用性调整或特别授权，特别是要建立无歧视开放电网、独立交易调度机构、分布式发电参与配售电业务等相关制度规则。

鼓励地方建立能源转型的地方性法规及规章。中国是单一制国家，中央政府统一行使立法权，中央立法权居于主导地位，地方立法权源自并且受制于中央立法权。地方立法权主要是为了执行中央立法或围绕一些纯粹的地方性事项而行使。行政规章主要指国务院部门、省（自治区、直辖市）人民政府、省级政府所在地的市和经国务院批准的较大的市人民政府制定的规章。应尽快制定出台能源监管条例，明确监管机构地位和作用，界定监管机构职责范围，确立监管工作程序和决策机制，规范信息披露要求和争议解决机制。

（二）提升《可再生能源法》等法律的可操作性和执法司法力度

《可再生能源法》的实施有待提升效力。2005 年颁布实施、2009 年修订的《可再生能源法》是我国能源转型立法的代表，该法规定“国家将可再生能源的开发利用列为能源发展的优先领域”，并要求制定全国和省级可再生能源开发利用中长期总量目标和规划，确定可再生能源发电量占全部发电量的比重，实行可再生能源发电全额保障性收购制度，电网企业收购价差由在全国范围对销售电量征收可再生能源电价附加补偿，国家财政设立可再生能源发展基金。电网企业和燃气、热力、石油企业未按照规定完成收购可再生能源产品的，应当承担赔偿责任或处以罚款。但是，不依法缴纳附加，不收购可再生能源电力、热力、燃气问题突出，没有通过法律途径得以解决，地方政府也没有严格落实。

提升《可再生能源法》关键并网制度的法律层级和落实力度。在上述制度实施上，我国可再生能源相关制度主要是以规定、办法、细则、通知等部门规章或地方政府规章颁布实施的，在法律法规体系中的效力层级最低。从法律体系的构成来看，《可再生能源法》确立的全额保障性收购制度和罚则只是做出了概括性和原则性的规定，在实践中主要以规定、办法等部门规章为主进行实施，电网企业和调度机构缺乏透明实施细则。而美国、德国等新能源发电并网法律体系由法律和相应电网监管机构制定的行政法规组成，虽然一些条款仍有待 FERC 以法规的形式加以细化和厘清其中的含义，但就法律的立法本意而言，已尽可能在本法中使相关并网条款具有足够的可执行力和可操作性。

推动制定地方性法规。为适应不同地区能源转型发展的需要，根据《立法法》，推动省（自治区、直辖市）根据本行政区域的能源转型发展具体情况和实际需要制定有关地方性法规，就如何执行《可再生能源法》的总量目标制度、全额保障收购制度、可再生能源电力比重要求、可再生能源供热比例、高比例可再生能源区建设做出具体且法律效力强的规定，共同推动能源转型发展。设区的市也可制定建设高比例可再生能源城市的地方性法规。

（三）按照系统优化原则、市场化改革方向加快修订《电力法》

20 世纪 90 年代中期，随着社会主义市场经济体制改革目标的确立以及经济体制改革全面推进，1997 年中国出台的《电力法》规定开放电源投资、政企分开、网产分开，为扩大电源投资提供了制度性的动力和保障。但是，近 20 年来《电力法》及其配套法规越来越不适应市场化改革和新能源电力发展的新要求。目前，修订《电力法》的呼声和期待较高。2015 年中共中央、国务院《关于进一步深化电力体制改革的若干意见》（中发〔2015〕9 号）要求建立健全能源法制体系，建立健全电力行业有法可依的市场体制，抓紧完成《电力法》的修订及相关行政法规的研究起草工作，为加快电力等部门的法治化进程提供了新的动力。

首先，要在法律法规层面明确电力系统规划工作机制。我国电力规划过程中由于缺少通过法规确立的协调程序和机制，导致电力发展过程中出现一系列的不协调情况：一是电力供应与需求不协调；二是电力发展与环保要求不协调；三是传统电源与新能源发展不协调；四是中央政府与地方政府不协调；五是电源与电网发展不协调。这是从完全计划经济向市场经济转变过程中的机制转型挑战。依靠行政管理部门协调解决这样的问题缺少法律依据。在电力系统规划制定过程方面，我国国内电力系统规划的开放性、包容性、平等性不足。在实践中，电网企业、传统发电企业、可再生能源电力企业各自制定本企业的发展规划，国家主管部门同样各自制定各行业的发展规划；在系统层面，各相关方之间没有由法规明确的协调程序和机制。相比之下，欧美电力规划程序具有明确的法律授权和规则、较高的开放性和参与度，电力行业的各相关方之间和各相关电力市场区域之间按照比较清晰、规范、透明的程序规则，利用模型方法和各方的研究成果共同进行规划研究和制定。建议我国在修订《电力法》时增加电力规划章节，包括规划原则、规划程序、规划内容，参加规划各方权利、义务的条款。

其次，为适应新一轮电力体制改革和我国能源体系转型升级要求，《电力法》要明确建立现代电力市场体系的基本导向和制度框架，促进形成有效竞争的市场结构和市场体系，特别是明确上网电价和终端销售电价主要由市场竞争形成，输电电价和配电电价由政府制定。鉴于试点是推进改革的重要途径，是对现行电力管理体制的探索，必将对现有体制和法律框架进行突破，《电力法》要为电力改革试点提供法律空间和依据。针对新能源发展趋势和电力市场建设要求，《电力法》应重点进行如下修订：一是取消现行《电力法》对电力生产主体的独立法人资格要求，可修订为“符合国家规划、标准或者行业标准的电力生产设施，电网企业应当同意并网并提供相关服务”，以扩大开放分布式发电的投资和电网接入。二是修订供电营业区制度，重新思考和界定传统供电区的基础、功能、边界，适应分布式发电、微电网、能源互联网等新型电力发展形态、多元售电主体、双向电力交易机制的要求。三是修改输配一体化的法律制度，为打破输配一体化、探索输配分开投资经营提供可能空间，探索输电、配电独立投资、经营、核算。四是推进交易调度独立的制度化，规定电网转为输电通道和公共服务平台，明确独立交易调度机构的治理架构、组织架构和监管制度。五是明确电力市场监管制度，增加相关电力监管机构的责任和义务，强化依法行政和监管能力。

第七章

生态环境友好的新能源产业发展和开发建设

COMPREHENSIVE POLICIES AND COORDINATION FOR RENEWABLE ENERGY TO PROMOTE ECOLOGICAL CIVILIZATION

一、风电产业生态环境影响及对策

不论是从经济社会走可持续发展之路和保护人类赖以生存的地球生态环境的高度来审视，还是从为世界上无电人口和一些特殊用途解决现实的能源供应出发，发展新能源和可再生能源均具有重大战略意义。在水电之后，随着风电、光伏发电等新能源项目越来越多地进入全国各地和生产生活中，有关可再生能源项目如何与人类社会和谐共处的讨论越来越多。

随着风电的迅速发展，有关风电对生态环境和社会环境等方面影响的关注越来越多，国内外在这方面的研究分析也日益丰富。在风电场施工期，其主要影响包括土地使用、植被破坏及水土流失。在其运营期，主要包括对鸟类及蝙蝠的影响，对当地居民的噪声影响以及光影、景观影响。除去风电场占地影响不可避免外，其他影响均可以通过技术进步、合理规划、妥善善后等措施使其减小甚至消失。

（一）风电的生态环境和公众健康影响及对策

1. 风电对二氧化碳减排的影响

当前气候的加速变化和能源的日渐紧缺，使得各国比以往任何时候更加重视经济的可持续发展。

相比其他新能源，风电产业链包括原材料、部件制造市场、设计规划、工程服务、维护维修的需求都形成了一个巨大并且低碳的经济市场。而且，风电凭借有效减缓气候变化、提高能源安全、促进低碳经济增长等优势，已经成为全球许多国家能源可持续发展战略的重要组成部分。

首先，相比传统化石能源发电所排出的大量污染物，风电对减少温室气体（二氧化碳是主因）排放潜能巨大，同时也可以减少其他空气污染物的排放。而且，风电在生产过程中不需要大量的水，也不需要排放太多的废弃物。

风电不会直接排污，其全生命周期内的温室气体排放水平也较低。根据美国能源部研究结果显示，风电每度电的二氧化碳排放量相当于亚临界燃煤发电的1%、燃气联合循环发电的3%，同时也低于其他在发电过程中不排污电源的全生命周期内的排放量。

国际能源署的报告的数据显示，2014 年全球能源产生的二氧化碳排放量约为 323 亿吨。而早在 2011 年 5 月，IPCC 发布的报告（*Intergovernmental Panel on Climate Change*）中则预估出 2009 年全球大约有 160 吉瓦风电装机，而这些装机可以生产 340 太瓦时的电量，相当于减少 0. 2 亿吨（吉吨）的二氧化碳排放量。如果全球可实际开发利用的 20000 吉瓦风能资源都可以利用起来，则 2014 年全球二氧化碳排放量至少要减少 20 亿吨以上。

美国能源部的报告也显示，2013 年，美国风电直接减排量达到 1. 15 亿吨二氧化碳，相当于减少了 2000 万辆汽车的排放量。减少二氧化硫排放 15. 7 万吨，减少氮氧化物排放 9. 7 万吨，减少水的消耗 365 亿吨。

2015 年，中国风电发电量达到 1863 亿千瓦时，年直接二氧化碳减排量达到 1. 46 亿吨。在 2005—2015 年这 11 年间，风电对二氧化碳的累计减排量达到了 6. 02 亿吨。

2. 风电对环境污染的影响

相比燃煤电厂，风电场所造成的大气污染、水污染都大大降低，这些反过来对很多地区的生态环境其实起到了非常好的保护作用。广东省气象中心的刘荣等通过风电的环境效益分析，详细地比较了风电与燃煤发电对环境的不同影响①。

从分析对比中可以看到，燃煤发电从获取能源到发电的全过程均有污染，风电则显示了其环境污染极小的优越性。第一，燃煤发电每千瓦时要

---

① 刘荣，丁卫颂，王天龙. 风能发电的环境效益分析 [A] //中国环境科学学会学术年会论文集 [M]. 北京：中国环境科学出版社，2010.

耗煤约312克①，而风电利用的是可再生自然风能；第二，在资源开采方面，开采煤炭占用土地、影响生态环境、引发水土流失、地表塌陷，产生粉尘、噪声、弃渣、水污染，消耗不可再生资源，风电则无须开采；第三，燃煤发电需要运输煤炭的工具，消耗能量，产生扬尘、噪声、废气等，而风电无须运输。

3. 风电对雾霾的影响

自从《可再生能源法》于2005年颁布以后，中国风电开始进入大规模发展阶段，并且连续几年位居全球风电累计装机容量第一。到2050年，中国风电装机容量将达到1000吉瓦，建设8个千万千瓦级风电基地。在这种发展形势下，大规模风电开发的生态和环境效应问题越来越受到关注。

同时，2013年1月以来，中国中东部地区多次发生大范围、持续性的重污染天气，引起了国内外的广泛关注。国家环保部的全国空气质量统计数据表明，京津冀地区是全国大气污染的重灾区，其中又以河北南部城市最为严重。因此，有些业内人士认为京津冀大气污染与华北大规模风电开发有关系，并提出风电是造成雾霾重要元凶的观点。

中国气象局的朱蓉教授指出，目前有关大型风电场局地大气环境影响方面的研究工作还不是很多。但现有的研究均表明，风电根本不会引发雾霾。美国斯坦福大学Maria通过建立风电机组叶片与大气相互作用的动量参数化关系，估算由于大型风电场建设带来的全球和区域大气能量的损失。结果表明，如果全部用风能满足全球对能源的需求，风能开发对1千米以下大气层能量的损失为0.006%~0.008%，比气溶胶污染和城市化对大气能量的损失小一个量级。

丹麦科技大学Risoe实验室Frandsen通过加大中尺度数值模式中的地表粗糙度，设置了9000平方千米范围的大规模风电场，用数值模拟方法研究大型风电场的局地大气环境影响效应。结果表明，大型风电场下风向风速减弱的影响经过30~60千米的距离以后就可以恢复。除此之外，Nature

① 根据国家能源局发布的2016年7月全社会用电量中所公布数据更新。

也发表过通讯文章；气象学家 Robert Vautard 及其团队利用区域气候模型，对欧洲 2012 年全部风力发电厂，以及未来（至 2020 年）即将建设的风力发电厂进行了测定，结论显示，风力发电场对气候产生的影响非常小，甚至不如自然气候本身的变率大。

国内方面，早在 2011 年，内蒙古赤峰市就曾组织气象专家发布了《关于风力发电对气候变化影响的评估报告》，对当地 3 个风电场（克旗达里风电场、右旗翁根山风电场、翁旗灯笼河子风电场）的气象要素进行分析对比，发现其风速、气温、蒸发量、降雨量等变幅，均在正常区间内，并没有远超气候变化本身的变率。同时还与另外 7 个没有建设风电场的旗县进行对照，其气象要素的变幅也在正常区间内。

为了研究京津冀大气污染是否与华北大规模风电开发有关系，朱蓉教授通过分析风电场集中建设区的地面风速长年变化和北京市、天津市和石家庄市的污染气象条件长年变化，研究了风电大规模发展对局地大气扩散条件的影响。根据研究，朱蓉教授分析了以下三个疑点：

首先，风电机组的运转是否会造成下风向风速减弱，湍流强度增强。通过考察河北北部及周边内蒙古区域与风电场集中建设区较近的 11 个气象站以及密云气象站从 1961 年到 2013 年风速的长年变化发现，这 12 个气象站地面风速的变化基本上是渐进的，没有看出有外力影响下的突变。尤其是 2006—2010 年风电开发突飞猛进期间，12 个气象站均没有出现风速减弱、速度加快的现象。这说明河北北部及周边内蒙古区域内目前规模的风电场建设，对整个区域的地面风速变化没有明显影响。

其次，通过对京津冀地区污染气象条件的长期观察，2006—2010 年河北北部风电高速发展期间，北京市、天津市和石家庄市的通风量变化没有出现明显加快减弱的现象，说明目前河北北部风电开发对京津冀地区的重污染天气形成没有构成影响。

最后，文章还分析了京津冀地区大气污染排放的主要来源。根据数据显示，河北省各种大气污染物的工业排放量和机动车排放量都居全国前列或是首位，尤其 2011 年以后，氮氧化物和颗粒物或烟粉尘的排放量稳居全国第一。造成京津冀地区重污染天气的第一要素应该是过量的大气污染排放，相比之下，风电开发的大气污染环境影响微不足道①。

基于以上分析，把风速减弱归结于风电，并认为发展风电会造成雾霾，是没有科学依据的臆想。治理雾霾的关键还是区域协同减排。风电作为清洁能源，替代煤炭、石油等矿物能源，可以减少排放，不应因此被限制发展。

4. 风电场建设对植被及水土流失的影响

风电场在建设过程中也会对植被和水土流失造成一定的影响。任孝良在《风电的环保和安全问题》中对其表述为：对植被和水土流失的影响是指风电场在建设道路、风电机组基础、线塔基础及线路施工时对土壤及植被造成损坏，恢复不及时易造成水土流失等②。

于希军等人的研究指出，在风电项目的过程中，塔基、电缆沟和检修道路都需要对土地进行充分的利用，而它们也会分别对土壤中的有机质含量造成一定程度的破坏。数据显示，塔基的构建将导致土壤丧失原有有机质含量的7%左右，电缆沟将导致有机质含量降低1%，而在检修道路的过程中甚至丧失2%的有机质含量。这些数据充分说明风电建设项目将对当地土壤有机质含量产生影响。

此外，风电场施工期间挖土与回填土工程，如进行道路修建、土地平整、风电机组基础工程、箱式变电工程、电缆沟工程等，也将破坏地表形态和土层结构，导致地表裸露，损坏植被，损害土壤肥力，造成水土流失。

植被及微生物的分解物质是土壤中有机质的基础，然而，首先，在构建风电项目的过程中，需要将地表植被铲除，这就切断了土壤有机质的来源；其次，地表失去植被的保护，将会加大风蚀力度，促使原有的土壤养分流失更快；最后，风电建设项目的后期施工中，需要进行土壤回填，当地土壤被压实会导致土壤丧失透气性。这样一来，当地植被和微生物就无

① 朱蓉．大规模风电开发对城市大气环境污染影响的初步研究［J］．风能，2014（5）．

② 任孝良，易小惠．风电的环保和安全问题［J］．风能，2014（4）：52-56．

法进行有效的养分转化等。种种原因导致风电建设项目破坏了当地土壤有机质的含量①。

而且，在中国南方地区，由于降雨丰沛，生态植被破坏后，处置不当易形成水土流失；而北方风电开发区域多位于荒漠和草原地带，生态环境非常脆弱，地表的砾石层及植被保护层容易遭破坏，而且恢复难度大，特别是大型机械对地表更容易造成破坏，应引起风电开发企业的重视。

5. 风电场运行对鸟类及蝙蝠的影响

任孝良在《风电的环保和安全问题》中对关于鸟类影响的表述为：风电场建设对鸟类的影响主要是对候鸟夜间迁徙造成的危害。首先是噪声，当风电机组运行时，叶轮转动对鸟类低飞起到驱赶和惊扰效应。其次，在有雾天气和云层很低时，易发生鸟类低空飞行碰撞建筑物和高压线。

IPCC 的报告则将风电发展对生态影响研究集中在鸟类和蝙蝠碰撞死亡事故以及栖息地生态系统改变等方面。总体而言，陆上风电场潜在的生态冲击包括鸟类和蝙蝠碰撞事故、栖息地以及动植物种群层面的改变等；海上风电场除了上述影响，还有对海底生物、渔业和海洋生态的影响。

IPCC 的报告显示，美国国家研究委员会在 2007 年初调查了可用的文献，并发现鸟类死亡率预估在每年每兆瓦 0.95~11.67 只。同样，来自欧洲的一些报告也提供了相对一致的预估结果。尽管文献上大部分致死的鸟类为黄莺，属于陆地生态系统中种类最丰富的鸟群，但一些猛禽死亡则引起更多的担忧，因为这些鸟群数量相对来说少得多②。

随着海上风电的不断增长，关于海鸟的担忧也有所提升。目前还需要更多的研究，而且影响还将是针对特定物种的。不过，相比陆上风电而言，迄今为止的有限研究还不能说明海上风电场对鸟类构成巨大的风险。2010 年许遐祯、郑有飞等人在《生态学》杂志上发表了《风电场对盐城

① 于希军，王玉凯，王志．风电建设项目对生态环境的影响探讨［J］. 科学家，2015（9）：49-49.

② IPCC. IPCC Special Report on Renewable Energy Sources and Climate Change Mitigation［R］. 2011.

珍禽国家自然保护区鸟类的影响》一文，指出江苏省沿海区滩涂是雁鸭类、鸻鹬类及鹤类等候鸟的主要迁徙驿站，而这些候鸟的迁飞高度均远远高于风机高度，因此鸟类在迁徙过程中，风电场风机对鸟类造成的伤害较小，这与荷兰自然物理研究所的研究结果一致。而且在风机上适当的位置安设闪烁灯光，以及采用不同色彩搭配，如旋转时形成鹰眼图案，促使鸟类产生趋避行为，可以降低撞击风险①。

相比鸟类，关于风电机组造成蝙蝠死亡的研究并不是太多，而且相关可靠的数据也有限。有几个风电场已经报道过造成相当数量蝙蝠死亡的事故，但是其他研究则显示造成的死亡率比较低。2007 年初，通过查阅已有文献，美国国家研究委员会报道观察到的蝙蝠致死率为每年每兆瓦 0.8~41.1 只；后来，Arnett 等专家在 2008 年的 21 篇研究报告中发现致死率是每年每兆瓦 0.2~53.3 只蝙蝠。

虽然风电会对鸟类和蝙蝠的死亡造成一定的影响，但同死于飞机、汽车、建筑物、通讯塔等人造机器设备下的鸟类数量相比，风机所造成的死亡微不足道。美国风力协调委员会（National Wind Coordinating Committee）整理了相关的研究发现，由于撞击风轮、气压变化或栖息地变化所死亡的鸟类和蝙蝠数量非常低，并不会对物种种群造成任何威胁。

任孝良也在其论文中指出，在实际生活中的情况是：集中大规模开发的风电场，对于候鸟的迁徙会有如下影响：安装风电机组第一年后，候鸟会有一个逐渐认知的过程，偶尔会出现个别候鸟伤亡现象；第二年以后，候鸟会一如既往前来风电场附近的迁徙地栖息。因此，我们不能盲目地把人类的捕杀行为归结为清洁能源带来的影响。

而且，风电场一般不会造成鸟类数量级的减少，而选择其他能源也同样会因为碰撞、栖息地变动影响鸟类和蝙蝠，同样也会对全球气候变化有影响。

在深入研究野生动物生活习性以及风机技术之后，学者们还发现先进

---

① 许遐祯，郑有飞，杨丽慧，等．风电场对盐城珍禽国家自然保护区鸟类的影响［J］. 生态学杂志，2010，29（3）：560-565.

的风电技术可以减少风电所造成的鸟类以及蝙蝠的死亡。野生动物学家发现蝙蝠在低风速下是最活跃的。所以如果在低风速时保持风机不动，那么就可以减少一半的死亡率①。

6. 风电的噪声影响

声音的影响是社区和公共健康领域在运行的风电场中主要关注的问题。噪声污染主要来源于叶轮和轮鼓转动形成的空气动力噪声，齿轮箱、偏航齿轮和发电机组等的机械噪声等。整体的声音大小主要取决于风轮的设计和风速。

国内根据《风电场噪声限值及测量办法》（DL/T 1084—2008）要求风电机组生产的噪声影响符合Ⅳ类区域标准。关于风电机组产生的气流噪声，国际电工委员会（International Electro Technical Commission，IEC）规定的标准值是45分贝（dB）；日本的环境标准规定，住宅区夜间的标准值为45分贝；德国和丹麦规定得更细（任孝良，2014）。表7-1是德国和丹麦的风力发电噪声标准。

表7-1 德国和丹麦的风力发电噪声标准

选址场所	噪声水平（分贝）夜间限定值
产业	70
商业	50
农村	45
人口稀少地区：风速为每秒8米	44
住宅：风速为每秒8米	39

注：上面三行是德国的数据，下面两行是丹麦的数据。风速为地上10米的测量值。
资料来源：Wind Turbine Health Impact Study（马萨诸塞州）

国内专家通过对1.5兆瓦风电机组的实际测定显示：昼间距离风电场140米处可以达到《城市区域环境噪声标准》（GB 3096-93）Ⅰ类标准，不过随着机组单机容量的增大，机组叶轮也越来越长，叶轮切风噪声也会

① National Wind Coordinating Committee（NWCC）. Wind Turbine Interactions with Birds, Bats, and Their Habitats: A Summary of Research Results and Priority Questions, 2010.

随之加大，还需要进行进一步的测试。

此外，澳大利亚的研究也发现，机组发出的声音并不会影响公众的健康①。

悉尼大学教授西蒙—查普曼（Simon Chapman）2013 年 1 月公布了有关澳大利亚风力发电的调查结果。针对澳大利亚 1993 年到 2012 年之前建设的 51 座风电场（风机 1634 台）对周边地区所造成的影响进行了调查。对这些风机有 131 人投诉。如果按照 5 公里范围内的人口换算，相当于 250 人中就有 1 人投诉。这 131 人中有 94 人（七成）居住在反风力发电团体所关注的 6 座风电场附近，同样按照 5 公里范围内的人口换算，该比例提高到了每 87 人中就会有 1 人投诉。并且，131 人中有 104 人（八成）是在 2009 年抗议运动开始以后出现的，在此之前很少有人对风机提出抱怨。

所以调查认为，反风力派可分成两类：一类是组织，他们都是居住在城市的富裕人群，并非居住在风机附近的当地居民。另一类则是典型的邻避症候群（NIMBY）。上述调查的结论是，健康受损完全是心理问题，在科学层面没有发现风机会对人体造成危害。因此可以得到以下结论：这是一种因谣言和传闻而引发的焦躁症（Communicated Disease）。澳大利亚政府也公开否认风机噪声会对人体健康造成危害②。

7. 风电的光影、景观影响

光影、景观污染指阳光照在旋转叶片上投射出来的影子来回晃动，距离太近会影响居民的正常生活。

在一定的照明条件下，风机的叶片会产生一种阴影闪烁效应（Shadow Flicker）。风机的叶片在附近的窗户上产生阴影并且由于不断转动使阴影时断时续的现象，叫作阴影闪烁。这种情况只会在特定的时间和特定的情况下发生，比如只当风机处于太阳和受影响的建筑之间，并且只有在太阳落

---

① Chief Medical Officer of Heath of Ontario. The Potential Health Impact of Wind Turbines [Z]. Toronto, Ontario: Ontario Ministry of Health and Long Term Care, 2010.

② Chapman, S., George, A. S., Waller, K., & Cakic, V. The Pattern of Complaints about Australian Wind Farms does not Match the Establishment and Distribution of Turbines: Support for the Psychogenic, Communicated Disease Hypothesis [J]. PloS one, 8 (10), e76584, 2013.

山时有足够风力来保持叶片转动，才会发生这种现象①。而且合理的布局、种树、安装遮阳棚等措施都可以有效地避免这种现象的出现②。

中国水电顾问集团北京勘测设计院的杨建设指出，中国风电场建设过程中还伴随着“重实用功能，轻审美要求”的普遍现象，这也说明中国在风电规模化发展过程中确实存在忽略风电场与当地景观整体性协调发展的思想③。

对于风机对于当地景观影响的大小，不同人之间的观点分歧非常大。有些人认为风机提升了当地的景观水平，有些人则认为风机的出现破坏了当地的自然景观的和谐。所以一个社区是否愿意为更清洁的能源做出一些让步，应该由公开透明的谈话决定。

8. 风电的电磁辐射影响

一切电气设备在运行时都会产生电磁辐射，辐射源包括发电机、电动机、输电线路、变电所等。

不仅风电会产生电磁辐射影响，而且目前国内外风电场环评中涵盖了电磁辐射环评内容，风电场的电磁辐射需要完全达标，符合环保要求，才能通过评审。

（二）加强风电场开发的合理规划设计和规范管理

1. 合理规划布局、选址和设计

提升风电场的美观性，可以从风电机组的设计、布局和风电场的选址三个方面改进：首先，风电机组的塔架、轮毂与叶片的设计经过多年的优化，讲究协调，已符合美学原理。风电机组叶片数量以三叶片为主，令人感觉更平衡、更协调；风电机组的颜色也充分考虑景观特点，机组最常见的颜色有白色、灰白色和淡蓝色，一般情况下首选浅色调。

---

① http：//www. iwea. com/environmentalimpacts.

② National Renewable Energy Laboratory（NREL）. Renewable Electricity Futures Study［Z］. 2012.

③ 杨建设 . 风电场设计要有美学要求［J］. 风能，2014（10）.

其次，风电场设计中越来越讲究美学元素，通常会在考虑景观规模的情况下，安排视野中机组的数量、大小，以点缀景观之美。在自然风光秀丽的景区，机组之间的距离尽量均匀，讲究规范，与景区形成一个协调的整体，给风景区增添美感。

最后，风电场的选址。如果风电机组选择的位置恰当，不仅可以赋予贫瘠、偏僻、荒凉的山区生命的气息，还可以把风电开发与旅游结合起来，在发展清洁能源的同时带动当地旅游经济的发展。

在一些装机规模不大、坐落于江河湖泊岸线的风电场，可以尝试采用沿地物的线状布置形式，这些区域的一个共同地形特点，就是存在一条或几条地物线，或说是有着明显的线状地标。如果将几十台风电机组依次沿着这个地块的某条线布置开来，就可能使风电机组这个后来者融合进原有地块的秩序当中。这样一来，一队大风车“放下身段”，沿水岸、挨道旁、顺山脊“寄居”下来，就可以少一些唐突和不合。在国外，沿地物线状布置的方式也有很多成功案例，如丹麦 Middelgrunden 风电场项目等。多排布置针对大规模集中基地式的风电开发非常实用，譬如在中国，可以在大型风电场微观选址中依地形和周边环境，采用变化的柔性线条，构建不呆板的视觉队列。

在风电场的建设中需要注意风电场之间的间距，以便减小风电场之间不必要的相互干扰。气象观测场需要与风电场保持一定距离，以确保气象观测资料的准确性，使其不受风电场影响。提高风电机组效率，选取风能丰富、下垫面合适的地区建立风电场，可以减小风电场对气候变化的影响。

2. 选址回避鸟类及蝙蝠栖居地和迁徙路线

风电场选址时，要尽量回避鸟类栖居地和鸟类迁徙路线，减少对鸟类生活的影响。例如，甘肃的风能资源主要分布在河西走廊，在这一绵延1000 多千米的狭长走廊内，瓜州县被称为“世界风库”，玉门市被称为“风口”。同时，河西走廊有 7 个国家级自然保护区，按照甘肃省规划，在保护区核心地域不允许建立风电场，在保护区也要充分考虑回避候鸟迁徙通道，防止对鸟类生活和迁徙造成影响①。

此外，在鸟类和蝙蝠密度低的地区建风电场，在猎物密度低的地区设置风电机组，使用不同数量、型号和大小的风电机组，都可以有效减少鸟类和蝙蝠致死率。近期也有研究表明，在低风情况下限制风电机组运行可能会有效降低蝙蝠死亡率。

3. 规划设计时充分考虑噪声影响

在进行风电场规划时，应把对当地居民噪声影响考虑进去。厂商在制造时可以通过设计和制造技术的革新，降低叶片的气动噪声，减少齿轮箱等噪声源，也可以采用隔离技术屏蔽部分噪声。因考虑风能资源功率密度的分布，我国风力发电场多数建设在沙漠、山口、海岛等地。在人迹罕至的荒漠戈壁中建造风电场，对居民的噪声影响甚微。河西走廊、青海省等区域地广人稀，风电场建设在荒漠地带，附近居民极少，离风电场又远在数公里之外。辽宁省的风电场多选在辽东半岛沿岸地带，距离附近居民区远，且沿岸地带风高浪急，风浪声基本盖过风机声。江苏的风电场主要选择在偏僻的沿海滩涂。

4. 在设计环节控制电磁辐射

风力发电机电磁辐射要控制在设计环节，设计和制造时要防磁、防辐射，选材是降低辐射的关键。在风电场建设过程中，必须考虑风轮机的参数及相关无线电系统参数。

输电线路设计要调查线路经过的居民点，了解当地通信线路的走势，还要避开重要电子设施，比如电视发射塔、移动通信发射塔和基站、电话程控塔、机场导航台等。选用设备干扰水平要低，并与可以造成干扰的设备保持防护间距。采用架线方式，要适当抬高导线架设高度，减小下场强，优先选择三角形布置形式。

5. 加强施工和运营过程中对土壤的保护

在构建风电项目过程中，对当地原始地表的损害是由升压变电站、集

① 尚立照. 风力发电对河西走廊生态环境影响初探［J］. 环境研究与监测，2010，23（1）：3-5.

电线路和工人们的日常生产生活等多种因素造成的，在对其原始地貌进行扰动以后，会创造出新的地貌，例如临时推土和基坑等。要想加强施工过程中对土壤的保护，就要尽最大努力缩减建材摆放、灰土及混凝土搅拌等占地面积，同时尽量将这部分用地控制在风电场中的永久征地的范围中。同时，在实施以上工程环节的过程中，必须单独留出部分区域来堆放表土，并将纤维布苫盖其上，促使这部分土壤中的养分能够得到更长时间的保持①。

在工程施工以后，应立刻进行回填工作，并在这部分被破坏的地表上大范围地播撒草籽，做到最大限度地固定土壤，减小因土壤扰动造成的水土流失程度。此外，要想加强施工过程中对土壤的保护，应选择合适的季节，即该项工程应在植物生长季节之前实施并完工。这将促使播撒的草籽在第一时间得到生长的机会，有助于当地生态得到良好的恢复。

6. 规范管理，做好善后修复

在风电开发初期，一些风电投资企业在修路、基础施工等方面给水土保持等生态问题带来了不良的影响，但随着后续国家规范化管理，在水土保持、林地保护等方面加强了管理和验收，情况大大改观。特别是 2012 年 3 月《电力工程项目建设用地指标》（建标〔2011〕209 号）开始执行以来，风电场用地范围得到进一步规范，风电场道路多以乡间既有道路进行设计，大大减少了用地量，地表破坏范围进一步缩小；加上风电场水土保持验收的严格执法，风电企业加大了植被恢复速度，大大减少了水土流失等现象的发生。

总体来看，相比于风电发展对整个社会的不利影响，其在助推社会经济发展、助推环境改善、助推能源改革等方面的影响更加突出。目前，国内外在这些方面的研究还在继续，也期待有更多的佐证可以出现，为风电更加健康、可持续地发展提供好的建议。

---

① 于希军，王玉凯，王志．风电建设项目对生态环境的影响探讨［J］．科学家，2015（9）：49.

二、太阳能光伏发电产业生态环境影响及对策

（一）太阳能组件供应链的生态环境影响

从金属硅到太阳能级多晶硅料的生产加工过程是造成我国多晶硅光伏系统能源消耗和环境影响的重要阶段，主要有以下两种类型：

1. 多晶硅的生产制造对环境的影响

在光伏材料中，多晶硅的市场占有率在90%以上，在今后相当长的时期内，多晶硅依然是太阳能电池的主流材料。赵秋月等[①]研究发现，在多晶硅的生产环节中，其主要原料有氢气、三氯氢硅，中间产品则会产生大量四氯化硅（$SiCl_4$）、二氯二氢硅（SiH_2Cl_2）等危险化学品，这些物质主要分布在多晶硅生产各工序及罐区。多晶硅生产过程中所用的原辅材料大多数具有易燃、易爆、有毒、有害等性质，生产过程中还存在多处高温、高压反应，核心生产装置存在多处发生安全和环境事故的隐患，具有对环境产生影响及污染的可能。另外，多晶硅生产过程中产生的废水包括循环冷却水和生产废水。循环冷却系统排污水直接排入附近区域雨水管网，生产废水主要包括净水站废水、设备冲洗水、脱盐水排放的酸碱废水、废气洗漆水、多晶硅棒酸洗废水、地面冲洗水、设备水封水。以上各类废水污染物的影响主要为SS、酸碱度。生产工艺过程中产生的固废则主要是布袋除尘器收集下来的硅粉、废液闪蒸出的残渣、酸洗残渣、污泥等。

近几年，随着四氯化硅冷氢化等技术的应用与推广，多晶硅生产过程中产生的95%以上的副产物四氯化硅氢化转化为三氯氢硅原料，剩余约5%含杂质四氯化硅经提纯后用于生产气象白炭黑或其他有机硅产品，已经

① 赵秋月，周学双，等．多晶硅产业存在的环保问题及对策建议［J］．环境污染与防治，2010（6）：101-107.

真正做到了物料闭式循环利用，不仅降低了生产升本，也消除了四氯化硅的污染隐患，实现了多晶硅的清洁生产。

另外，多晶硅生产过程中产生的“三废”成分简单，处理也较容易，经过处理后能够实现达标排放。目前国内大部分千吨级规模的工厂都有“尾气干法回收”系统，环境影响评价和监测系统完善，不存在“高排放”的影响。

2. 太阳能光伏电池和组件生产制造对环境的影响

我国光伏产业链中，中游光伏企业总量最多，竞争优势最大。在中游产业中，污染主要产生于在电池片生产这一环节。多晶硅太阳能电池制造过程中的气体排放包括有组织和无组织废气排放。其中，有组织废气包括酸性废气、碱性废气和有机废气。太阳能电池生产中，在制绒、酸洗、去PSG、边缘刻烛工序因使用氢氟酸、硝酸和盐酸而产生含 HF、NO_x、HCl 等污染物的酸性废气，可经耳机碱液喷淋处理后达标排放。碱性废气主要污染物是未反应的 NH_3、SiH_4，可经过设备附带的尾气燃烧器燃烧处理生成 N_2、H_2O 和 SiO_2，未完全分解的 NH_3再次使用 10%HCl 进行喷淋吸收处理后也可达标排放。太阳能电池生产丝网印刷干烧结工序中松油醇以及银浆、铝浆所含醇类、醚类物质挥发产生有机废气，可经有机废气吸收塔活性炭纤维净化处理后排放。无组织废气排放方面，生产过程所需的酸、碱使用储罐在化学品集中供液区库房内进行存储，盐酸、氢氟酸、硝酸等易挥发酸储罐设置氮封系统，库房内保持负压，酸碱排风通过管路排至生产区酸性废气吸收塔进行处理，因此，无组织废气排放量较小。

电池制造阶段的废水主要包括：纯水制备再生废水，电池生产过程产生的生产废水、废气洗涤塔废水以及清下水。生产废水、废气洗涤塔废水和纯水制备再生废水经除氟预处理达到接管标准后排入当地污水处理厂处理后回用。清下水为循环冷却系统排水以及部分纯水制备浓水，排入厂区雨水管网。产生的固废包括一般固废和危险固废，一般固废包括破碎硅片、废包装材料等，均为供应商回收再利用，危险固废如废机油、废润滑油，委托固废处置单位进行处理。

由此可见，电池片生产制造过程中主要涉及废气、废水和固废的排放，经过处理后都能够达到环保的要求，基本不会对环境造成污染。

（二）光伏发电项目建设运行对环境的正面效应

1. 有利于区域小气候的调节改善

卢霞对戈壁地区光伏电站的环境效益研究表明①，光伏电站的建成在一定程度上调节了区域的小气候，使得酒泉市东洞滩百万千瓦光伏示范基地的地表接收的太阳辐射大大降低，年地表温度降低 18.03℃，日平均地表温度降低 0.049℃，日较差与年较差缩小，导致土壤水分的蒸发速率减少，空气湿度有微量的增加，因此局部小气候更有利于植被的生存，从而使该地的植被覆盖度增加。

2. 有利于生态脆弱地区植被

在阳光辐射较强的生态脆弱地区建设光伏电站可明显改善建设区的生态环境，与光伏电站建设同步的建设区绿化带能够防风固沙、涵养水分，有效降低生态脆弱区的水土流失；光伏板的设置能够提高区域植被存活率及生长速率；干旱地区光伏板定期冲洗为植被生长提供了充足的水分，经验表明光伏电站的建设能够显著提高建设区的植被覆盖率，对生态脆弱区绿化起到良性改善作用。

电池板还能够起到较好的阻风、固沙作用。对酒泉市东洞滩光伏电站的研究发现，荒漠地区大面积的太阳能电池覆盖于地表，增加了地表的粗糙度，使得地表风速降低，输沙率也随之降低，从而达到阻风、固沙的效果。建站之前荒漠戈壁的地表粗糙度等级为 1 级，电站建成后地表粗糙度等级达到并超过 2 级。植被的增加也增加了地表粗糙度，降低了风速。在我国西北广袤的戈壁荒漠区建立光伏电站能够对当地环境的治理起到积极的推动作用。

---

① 卢霞．荒漠戈壁区光伏电站建设的环境效应分析——以酒泉市东洞滩百万千瓦光伏示范基地为例［D］．兰州大学，2013.

3. 真正实现节能减排，减轻重金属污染

与传统发电技术相比，太阳能光伏发电应用清洁、可再生能源，是一项环境友好型发电技术。通过伏打效应将太阳能转换为电能，转换过程无须外界其他能量介入，不会排放氮氧化物、硫氧化物等污染性气体，颗粒及水蒸气，二氧化碳等温室气体，符合清洁生产原则，真正实现了节能减排。与传统的火力发电相比，光伏发电每产生 1 千瓦时的电，就相应节约了 0.335 千克标准煤，同时减少排放 0.272 千克炭粉灰、0.03 千克二氧化硫、0.015 千克氮氧化物①。以一个 10 兆瓦光伏发电项目为例，以年有效利用小时数等于 1475 小时计算，每年光伏电站发电 14750 兆瓦时，将节省标准煤 5024 吨，减排温室气体 15768 吨。光伏发电除了能减排氮氧化物等污染物之外，也相应减少煤炭开采的生态破坏，还可节约大量生产用水，减少了环境污染治理费用。

中国火力发电的重金属污染主要来自煤的燃烧。燃煤中含有很多重金属元素，如 As、Cd、Ni、Hg 等②。这些重金属不仅对土壤、大气、水体等造成污染，还会造成生物体中毒。重金属元素及其形成的化合物以烟雾或尘埃状态散布在大气中，不仅危害大，治理难度更大。就太阳能转换成电能这一过程而言，光伏发电的过程中没有重金属的排放，相当于减少了重金属的污染，属于环境友好型能源。

4. 复合型光伏产业发展带来的环境效益

与农业、养殖业相结合的光伏发电技术，是在原始光伏电站基础上发展起来的兼具科学性、经济性与环保性的新型光伏发电技术。这种技术实现了充分利用光伏项目场地土地资源进行农业种植、养殖业开发，从而提高了土地利用率，取得了很好的生态、经济效益。

农业光伏电站将传统农业种植与光伏发电相结合，提高光伏发电项目

---

① 杨美英．光伏发电在变电站中的应用［J］．科技情报开发与经济，2011，21（2）：203-205.

② 卢静，王忠柯，叶和清，等．燃煤重金属污染抑制的研究进展［J］．环境科学与技术，2002，25（5）：40-42.

土地的综合利用率，实现阳光、土地资源的立体高效利用。目前光伏农业主要应用模式是通过在农业大棚上架设不同透光率的太阳能电池板或者光伏薄膜来实现，利用太阳能板遮光吸热特性，替代大棚建筑材料。据统计，到 2014 年 3 月，我国光伏蔬菜大棚、“渔光互补”水产养殖、光伏畜禽养殖大棚项目已经达到 400 多个。光伏农业把农业、工业、生态结合起来，增加了农民收入，实现了低碳经济、节能减排和清洁生产。

新型光伏电站的环境效益还体现在实现发电、农牧业增值的同时实现生态环境的恢复与保护，如光伏沙漠生态电站①。光伏沙漠生态电站注重沙漠生态治理和光伏发电同步发展，在电站周围种植防护林体系，在光伏板下安装滴灌设施，种植牧草，使农牧业增收、土地增值、土地荒漠化得到控制。

（三）光伏发电项目建设运行的生态环境风险

光伏电站的环境影响分析主要为施工期和运营期两个阶段。地面大型并网式光伏电站建设需要进行土地平整、土石方开挖、电缆布设等一系列工程，土层扰动和光伏板遮阴都可能对土壤、植被造成一定的影响。许申来等②认为工程建设一般会对区域土壤、植被、物种多样性、生态环境造成一定的影响，工程施工部门、环境保护部门高度重视工程建设带来的影响，并且要求施工完成后必须进行必要的地貌、土壤和植被恢复。

1. 对大气环境的影响

太阳能光伏项目建设施工期的大气污染主要来源于施工和车辆运输导致的扬尘、粉尘及施工机械排放废气。施工现场、交通运输线路是扬尘的主要污染区，施工扬尘量因施工现场工作条件、施工阶段、管理水平、机械化程度及施工季节、土质、天气条件不同而差异较大，扬尘污染主要影响局部空气环境。同时，施工车辆和运输车辆燃油排放的废气污染是小范

---

① 张宇．振发新能源：十年追日铸辉煌［N］．中国能源导报，2013-07-12.

② 许申来，陈利顶，陈忱，等．管道工程建设对沿线地区农业土壤养分的影响：以西气东输冀宁联络线为例［J］．农业环境科学学报，2008，27（2）：627-635.

围、短暂的。应对施工区现场、道路进行管理、养护，使路面平坦、清洁，处于良好运行状况，一旦有弃土、建材撒落应及时清扫。如遇到干燥、大风天气，可采用对运输车辆及道路洒水的方法，减少扬尘。

在运营期，大气污染主要来源于项目食堂的油烟排放。以 50 兆瓦光伏电站项目为例，项目食堂可提供 10 人就餐，属于小型食堂，灶头数为 1 个，燃料为液化气，油烟产生浓度为 10.58 毫克/立方米。项目采用油烟净化器处理，处理效率不低于 85%，油烟排放浓度分别为 1.56 毫克/立方米，能满足《饮食业油烟排放标准（试行）》（GB 18483-2001）相关规定。

2. 对水环境的影响

施工期产生的废水主要是施工人员的生活污水，可直接排入市政污水管网，对周围环境影响较小。

运营期主要污水为生活污水和清洗废水。生产废水主要为太阳能模块表面的清洗用水，主要用来减小表面灰尘覆盖等对太阳能吸收效率的影响。清洗废水和生活污水经预处理后，通过地埋式一体化污水处理设施处理可达到《污水综合排放标准》（GB 8978-1996）中的一级标准，用于附近农田灌溉或绿地。因此，项目废水对当地水环境影响很小。

3. 噪声影响

项目施工期噪声主要来源于施工机械和运输车辆产生的噪声。施工期单位应尽量选用低噪声设备和施工工艺，尽量缩短高噪声机械设备的使用时间，特别是高噪声施工作业应安排在非工作时间段，才能有效降低对周围环境及居民生活、工作秩序的影响。

运营期噪声主要来源于逆变器及其他输变电设施产生的电磁噪声。应采用低噪声设备；加强对光伏电站逆变器的维护，使其处于良好的运行状态，避免对工作人员以及周边居民生活产生干扰。

4. 固废影响

建设施工过程中会产生弃土、建筑垃圾等固体废物。这期间应根据需要增设容量足够的、有围栏和覆盖措施的堆放场地与设施，并分类存放、加强管理；弃土尽量在场内周转，就地用于绿化、道路等生态景观建设，弃土及建筑垃圾应运至专门的建筑垃圾堆放场；生活垃圾应及时送往垃圾卫生填埋场进行卫生填埋，以免影响环境卫生。

工程营运期产生的固体废物主要是废旧电池板、废变压器油及生活垃圾等。太阳能电池的使用寿命一般为25年，报废后将由厂家回收。废变压器油属于危险废物，也需委托有资质单位处置。光伏电站一般只有少数运行人员，生活垃圾少，应设立垃圾桶，定点收集后，由当地环卫部门定期清运。固废处置措施若合理得当，对环境的影响较小。

5. 电磁环境影响

光伏电站潜在的电磁环境影响主要是逆变器产生的工频电磁场、无线电干扰，可能对人体健康产生不良影响，或产生信号干扰等。这种电磁环境影响的强弱与逆变器等级选型和距逆变器的距离等因素有关。

一般而言，变电站的变压等级越大，其电磁辐射场强越强，反之越弱；距离变电站越近，电磁辐射场强越强，反之越弱。以南坪35千伏变电站测量结果为例，在输电线路中心下方电场强度为5.2千伏/米，两侧10米处均衰减到0.3千伏/米。变电站产生的无线电干扰场以低于10.0兆赫兹的低频段为主，除了0.15~1.0兆赫兹频段的无线电干扰场强值较高外（由于受当地该频段电台信号干扰所致），其他频段均较低。以标准规定频率0.5兆赫兹看，变电站围墙外20米处都能满足评价标准要求，对周围环境影响很小。

6. 光污染影响

为了高效利用太阳能，太阳能电池板本身生产工艺也要求尽量减少光的反射。单晶硅和多晶硅电池板在制作时在有栅线的面涂减反射源，对光线的反射率极低；薄膜电池的弱光性好；安装时每片电池板要选择最佳阳光入射角度以最大限度利用太阳能，故电池板不会在同一平面上，增加了漫反射的概率，进一步减少了光线的反射。拟建工程太阳能电池板周边1公里范围内无居民，因此工程不会对地面交通和居民生活产生影响。

由此可见，太阳能电池板对光线的反射是有限的，基本不会对人的视觉产生不利影响，也不会对地面交通和居民生活产生影响。

7. 对土壤理化性质的影响

高晓清等①利用 2012 年 10 月至 2013 年 9 月格尔木大型光伏电站内外一整年的观测资料，对比分析了光伏电站内外的土壤温度变化特征，研究结果表明：光伏阵列对土壤温度的直接影响表现在其减小了地表接收的太阳直接辐射，因此会降低场内的温度。在土壤浅层（5 厘米、10 厘米），站内土壤温度日较差明显低于站外，这主要由于站内大量光伏阵列的存在，使得白天太阳辐射不易传入土壤中，夜间土壤中的热量也不易向外扩散，导致站内土壤温度日较差减小，光伏阵列的这种绝热保温作用在浅层土壤中表现得尤为明显。同时，站内与站外土壤温度具有相似的垂直变化特征，冬夏季土壤温度垂直梯度较大，而冬夏季转换时期土壤温度垂直梯度变化较小。

另外，王涛等②为了探究光伏电站对植被、土壤的影响，通过样地调查和试验分析对靖边县光伏电站内光伏板未遮阴、遮阴及电站周边区域的土壤理化性质、植被种类、α 物种多样性等进行了分析比较，结果显示：①三个区域同层土壤含水量的高低顺序是未遮阴>遮阴>电站周边区域，其中，表层（0~20 厘米）未遮阴和遮阴区域土壤含水量相对于电站周边区域分别增加了 34%和 30%，表明光伏电站建设可能增加土壤含水量。②就不同土层来说，三个区域的容重均随土层的加深而降低，在 0~60 厘米层遮阴区域的土壤容重均大于未遮阴和电站周边区域，表明光伏板的遮盖作用可能增加了土壤容重。③就不同土层来说，未遮阴和电站周边区域的 pH 随土层的加深而降低，遮阴区域的 pH 随土层的加深反而升高，但都小于未遮阴和电站周边区域，表明光伏板的遮盖作用可能降低了土壤 pH。④就不同土层来说，未遮阴、遮阴区域在 0~60 厘米土层变化不明显，电站周

① 高晓清，杨丽薇，等．光伏电站对格尔木荒漠地区土壤温度的影响研究［J］. 太阳能学报，2016，33（6）：1439-1445.

② 王涛，王得祥，郭廷栋，等．光伏电站建设对土壤和植被的影响［J］. 水土保持研究，2016，23（3）：90-94.

边区域随土层深度增加而降低，但遮阴区域电导率均低于未遮阴和电站周边区域，表明光伏板的遮挡作用可能降低了土壤盐分含量。⑤就不同土层来说，三个区域土壤有机质含量均随土层深度增加而降低。⑥就不同土层来说，未遮阴和电站周边区域土壤速效磷含量随土层深度的增加而降低，遮阴区域土壤速效磷含量呈现波动性变化。⑦就不同土层来说，未遮阴、遮阴和电站周边区域的速效钾含量随土层深度增加而降低。

总体来看，光伏电站建设后，相对于电站周边区域，电站内未遮阴和遮阴区域土壤含水量、有机质、速效磷和速效钾含量增加，pH 和电导率降低，其中遮阴区域土壤容重增加，未遮阴区域降低。在电站内，相对于遮阴区域，未遮阴区域的土壤含水量、pH、电导率、0~40 厘米速效磷和速效钾含量均增加；容重和 40~60 厘米速效磷和速效钾含量降低。由于未遮阴、遮阴区域植被高度和盖度均大于电站周边区域，植被的遮阴作用能有效降低地表水分蒸发，提高土壤保水、蓄水能力。

光伏板的遮挡作用降低了电站内风速，提高了空气湿度，也在一定程度上阻碍了水分蒸发，对电站内来说，由于遮阴区域光伏板的遮阴，地面得不到雨水补给，因此含水量低于未遮阴区域。根据“盐随水来，盐随水走”的原理，土壤蒸发量减少有利于降低土壤表层盐分积累①，加之植物根系从土壤中吸水，变土壤蒸发为植物蒸腾，形成了盐分随水分向地表聚集的又一屏障，因此未遮阴、遮阴区域土壤 pH 和电导率均低于电站周边区域。对电站内来说，遮阴区域光伏板的遮挡作用进一步降低了土壤水分蒸发，使得 pH 和电导率低于未遮阴区域。由于电站内植被生物量大，植被枯落物和死亡根系经微生物分解释放到土壤中的有机质含量高于电站周边区域。

光伏板的遮阴能有效降低土壤 pH 和电导率，但地面终年得不到雨水补给，导致土壤水分的入渗量和蒸发量都比较小，水分上下流通不畅，不

① 王玉辉，何兴元，周广胜. 放牧强度对羊草草原的影响 [J]. 草地学报，2002，10（1）：45-49.

利于水分通道的形成，可能导致土壤容重增加。贾树海等①认为土壤容重对草地退化具有敏感性，可以作为草地退化的数量指标，光伏板长时间遮阴可能会造成光伏板下草地退化，致使土壤变得紧实，土壤通气性、渗透性和蓄水能力均受到不良影响，但目前这种影响还没有达到显著性水平。

8. 对植被的影响

王涛等②研究的光伏电站对植被的影响结果表明：光伏电站建设后，植物种类、Patrick 丰富度指数、Shannon-Wiener 多样性指数、Pielou 均匀度指数、Simpson 优势度指数、生物量鲜重和干重均表现为电站内未遮阴区域>电站内遮阴区域>电站周边区域。王长庭等③认为土壤性状改变（土壤养分、土壤容重、土壤含水量等）能引起植被组成、物种多样性变化。Gentry④ 认为随着土壤肥沃程度的增加，群落的物种多样性也逐渐增加。杨树等⑤认为土壤性状的改良与物种多样性的增加可能存在相互促进作用。电站内土壤理化性质的改善可能使得耐盐植物的竞争优势受到抑制，为其他物种的入侵和种群扩张创造了条件，同时光伏板遮阴作用为更多耐阴性植物生长提供了可能，从而增加了物种丰富度、均匀度和优势度。王长庭等还认为土壤中养分含量的高低直接影响着群落生产力，土壤养分越丰富，群落生产力越高。电站内土壤养分增加为植被生长提供了保障，因此植被地上生物量显著高于电站周边区域。

土壤是植物生长的基质，其理化特性决定着植物群落类型的分布，同时植物群落又反作用于土壤，改善其生境条件，使群落得以发展，植被与

---

① 贾树海，崔学明，李绍良，等．牧压梯度上土壤理化性质的变化［A］//西北高原生物研究所．草原生态系统研究（第 5 集）［M］．北京：科学出版社，1997.

② 王涛，王得祥，郭廷栋，等．光伏电站建设对土壤和植被的影响［J］．水土保持研究，2016，23（3）：90-94.

③ 王长庭，龙瑞军，王根绪，等．高寒草甸群落地表植被特征与土壤理化性状、土壤微生物之间的相关性研究［J］．草业学报，2010，19（6）：25-34.

④ Gentry A. H. Endemism in Tropical Versus Temperate Plant Communities［A］// Soule M E. Conservation Biology：The Science of Scarcity and Diversity［M］. Massa-chussetts：Sinauer Associates, Inc.，1986.

⑤ 杨树，温雨金，刘鸿雁．内蒙古中部地区退耕还林还草后植被与土壤性状的变化［J］．水土保持研究，2006，13（4）：143-145，149.

土壤的良性循环有助于生态环境的持续健康发展。光伏电站建设不会对土壤、植被造成大的影响，并且在一定程度上有利于土壤理化性质的改良和物种多样性、生物量增加，但光伏电站建设对土壤理化性质和物种多样性、生物量之间的关系的影响机理有待进一步研究。

9. 对野生动物的影响

张蓉等①对云南省并网光伏电站建设对林地经营和生态环境的影响进行了研究，结果表明，由于电站范围内生境的改变和人为活动，原来在电站范围内可看到的野生动物种群基本不可能再看到，造成区内野生动物物种的流失，迫使野生动物迁徙到电站周边地区其他区域中，间接缩小其活动空间。

江西寻乌诺通新能源开发有限公司50兆瓦地面光伏发电项目位于江西省赣州市寻乌县文峰乡石排村，项目区域内无珍稀动、植物资源，无国家和地方指定的重点文物保护单位和名胜古迹，无政府机关法令指定的保护区。其环境影响报告中对野生动物的影响分析调查显示，该项目所在区域常见的野生动物有鼠、野兔、乌鸦、喜鹊、麻雀等，均为适应性强、分布广泛的常见的野生动物，且项目区非野生动物迁徙通道。

工程占地及植被的破坏在一定程度上会破坏野生动物的栖息地，但是由于上述野生动物均非常机警，且活动范围广，适应环境能力强，故工程建设对其影响是有限的，对整个地区的野生动物生育繁衍影响有限。此外，施工机械噪声和人员活动噪声对野生动物也将产生一定的影响，但其影响是非连续性及间歇性的，且野生动物会本能产生规避反应，远离施工区，因此施工期对野生动物的影响很小。运行期间，野生动物已经适应了新的环境，光伏发电机对其影响很小。

（四）建立光伏行业全产业链的生态环境保护和科学开发规范

通过对以上光伏全生命周期的环境影响分析可知，太阳能光伏产业对

---

① 张蓉，张治军，等．云南省并网光伏电站建设使用林地现状及影响分析［J］．林业建设，2014（6）：57-60.

环境的影响主要集中在以下三个方面：

在上游产业，多晶硅制造是整个产业链生产过程中耗能最高的环节，也是最容易产生环境污染的环节。主要污染物包括四氯化硅、二氯二氢硅等废气，以及生产废水和固废等。随着四氯化硅冷氢化等技术的应用与推广，多晶硅生产工艺已经实现清洁生产，不存在“高污染”的影响。

在中游产业，产生的环境污染主要集中在电池片生产这一环节。主要污染物包括电池生产过程中产生的含 F^-、NO^{3-}、Cl^- 等的生产废水，酸性废气、碱性废气和有机废气，以及危险固废等。这些污染物经过处理后都能够达到环保的要求，基本不会对环境造成污染。

在下游光伏应用市场，主要是光伏电站建设对环境的影响，包括项目建设施工期及运营期对环境空气、地面水、生态、声、电磁、固体废物等几个方面的影响，并没有太多污染。且在一定条件下，光伏电站项目建设对环境还有许多有利影响，能够带来一定的社会环境效益。

总体来看，光伏产业全生命周期会对环境产生一定的影响，且光伏发电站在施工建设中不可避免会对当地的生态环境产生影响。不过需要看到的是，除了土地利用状况更改不了以外，其他带来的破坏和影响通过加强污染控制和环境管理、运用有关的污染治理以及生态恢复手段之后，对环境以及区域生态不会造成太大影响。

与中国现有的主要发电形式火电相比，光伏发电项目建设在运营过程中还有利于区域小气候的调节改善和生态脆弱地区的植被建设，能够真正实现节能减排，减轻重金属等污染，具有一定的社会和环境效益。因此，光伏发电是一种相对清洁的能源技术。

针对光伏产品生产制造以及光伏发电项目建设对环境产生的影响，主要有以下四个方面的对策建议供参考：

第一，在光伏产品的生产制造阶段，应当不断提升技术水平，加强污染控制和环境管理，及时更新换代生产设备，并对操作人员进行相关培训，把环境管理纳入日常的生产管理，加强监测报警系统和信息指挥系统建设，健全应急管理体制机制等，从根本上杜绝影响安全和环境事故的发生。

第二，在进行光伏电站建设之前，要正确地进行选址和规划设计，对建设过程中可能会对生态环境产生的影响提前进行规划并采取必要的措施，将影响降到最低。

第三，要严格执行国家的有关政策法规，严格执行建设项目环保设施与项目主体工程同时设计、同时施工、同时投入使用的“三同时”制度，落实相关建设项目环境影响评价报告中提出的各项污染防治措施，做到污染物达标排放。

第四，各省市地区在发展光伏项目过程中，应充分考虑自身的土地资源限制条件和生态环境保护现状及其生态承载力，合理布局，因地制宜，统筹考虑，适度发展光伏发电项目，为国家清洁能源发展做出贡献。

三、可再生能源建设用地政策建议

（一）国家可再生能源项目用地相关政策

我国在大力发展可再生能源产业、规模化开发建设风电与光伏项目的同时，为确保可再生能源开发和资源生态保护协调、创建生态友好型新能源产业，相继出台了关于可再生能源项目用地的相关政策及指导意见，具体政策法规如下：

《风电场工程建设用地和环境保护管理暂行办法》（发改能源〔2005〕第1511号）提出："风电场工程建设用地应本着节约和集约利用土地的原则，尽量使用未利用土地，少占或不占耕地，并尽量避开省级以上政府部门依法批准的需要特殊保护的区域。风电场工程建设用地按实际占用土地面积计算和征地。其中，非封闭管理的风电场中的风电机组用地，按照基础实际占用面积征地；风电场其他永久设施用地按照实际占地面积征地；建设施工期临时用地依法按规定办理。"国家林业局《关于从严控制矿产资源开发等项目占用东北、内蒙古重点国有林区林地的通知》（林资发〔2013〕4号）严格限制风电项目占用重点林区林地，原则上不得占用禁止建设区域内的林地，新批准的风电项目原则上不得占用重点林区林地。

国务院《关于促进光伏产业健康发展的若干意见》（国发〔2013〕24号）要求完善土地支持政策和建设管理。对利用戈壁荒滩等未利用土地建设光伏发电项目的，在土地规划、计划安排时予以适度倾斜，不涉及转用的，可不占用土地年度计划指标；光伏发电项目使用未利用土地的，依法办理用地审批手续后，可采取划拨方式供地。《关于进一步落实分布式光伏发电有关政策的通知》（国能新能〔2014〕406号）提出："因地制宜利用废弃土地、荒山荒坡、农业大棚、滩涂、鱼塘、湖泊等建设就地消纳的分布式光伏电站》。”

《建设项目使用林地审核审批管理办法》（国家林业局第35号令）规定，风电、光伏发电等战略性新兴产业项目，可以使用Ⅱ级及其以下保护林地。《关于支持新产业新业态发展促进大众创业万众创新用地的意见》（国土资规〔2015〕5号）提出，光伏、风力发电等项目使用戈壁、荒漠、荒草地等未利用土地的，对不占压土地、不改变地表形态的用地部分，可按原地类认定，不改变土地用途，在年度土地变更调查时做出标注，用地允许以租赁等方式取得；对项目永久性建筑用地部分，应依法按建设用地办理手续。对建设占用农用地的，所有用地部分均应按建设用地管理。

《光伏发电站工程项目用地控制指标》（国土资规〔2015〕11号）将光伏电站占地分为方阵用地指标、变电站及运行管理中心用地指标、集电线路用地指标、交通工程用地指标四部分，并分别给出不同电压等级（10~330千伏）的占地标准，考虑了不同类型光伏组件性能、不同纬度、不同地形条件及不同安装方式的差异，保证未来的发展空间，也更具有可操作、可执行性。

《关于光伏电站建设使用林地有关问题的通知》（林资发〔2015〕153号）指出，为规范光伏电站建设使用林地，光伏电站的电池组件阵列禁止使用有林地、疏林地、未成林造林地、采伐迹地、火烧迹地，以及年降雨量400毫米以下区域覆盖度高于30%的灌木林地和年降雨量400毫米以上区域覆盖度高于50%的灌木林地；对于森林资源调查确定为宜林地而第二次全国土地调查确定为未利用地的土地，应采用“林光互补”用地模式，光伏电站要确保使用的宜林地不改变林地性质。采用“林光互补”用地模式的，电池组件阵列在施工期按临时占用林地办理使用林地手续，运营期双方可以签订补偿协议，通过租赁等方式使用林地。

综上，国家在可再生能源产业发展迅猛、装机规模不断扩大的基础上，为进一步确保风电及光伏产业良性健康发展，在推动能源结构调整、促进生态文明建设方面发挥重要作用，近年来密集出台关于项目用地问题的政策法规，对项目选址条件、林地耕地挤占问题以及用地审核手续、审批管理等方面做出了明文规定，一方面彰显了国家为促进可再生能源发展，在调整产业转型升级方面的决心；另一方面也为风能光伏等产业的进一步发展铺平了道路。

（二）部分省份可再生能源项目用地相关政策

综观我国风能与光伏产业发展的地区分布，风能产业新增装机主要集中在西北、华北和华东地区，三者新增装机容量之和占全国的 76%，东北部由于弃风限电的影响其装机容量占比进一步缩小；光伏产业大型地面电站多集中于西北部，而分布式则多位于东部沿海地区，2015 年全国累计光伏装机容量排名靠前的几个省区分别为甘肃、青海、内蒙古、江苏、新疆、宁夏、河北和浙江。

根据我国可再生能源发展的地区差异，结合不同省份自身的自然资源特点和赋存条件，许多省份纷纷出台可再生能源在项目用地方面的相关政策，分别针对可再生能源项目选址范围、非法占用林地湿地现象以及提高用地使用效率等问题进行指导规范，做到了在项目用地问题上的有法可依，在可再生能源开发和生态保护相协调、走绿色可持续发展道路、创建生态友好型新能源产业中发挥了重要作用，为可再生能源产业的进一步发展壮大提供了有力支撑。

1. 内蒙古

2015 年 7 月 13 日，内蒙古自治区财政厅、地方税务局下发了《关于明确光伏发电耕地占用税政策的通知》，对光伏发电耕地占用税政策予以明确，具体措施如下：单位和个人从事集中式地面并网光伏电站建设占用耕地或其他农用地的，无论永久占地还是租赁占地，均形成了建房或从事非农业建设的事实，应当征收耕地占用税。对于电站光伏板阵列之间没有改变土地性质且保持原状及原有农牧业功能的土地，不征收耕地占用税。设施农业光伏电站没有占用耕地或其他农用地的，不征收耕地占用税。与上述光伏电站建设及运营直接相关的进场道路、逆变压站、办公楼等附属设施占用耕地或其他农用地的，应当征收耕地占用税。纳税人临时占用耕地或其他农用地的，按照税法规定征收耕地占用税。

2. 宁夏

2015 年 8 月，宁夏回族自治区人民政府办公厅下发《关于规范新能源产业用地的通知》，包括以下具体政策：

一是严格限制新能源产业选址范围，要在符合土地利用总体规划的前提下布局建设，鼓励使用荒滩、荒漠等不适宜农业、生态及工业开发的土地，不得占用耕地和补充耕地后备资源区。

二是禁止耕地流转用于新能源产业建设，严格限制企业通过流转、租用、承包等方式，在耕地上建设养殖圈棚、温棚、开挖鱼塘建设光伏电站项目。对利用设施农业用地发展渔光互补、农业科技大棚、畜牧业大棚光伏电站的，必须在列入自治区发展改革委年度指导规模或纳入《宁夏创建国家新能源综合示范区实施方案》的前提下，由光伏电站项目单位与农村土地承包经营者或土地使用权人签订设施农业大棚、其他农业设施或鱼塘租赁使用合同建设光伏电站，但原设施农业土地用途和土地权属不变。鼓励在沙漠、荒滩等未利用地上建设设施农业发展光伏电站。

三是加强光伏电站规划管理，在编制光伏电站发展规划时统筹考虑农业、工业、新能源的发展需求，除符合自治区光伏电站项目投资管理的光伏电站外，严格控制光伏电站发展规模。

四是提高新能源产业用地效率，对利用荒山、荒滩、沙漠等未利用地建设光伏发电项目的，各地要在编制土地利用总体规划和安排年度用地计划指标时予以倾斜。缩小建设用地征收转用范围，在项目用地预审报批时，只将办公用房、升压站、厂区硬化道路等永久用地征收转用为国有建设用地，电池组件列阵占地不再转用为建设用地。对电池组件和阵列之间不改变原土地类型、不转用为建设用地的土地，项目单位可与农村集体经济组织或原土地使用者协商补偿，以租赁或承包方式取得土地使用权。光伏电站占用农用地的，要优化电池组件布设方式，电池组件离地高度不得低于 1.5 米。光伏发电等新能源项目建设用地的使用年限确定为 25 年，电池组件和列阵用地由项目单位与农村集体经济组织或原土地使用者签订合同期限为25年的租赁或土地承包协议。批准的使用年限届满，土地使用者需要继续使用土地的，应当于届满前1年申请续期。土地批准机关根据土地利用总体规划、城乡规划、产业规划等具体情况，批复是否同意续期。新能源产业用地使用年限届满，土地使用者未申请续期或者虽申请续期未获得批准的，土地使用权无偿收回。

3. 新疆

2015年，新疆出台《关于规范光伏和风力发电项目用地的通知》（兵国土资发〔2015〕69号），对光伏和风力发电项目的用地问题进行了以下规定：

对使用城镇建设用地范围外国有未利用地建设光伏和风力发电的永久建设用地，一律免收新增建设用地土地有偿使用费。对使用城镇建设用地范围外国有未利用地建设光伏和风力发电的永久设施用地，可以免交土地出让金；对使用城镇建设用地范围内国有未利用地的，土地出让金按《全国工业用地出让最低价标准》的50%执行。鼓励光伏和风力发电项目永久建设用地有偿使用。光伏和风力发电项目永久建设用地外的其他用地可在尊重土地权利人意愿承诺保持土地原貌的前提下，以租赁或入股、联营等形式使用。光伏发电项目使用国有未利用土地的，也可以划拨方式供地。

4. 青海

2015年，青海海东市出台了《关于印发海东市促进太阳能光伏产业发展若干政策规定的通知》，文件规定太阳能光伏等新能源产业用地采取出让、划拨、租赁等多种灵活方式供地。对于使用土地利用总体规划确定的城市建设用地范围外的土地发展太阳能光伏发电项目，免缴新增建设用地土地有偿使用费。

5. 山西

2015年山西大同市出台《大同采煤沉陷区国家先进技术光伏示范基地项目管理办法》，规划从2015年到2017年，用3年时间建设300万千瓦先进技术光伏发电项目。电站建设鼓励高技术示范、矸石山治理、农光互补、林光互补等模式。光伏电站发电场用地采用流转方式有偿使用，不改变土地性质。光伏电站用地采用农光互补、林光互补模式，鼓励流转使用弃耕地和林木蓄积量低的林地，以光伏产业作为农林业发展的支撑，“第一、第二、第三产业”规模化立体发展。

6. 福建

2015 年 5 月，福建省发展改革委与福建省林业厅联合下发了《关于规范风电和光伏发电项目建设使用林地的意见》，文中提出“规范光伏发电建设。鼓励依托已有建（构）筑物屋顶，建设分布式光伏发电项目。支持依托已建的生态治理、设施农业、渔业养殖、粮库等建设光伏电站项目。严格控制地面光伏电站建设。除升压站/汇流站建设需要外，光伏电站项目建设不得新增用地、用林指标”。

加强陆上风电规划和项目选址工作，陆上风电场址规划应基本利用原有道路进场，并避开Ⅰ级保护林地、国家级森林公园、自然保护区（保护小区）、重要湿地、候鸟栖息地、候鸟迁徙路线和重要鸟类聚集区等。项目建设涉及风景名胜区、省级森林公园时，应做好与旅游总体规划、省级森林公园规划的衔接工作；强化使用林地审批管理，风电项目涉及使用林地（含永久和临时用地），应依法办理使用林地手续，并按相关规定缴纳森林植被恢复费、森林资源补偿费并支付林地、林木补偿费等各项费用；对未及时完成林业恢复工作的风电项目，除按规定进行处罚外，可列入异常信用记录，加强协同监管。

7. 安徽

为加快光伏发电项目建设，创新土地管理模式，2014 年 11 月，合肥市人民政府办公厅下发了《关于印发合肥市光伏发电用地指导意见的通知》。该文件明确，光伏发电项目建设用地优先使用荒山、荒滩等难以利用以及不适宜农业、生态、工业开发的土地，不占或少占耕地，最大限度降低对地面植被生长和生态环境的影响。

具体用地方式包括：光伏发电项目办公综合楼等建筑物（构筑物）需永久性占用集体土地的，应在用地指标配置上予以优先安排；在项目用地征收转用为国有建设用地后，按照工业用途以招拍挂方式供应；光伏发电项目电池组件列阵架设不破坏地表状况，且不影响地面原使用功能（包括种植、养殖功能）的，可采取地役权方式用地。

8. 江西

2015年江西省出台《江西省人民政府办公厅关于进一步做好光伏发电应用工作的通知》（赣府厅字〔2015〕92号），规定光伏发电项目使用未利用土地的，依法办理用地报批手续后，可以划拨方式供地；占用非耕地的其他农用地和未利用地的，可由光伏发电企业向集体经济组织依法租赁使用；依法租赁集体经济组织土地的，租赁协议需向当地县级以上国土资源部门备案。

2015年4月，江西鹰潭市林业局下发了《关于我市光伏、风力发电项目征占用林地有关问题的通知》，要求所有项目原则上不占用林地或少占用林地，严禁在生态区域重要和生态脆弱区的林地、乔木林地和国家一级公益林中的灌木林地以及省级以上自然保护区、重要生态功能保护区中兴建光伏产业项目；禁止通过"以租代征"等方式使用林地进行光伏、风力电站建设；同时明确应当办理使用林地手续的林地种类和范围。

江西宜春上高县《关于完善光伏发电项目用地管理　促进我省光伏产业健康发展的意见》规定，光伏发电项目占用耕地的，依法办理用地报批手续后，可以划拨方式供地；光伏发电项目中控制室、机房等永久性建筑占用土地的，依法办理用地报批手续后，可以划拨方式供地。光伏发电项目中的太阳能电池组件占用未利用地的，光伏发电企业可向集体经济组织依法租赁使用；占用非耕地的其他农用地的，可由公司向集体经济组织依法租赁使用，以降低工程的前期投入成本。依法租赁使用集体经济组织土地的，租赁协议须向当地县级以上国土资源部门备案。

（三）可再生能源项目用地存在的问题

为更好地深化行政制度改革、加快政府职能转变、加大简政放权力度，近两年来党中央国务院密集出台相关政策取消和下放行政审批制度。国家发展改革委、国家能源局不断推进能源管理职能转变和能源电力项目核准权限下放，将火电和风力发电项目下放至地方政府核准，光伏发电项目在地方政府备案，能源局在未来公布新的核准计划时不再同时下发具体项目名单。

然而，土地预审涉及的部门繁多，包括地方国土局，省国土厅规划处、土地利用管理处、地籍管理处、耕地保护处、矿产资源管理处等多个部门；土地和林地报批环节，涉及国土、林业等部门，报批过程复杂。国家简政放权旨在提高政府办事效率、使企业投资建设项目更为方便快捷，但原有的土地审批、建设选址、环评等审批备案流程是由国家发展改革委牵头的闭环状态，如今权力下放后各种审批流程并行的体制下，往往会出现审批后建设条件落实不了的问题。

根据我国及不同省份出台的关于可再生能源项目用地方面的指导意见，结合各地在资源禀赋、用地审批流程及财税体制方面的差距，可再生能源开发企业在项目建设过程中也遇到诸多问题。根据书面调研及访谈结果，问题主要集中在以下几个方面：

1. 用地审批各部门间信息不统一

近年来，我国光伏产业发展迅速，建设地面光伏电站对土地需求大幅上升，也不可避免地加大了占用林地的需求。但光伏企业在项目开发中往往会遇到“一地两证”问题，即该土地在国土资源部门被划为荒山荒地，但在林业部门却显示为林地，导致光伏企业前期大量的项目开发和规划工作无法顺利进行，甚至使整个项目前功尽弃。

专栏 7-1　土地的分类

1. 按照“土地所有权”分

（1）国家所有：城市市区的土地

（2）集体所有：农村和城市郊区的土地，除由法律规定属于国家所有以外的土地；宅基地和自留地、自留山属于农民集体所有

土地所有权的归属，决定了项目开发者需要从哪个渠道获得土地。

2. 按照“土地用途分类”分

（1）农用地：直接用于农业生产的土地，包括耕地、林地、草地、农田水利用地、养殖水面等

（2）建设用地：建造建筑物、构筑物的土地，包括城乡住宅和公共设施用地、工矿用地、交通水利设施用地、旅游用地、军事设施用地等

（3）未利用地：指农用地和建设用地以外的土地

土地用途的分类，直接决定了这类土地是不是能用来做光伏项目。理论上，“未利用土地”、大部分“建设用地”和小部分“农业用地”可以用作光伏项目的场址。

专栏 7-2　光伏电站能用的土地

1. 未利用土地

“未利用土地”中包括其他草地、河流水面、湖泊水面、沿海水面、内陆滩涂、冰川及永久积雪、盐碱地、沼泽地、沙地、裸地，此类地全部可以用作光伏项目场址。

2. 建设用地

“建设用地”包括批发零售用地、住宿餐饮用地、商务金融用地、其他商服用地、工业用地、采矿用地、仓储用地、城镇住宅用地、农村宅基地、机关团体用地、新闻出版用地、科教用地、医卫慈善用地、文体娱乐用地、公共设施用地、公园与绿地、风景名胜设施用地、军事设施用地、使领馆用地、监教场所用地、宗教用地、殡葬用地、铁路用地、公路用地、街巷用地、机场用地、港口码头用地、管道运输用地、水库水面、水工建筑物用地、空闲地。此类地大部分可以用作光伏项目场址，但土地一般价格高昂，光伏项目占地大，很难承担。当工业用地、采矿用地、空闲地的地价不贵时，可考虑用作光伏电站场址。

3. 农用地

“农用地”包括耕地、园地、林地、草地、交通用地、水域及水利设施用地、设施农用地、田坎，此类地小部分可以用作光伏项目场址。

专栏 7-3　用地信息不统一的案例

1. 企业

我们已核实国土部门，项目用地为未利用地（现场考察确为荒地），但此后又被林业部门告知项目用地为“林地”，需要办理相应的林地审批手续，否则不得开发建设。

2. 具体案例

2013 年 12 月 25 日，国家林业局通报了甘肃省永昌县河清滩 100 兆瓦并网光伏发电项目严重违法占用林地，该项目自 2012 年 5 月以来，未办理占用征收林地审核（批）手续，在永昌县非法占用国家级公益林地 62.9534 公顷。违法责任单位为浙江正泰新能源开发有限公司。对此事件，国家林业局相关负责领导表示，对严重违法占用林地项目，国家林业局将重点督办，督促整改。对林地管理问题严重且整改不到位的县，将取消所在省使用国家林地备用定额的资格，并暂停该所属市（地、州）占用征收林地项目审核审批。

在地面光伏电站的开发建设过程中，林业和国土部门对土地的双重管理现状为光伏电站的开发埋下隐患。国家于 2013 年出台了《关于促进光伏产业健康发展的若干意见》（国发〔2013〕24 号），其中明确规定“对利用戈壁荒滩等未利用土地建设光伏发电项目的，在土地规划、计划安排时予以适度倾斜”。2015 年 9 月 18 日，国家发展改革委等六部委出台《关于支持新产业新业态发展促进大众创业万众创新用地的意见》（国土资规〔2015〕5 号），明确提出对于光伏、风力发电等项目使用戈壁、荒漠、荒草地等未利用土地的，对不占压土地、不改变地表形态的用地部分，可按原地类认定；不改变土地用途的，允许以租赁等方式取得，双方签订好补偿协议，用地报当地县级国土资源部门备案。对项目永久性建筑用地部分，应依法按建设用地办理手续。对建设占用农用地的，所有用地部分均应按建设用地管理。

但是，在实践中，国土部门和林业部门对土地性质的认定标准不同，且相关数据库没有联网合并，导致某些项目在国土部门的规划中被划为“未利用地”或“荒地”，而在林业部门的规划里则“变成”了“规划林地”或“宜林地”，使得用地难度大幅度增加，成本骤然升高，政策利好无法落实，给光伏电站的开发建设带来严重障碍。很多光伏项目虽早已取得立项手续，但因项目拟使用荒地存在“涉林”问题导致迟迟无法开工，甚至最终搁浅。

2. 市场监管体制不完善

按照可再生能源项目开发流程，项目业主首先与当地县级政府签订投资合作协议。随后进行风资源论证，建立测风塔，整理测风数据，组织专家论证，形成测风报告。在风电规划的基础上，对风电场编制预可研报告，随后对接省、市、县发展改革委部门，取得开展前期工作的“路条”。

“路条”是业主开展风电场可行性研究的基本条件和前提，也是办理电网接入、环评、用地、规划、水保等前期工作和获取项目核准所需的支持性文件的重要保证。对于业主来说，项目获得“路条”才能证明省级政府实质上把其列入相应的经济发展规划、能源规划、电网等规划中。由于对光伏电站项目施行政府补贴以及其他利好政策，各类社会资本对光伏电站项目趋之若鹜，导致了部分地区倒卖光伏“路条”等各种问题，给光伏电站建设造成了严重的冲击。

3. 土地预审、报批等环节复杂

项目开发单位在项目建设过程中，需要经历三个阶段：立项及核准计划申请阶段、核准阶段、建设阶段。在这个过程中，主要涉及可再生能源项目选址、资源测算、土地占用、林地报批、矿产覆压、电网接入等具体工作。

土地预审涉及的部门繁多，包括地方国土局，省国土厅规划处、土地利用管理处、地籍管理处、耕地保护处、矿产资源管理处等多个部门；土地和林地报批环节涉及国土、林业等部门，报批过程复杂，包括涉林区域补偿、各类费用支付、占用方案调整，任何一个环节出现问题都会导致审批时间延长，有的项目获得核准却无法获得使用土地资格。虽然政府已经简政放权，但仅能源部门下放审批权限并不能解决审批难题，不同部门之间的权限下放并不同步，导致简政放权的综合成效未能完全体现。

专栏 7-4　光伏土地获得途径

目前，光伏项目获得土地的方式主要有三种："无偿划拨""有偿使用""租赁"。"无偿划拨"费用较低，这种方式主要在西部地区使用。

目前，光伏电站中的永久性建筑，如生活区建筑、中控室、配电室等都被定性为"建设用地"范畴，这部分土地基本都是以"有偿使用"的方式获得的，都要办理土地流转手续；方阵之间未改变土地性质的，一般采用"租赁"形式。

根据法律法规规定，主要对目前我国土地流转程序做以下简要叙述：

第一，用地单位在初步选定土地为建设用地后，应首先向国土资源局、建设部门、规划部门咨询是否符合该土地的各项规划。

第二，确认该土地可以用于建设，再根据建设部门的要求，向建设部门提交用地申请，建设部门审查符合的，颁发建设项目的《选址意见书》。用地单位应按规定缴纳选址规费。其中，农用地转用和土地征收批准文件有效期两年。农用地转用或土地征收经依法批准后，市、县两年内未用地或未实施征地补偿安置方案的，有关批准文件自动失效。

第三，用地单位持该《选址意见书》向同级国土资源局提出用地预审申请，由该国土资源局核发《建设项目用地预审报告书》。建设项目用地预审文件有效期为两年，自批准之日起计算。已经预审的项目，如需对土地用途、建设项目选址等进行重大调整的，应当重新申请预审。

第四，用地单位凭《建设项目用地预审报告书》向建设部门、环保局等办理立项、规划、环保许可等手续，并缴纳各项审批费用。

第五，用地单位再持以上审批文件，向原预审的国土资源局提出项目用地的正式申请。

第六，国土资源局根据土地利用总体规划、城市建设总体规划和土地利用年度计划，拟定农用地转用方案、补充耕地方案、征地方案和供地方案，分不同类型，经各级人民政府审批。能源、交通、水利、矿山、军事设施等确需单独选址建设的项目，涉及农用地转用和土地征收的，报省级人民政府批准，其中征收土地面积超过省级批准权限的，土地征收必须报国务院批准；建设项目确需占用基本农田的，必须报国务院批准。

第七，由国土资源局具体负责对该农用地的所有权人和使用权人进行征用，签订补偿安置协议，按征地程序办理征地手续。其中，征用土地的各项补偿，应在征地补偿安置方案批准之日起3个月内，由用地单位全额支付。

4. 财税制度不健全

随着我国可再生能源规模的快速扩大，与可再生能源建设相关的用地价格、土地税费等问题日渐突出，导致开发企业在项目建设方面遇到诸多困扰，地方税收部门对光伏电站征收耕地占用税和土地使用税并没有法律文件依据，甚至是相悖的，导致企业在运营过程中往往无所适从。

专栏 7-5　建设光伏电站主要涉及的税费

光伏电站目前涉及的主要税费包括全国工业用地出让最低价、耕地占用税、草原植被恢复费、森林植被恢复费、城镇土地使用税、新增建设用地有偿使用费等，其中，全国工业用地出让最低价、耕地占用税、草原植被恢复费和新增建设用地有偿使用费是一次性缴纳，城镇土地使用税是每年缴纳。

1. 土地使用税

（1）大城市 1.5 元至 30 元

（2）中等城市 1.2 元至 24 元

（3）小城市 0.9 元至 18 元

（4）县城、建制镇、工矿区 0.6 元至 12 元

2. 耕地占用税

（1）人均耕地不超过 1 亩的地区（以县级行政区域为单位，下同），每平方米为 10 元至 50 元

（2）人均耕地超过 1 亩但不超过 2 亩的地区，每平方米为 8 元至 40 元

（3）人均耕地超过 2 亩但不超过 3 亩的地区，每平方米为 6 元至 30 元

（4）人均耕地超过 3 亩的地区，每平方米为 5 元至 25 元

3. 全国工业用地出让最低价

光伏发电属工业项目，工业用地出让最低价标准为 60 元/平方米，即 4 万元/亩。

4. 森林植被恢复费

宜林地每平方米收取不低于3元的森林植被恢复费，灌木林地不低于6元，关于森林植被恢复费的实际征收标准，还要到当地林业主管部门和财政税务部门具体了解。

5. 新增建设用地有偿使用费

国家根据新增建设用地所在地区，一共把新增建设用地土地等别划分为15等，具体征收标准从10元/平方米至140元/平方米不等。

光伏企业在城镇土地使用税的征缴问题上遇到诸多困扰，例如在招商引资阶段，地方政府承诺给予光伏企业土地使用税税收优惠政策。但在电站建成后，光伏企业却被要求每年按照征地或实际用地面积缴纳土地使用税。

另外，国家对如何确定光伏电站计税面积的规定并不明确。国家政策允许光伏企业就升压站、变电站、太阳板支架用地采用“点征”方式办理征地手续，太阳板覆盖的部分可不办理征地手续（实际也无法办理，多采取租地方式）。但是是否按照征收土地的面积作为计税面积，实践中各地的税务机关的计税标准并不统一。

企业遇到的问题在于：电站是在荒山、荒地甚至戈壁滩、盐碱地建设，还要缴纳土地使用税；光伏企业征地一般只针对升压站、变电站、太阳板支架部分进行“点征”，太阳板覆盖部分实际占地面积较大，光伏企业往往都是通过租地方式解决。但对于光伏企业的土地使用税是按照“点征”面积计税，还是按照电站实际占地面积计征没有定论，在开发及缴税过程中给光伏企业造成了很多问题。

作为绿色电力的可再生能源发电，本应是被充分鼓励和支持的产业，而某些地方政府却在税收问题上设槛，只考虑一时的财政表象，阻碍整个光伏产业的健康发展以及可再生能源对整体生态环境的改善。在此背景下，国家密集出台规范光伏项目用地价格及财税方面的指导文件，希望光伏行业税收政策重回规范轨道，以期为绿色产业提供可持续发展的空间。

5. 光伏占地转建设用地导致成本剧增

由于国土资源部门与林业部门在土地性质划分上信息不统一，同时随着光伏与农业、渔业合作频繁，农光互补、渔光互补的规模不断扩大，导致企业在项目建设过程中占用耕地、林地等现象日益严重。

为了解决企业在光伏项目用地是否属于设施农用地方面的疑惑，理顺市场秩序，2015 年 9 月，国土资源部等六部委联合下发《关于支持新产业新业态发展　促进大众创业万众创新用地的意见》，明确对项目建设占用农用地的，所有用地部分均应按建设用地管理。但是在政策落地后，光伏企业却面临将光伏用地转为建设用地后成本激增的巨大考验，将严重威胁项目能否在收益率并不高的市场条件下继续存在，也为产业未来发展带来了一定的困难。

专栏 7-6　一般县级建设用地价格

新增建设用地有偿使用费：8 元/平方米

防洪保安基金：1000 元/亩

征地管理费：征地总费用的 4%

出让金业务费：基准地价×用地面积×1%

耕地开垦费：年产值（1500 元）。

（三年年平均产值）×9 倍＝13500 元/亩。

6. 光伏农业缺乏行业标准

目前，光伏与农业、渔业的结合也面临一定问题。

首先是技术创新与应用方面，目前还没有专业的研究机构，只是分散在各部门、机构中的从业人员开展一些有限的研究，还没有形成系统性、实用性的研究成果，没有大规模在光伏农业项目中实际应用，农业本身受到天气、地域、环境等影响，光伏与农业结合的模式形式多样，需要在多个分支模块进行不断探索与实践才能总结出一些规律。

其次是光伏农业政策不明朗，缺乏明确的政策界定。此外，光伏农业缺乏统一的标准，虽然两者各有自己的标准，但不适用于另一方，由于涉及面广泛而复杂，目前仍没有一个明确的既适用于农业也适用于光伏的标准。

7. 光伏农业土地恢复问题严重

在农业光伏项目建设中，会产生一系列关于土壤修复和土地恢复的问题，光伏发电占用土地后并没有恢复耕种，是目前光伏农业项目的普遍现象，光伏发电技术平台的设计往往忽视农业生产，致使项目建成后土地难以大规模耕种；清洁能源施工过程不清洁，大量现场浇注混凝土，破坏了原有生态，土质恶化，造成水土流失、土地沙化现象等；某些项目光伏阵列支架基础按建筑标准设计，设计过度，进而导致多年后土地复耕难度大。

（四）可再生能源项目用地的管理制度和政策建议

1. 完善土地资料信息共享机制建设

针对光伏企业在项目开发中遇到的“一地两证”的问题，建议国家林业局与国土资源部进行数据资料共享，国家林业局将国务院确定的重点国有林区林权登记资料移交给国土资源部。

同时，国家林业局计划将掌握的其他林业土地资源数据根据需要与国土资源部共享。为更好地落实土地资料信息共享机制，减轻对可再生能源开发企业在项目建设中土地性质的困扰，应加紧完善市、县级不动产登记和整合工作，完善共享体系建设。

此外，还应尽快将国土、林业、农业、住建以及海洋五部门的数据资料统一整合到不动产登记局，纳入国土资源部搭建的不动产统一登记资讯平台，形成覆盖全国的资讯平台的总体部署。

2. 健全市场运行机制和监管体制

为了整顿光伏电站项目开发环节出现的倒卖“路条”等投机行为，保证光伏电站建设规范有序进行，国家能源局于 2014 年 10 月初分别下发了

《关于进一步加强光伏电站建设与运行管理工作的通知》《关于开展新建电源项目投资开发秩序专项监管工作的通知》及《关于规范光伏电站投资开发秩序的通知》，其整顿范围包括规划、资源配置、备案管理、路条倒卖、地方保护等光伏领域面临的各方面问题。

但是，对违规进行项目转让以及擅自变更项目投资主体的认定标准规定不甚明确，并且由于该文件颁布时间不长，目前从公开途径并未见光伏电站项目业主或投资方因违反规定被认定为违规转让项目而被相关主管部门查处或处罚的实例。

为了更好地打击可再生能源项目中的投机行为，遏制“路条”买卖现象，能源局应进一步完善禁止“路条”买卖政策，明确文件中相关条款，同时严格审核拿“路条”企业资质，通过设置“黑名单”等政策机制保障开发企业的利益。

3. 理顺程序、健全闭环管理制度

针对原有的土地审批、建设选址、环评等各种审批流程并行的体制障碍问题，应进一步完善简政放权体系建设，着力解决各层次审批权限下放不一致的问题。精简土地预审、报批等环节，协调各监管部门沟通机制，推动审批、备案流程的规范化管理，更好地解决开发企业在项目建设过程中遇到的问题，推进可再生能源产业良性健康发展。

4. 规范相关财税体系建设

为了更好地引导可再生能源产业的发展，解决开发企业在项目建设过程中遇到的问题与困难，完善我国可再生能源领域税收体制建设，国家应明确土地使用税征收范围。

同时，征收土地使用税主要是为了强化土地使用税调节职能，缓解土地供求矛盾。而大型地面光伏电站一般都是建在离城镇较为偏远的地域，其实际上是对荒地的有效利用，并不应该是土地使用税重要征收目标，建议国家在确定征收标准中应考虑对产业的引导功能及荒地利用的经济效益问题，以更好地促进可再生能源产业的发展。

5. 加强项目管理

光伏企业面对缴纳土地使用税问题，应首先核实、确认发电场址是否落入城镇工矿区的范围。依据《城镇土地使用税暂行条例》规定，在城市、县城、建制镇、工矿区范围内使用土地的单位和个人，为土地使用税的纳税人。土地使用税征税范围是城市、县城、建制镇、工矿区。如光伏电站确属于城镇工矿区的规划范围，按照现行规定应当缴纳土地使用税。为了避免在后期土地使用税缴纳问题出现纠纷，光伏企业应在选址过程中考量全面，综合把握。

6. 健全行业标准体系

在一系列利好政策扶持下，光伏农业取得了规模发展。为规范光伏农业项目对农业土地的合理利用，为光伏农业项目提供政策依据，规范光伏农业的健康发展，应当结合我国光伏农业项目的实际状况制定行业标准。

国家标准里有推荐性标准，也有强制性标准。建议光伏农业标准先做推荐标准，再做强制标准，避免光伏产业一哄而上继而进行跳崖式的行业调整，避免出现农业领域的追逐产量忽视质量、开发过度、污染加重，在资源环境硬约束下，农产品有效供给与质量安全受到挑战，农业持续发展受到威胁等尴尬局面。通过分类指导、总结经验，以及修改完善制定出精细化的光伏与农业、渔业相结合的行业标准。

7. 因地制宜统筹规划项目建设

面对光伏与农业相结合产生的土地复耕难度大、光伏设计过度等问题，应在决策阶段确定农业的基本定位，在研究设计方案时，根据土地属性和特点，在不改变使用性质的前提下，最大化做好农业项目，提升农业品质，附带利用上部空间，合理设计和布局，设计光伏电站结构，充分考虑农业需求，并因地制宜设计项目的组织架构及商业模式，达到农业与光伏并举的目的，促进农业与光伏产业齐头并进，共同发展。

综上，为了更好地解决可再生能源在项目用地方面的问题，提高政府办事成效，帮助可再生能源开发企业应对在项目建设中面临的诸多困难与挑战，也为能源领域的产业结构升级及构建绿色低碳的能源供需体系提供支撑，政府应从完善配套政策体系、市场机制与监管体系、财政税收体系等多方面进行深化改革，同时企业也应把握市场机遇，提高自身项目开发建设管理能力，共同促进产业健康有序、可持续发展。

参考文献

[1] 解振华解读《关于加快推进生态文明建设的意见》[N]. 人民政协报，2015-05-21.

[2] 潘家华. 以生态文明建设推动发展转型 [N]. 人民日报，2015-08-26.

[3] 李俊峰，杨秀，张敏思. 第四次能源变革与生态文明建设 [J]. 中国能源，2017，35 (7).

[4] 谢和平，刘虹. 煤炭革命不是“革煤炭的命” [N]. 中国科学报，2015-03-02.

[5] 刘强，等. 煤炭总量控制的碳减排协同效应分析 [J]. 中国能源，2014 (10).

[6] 吴兴唐. 德国鲁尔地区“经济转型”的启示 [J]. 当代世界，2015，403 (6).

[7] 姜四清，张庆杰，赵文广. 德国鲁尔老工业区转型发展的经验与借鉴 [J]. 中国经济导刊，2015 (4).

[8] 中国循环经济协会技术装备委员会. 德国鲁尔工业区治理雾霾的措施与启示 [EB/OL]. http://www.crtec.org.cn，2014-11-02.

[9] 武诗韵. 德国鲁尔区煤钢工业成功转型——服务业新兴产业成新支柱 [N]. 中国矿业报，2013-07-23 (A08).

[10] Greenpeace Energy EG and German Wind Energy Association BWE e. V. The Full Costs of Power Generation: A Comparison of Subsidies and Societal Cost of Renewable and Conventional Energy Sources [EB/OL]. http://www.wind-energie.de，2012.

[11] INREA. Renewble Energy Benefits: Measuring the Economics [Z]. 2016.

[12] 张晓华，祁悦，刘林蔚. 中美欧2020后减缓气候变化行动目标比较

研究［J］. 中国能源，2015（7）.

［13］中国社科院欧洲研究所. 欧盟2030年气候与能源政策框架［A］//欧洲蓝皮书：欧洲发展报告（2014—2015）［M］. 北京：社科文献出版社，2015.

［14］王毅. 关于科学制定和实施国家“十三五”碳排放总量控制目标的建议［Z］.

［15］刘长松. 我国碳排放总量控制与碳交易的若干问题［J］. 中国发展观察，2015（9）.

［16］国家应对气候变化战略研究和国际合作中心课题组. 省域碳减排之策［J］. 中国经济报告，2015（9）：53-57.

［17］赵盟，康艳兵，熊小平. 碳交易背景下电力企业应对之策［J］. 中国电力企业管理，2014（9）.

［18］国家发展改革委.2014年度单位国内生产总值二氧化碳排放降低目标责任考核评估能力建设研讨会会议材料［Z］. 2015-06.

［19］北京理工大学能源与环境政策研究中心. “十三五”碳排放权交易对工业部门减排成本的影响［Z］. 2016-01-06.

［20］柴麒敏. 中国四大生态产权交易市场建设［EB/OL］. 财新网，2015-01-14.

［21］王耀东，等. 中国节能量交易、可再生能源交易和碳排放交易协调推进战略研究［Z］. 世界银行能源部门管理援助计划（ESMAP）资助项目，2015-09.

［22］劳里（Lauri Myllyvirta），等. 繁荣与衰落2016——追踪全球燃煤发电厂［Z］. 煤炭研究网络（Coal Swarm）、塞拉俱乐部（Sierra Club）和绿色和平组织（Green Peace），2016-03.

［23］赵克斌. 困境与出路：新能源市场化案例分析［N］. 南方能源观察，2016-02-24.

［24］苏晓. 英国可再生能源鼓励政策与电力体制改革［J］. 风能，2014（2）.

［25］曾鸣. 英国新一轮低碳电力市场改革及启示［J］. 中国科技投资，2015（7）.

［26］元博，冯君淑，程路，黄瀚. 国网能源研究院能源战略与规划研究

所．煤电由电量主体向容量主体转变［N］．中国经济时报，2015-11-20.

［27］甘肃省新能源企业联合会．关于甘肃新能源企业参与“甘肃省2016年电力用户与发电企业直接交易”和“新能源发电企业替代自备电厂发电交易”有关问题的函［Z］．2015-12.

［28］电改文件起草专家解读《电力中长期交易基本规则（征求意见稿）》［N］．中国能源报，2015-12-09.

［29］唐俊，陈大宇．对推进电力市场建设的思考［N］．中国能源报，2015-04-20（4）.

［30］华北电力大学，国务院发展研究中心，中科院数学与系统科学研究院．促进可再生能源发电的关键体制机制研究［Z］．2014-11.

［31］范必．从“点式改革”到“链式改革”［J］．新世纪周刊，2014（42）：72-72.

［32］李铁冰．电煤并轨让市场配置资源［J］．能源，2012（11）.

［33］周茂荣，谭秀杰．欧盟碳排放交易体系第三期的改革、前景及其启示［J］．国际贸易问题，2013（5）.

［34］曾鸣，朱晓丽，薛松，王致杰．碳减排政策和可再生能源促进政策的交互影响分析［J］．华东电力，2012，40（7）：1130-1133.

［35］延林桥，罗宏，冯慧娟．中外能源环境税比较与启示［J］．中国能源，2014（9）.

［36］赵勇强，Richard，谢旭轩，等．支持可再生能源发展的绿色财税政策研究［Z］．2014-09.

［37］IISD，CNREC. 绿色税收助力绿色能源：环境财税改革促进可再生能源技术部署［Z］．2013.

［38］张晓娣，刘学悦．征收碳税和发展可再生能源研究——基于OLG-CGE模型的增长及福利效应分析［J］．中国工业经济，2015（3）.

［39］栗宝卿．促进可再生能源发展的财税政策研究——本文侧重对可再生电力能源分析［Z］．财政部财政科学研究所，2010-05-31.

［40］朱寿庆，等．绿色银行的国际借鉴［J］．中国金融，2015（20）.

［41］翟勇．我国新能源立法的思想基础及发展方向［EB/OL］．中华新能源网，http：//www. cnecc. org. cn/dispArticle. asp? id=16266，2014-10-11.

［42］全国人大常委会副委员长陈昌智．全国人民代表大会常务委员会执

法检查组关于检查《中华人民共和国可再生能源法》实施情况的报告（2013年8月26日在第十二届全国人民代表大会常务委员会第四次会议）[EB/OL]. 中国人大网，2013-08-27.

[43] 简政放权　放管结合　优化服务　深化行政体制改革　切实转变政府职能——李克强在全国推进简政放权放管结合职能转变工作电视电话会议上的讲话 [Z]. 2015-05-12.

[44] 彭波，陈旭，徐乾耀，张宁，康重庆. 面向新能源消纳的电网规划方法初探 [J]. 电网技术，2013 (12).

[45] 中共中央，国务院. 关于加快推进生态文明建设的意见 [Z]. 2015-04.

[46] 中共中央，国务院. 生态文明体制改革总体方案 [Z]. 2015-09.

[47] 王仲颖，张有生，等. 生态文明建设与能源转型 [M]. 北京：中国经济出版社，2016.